مبادئ العربية

في الصرف و النحو

المجلد التمهيدية

و

المجلد الأول

للمعلم رشيد الشرتوني

تنقيح وإعداد

حميد المحمدي

سرشناسه	:	الشرتوني، رشيد، ۱۸۶۴ - ۱۹۰۶ م.
عنوان قراردادی	:	مبادئ العربية فی الصرف والنحو. فارسی. برگزیده
مشخصات نشر	:	قم دارالعلم ۱۳۸۷
مشخصات ظاهری	:	۴ج.
شابک: ج۱	:	۵-۷۶-۵۹۷۶-۹۶۴-۹۷۸
شابک دوره	:	۵-۱۱-۷۶۶۹-۹۶۴-۹۷۸
وضعیت فهرست‌نویسی	:	برون سپاری
یادداشت	:	فهرست‌نویسی براساس جلد دوم، ۱۳۸۷.
یادداشت	:	عربی
یادداشت	:	کتابنامه
موضوع	:	زبان عربی
شناسه افزوده	:	المحمدي، حمید
رده‌بندی کنگره	:	۶۱۴۱PJ / ش۴م ۳۴ ۱۳۸۷الف
رده‌بندی دیویی	:	۷۵/۴۹۲
شماره کتابشناسی ملی	:	۵۴۲۲۳۵۱

مبادئ العربية
المجلد التهميدية و المجلد الأول

المؤلّف: رشيد الشرتوني

تنقيح وإعداد: حميد المحمدي

المطبعة: منشورات دارالعلم

الكمية: ۵۰۰ نسخه

السعر: ۴۵۰۰۰ توماناً

الطبعة: الثانية و العشرون

عدد الصفحات: وزيري ۲۹۵ صفحه

دفتر مرکزی / قم خیابان معلم، میدان روح الله نبش کوچه ۱۹ پلاک ۱۰

تلفن / ۹-۳۷۷۴۴۲۹۸ فکس / ۳۷۷۴۱۷۹۸

دفتر تهران / خیابان انقلاب، ۱۲ فروردین، ساختمان تجاری ناشران

طبقه همکف شماره۱۸/۱۶تلفن: ۶۶۹۷۳۸۰۹-۶۶۹۵۵۴۰۵

مشهد / انتشارات کتاب شفاء - چهارراه شهداء - خیابان آیت الله بهجت ۲

مجتمع گنجینه کتاب - طبقه پایین ۰۹۱۵۳۰۱۳۷۰۸؛۴-۲۲۰۱۴۳-۰۵۱۱

چاپ / چاپ احسان قم، تلفن ۳۷۷۴۳۴۴۳

شابک : ۵-۵۹۷۶۷۶-۹۶۴-۹۷۸

بِسْمِ اللهِ الرَّحْمٰنِ الرَّحِيمِ

الحمدُ للهِ على ما أَنعمَ و الشُّكرُله على ما أَولى و الصّلاةُ و السّلامُ على آلهادي إلى آلرشاد و أفصح مَن نَطَقَ بِآلضّاد سيّدنا و نَبِيّنا أبي آلقاسم محمّدٍ و آلهِ آلطّاهرينَ و صحبه آلمنتجبينَ.

قال آللّه تعالى في محكم كتابه:

«إنّا أنزلناهُ قُرآناً عَربيّاً لَعلَّكُمْ تَعْقِلُونَ»

كانت اللغةُ العربيّةُ و ما زالت و ستبقى مفتاحَ كنوزِ التراثِ الإسلامي النفيس و المدخلَ إلى العلوم الإسلامية الغنيّة، فهي الأداةُ للنفاذ إلى حقائق القرآن و أسراره و السبيلُ للاطلاع على معاني السنّة الشريفة و أغوارها، و طريق معرفة الأدب العربي و آفاقه.

من هـذا المنطلق دَأَبَ السّلفُ و الخلفُ عـلى حفظ و تدوين تلك الأمانةِ العظيمةِ، و تسابقوا مُخلصين في تأسيس علومها من النحو والصرف و البلاغة و في جمع آثارها شعراً و نثراً، كي يبقى بنيانها رصيناً، شامخاً، راسخاً، وطيدَ الدّعامة، مكينَ الأساس، و استحقّوا منّا على جهودهم الهائلة عظيمَ التّقديرو الثّناء، و من الله جزيلَ الثّواب و العطاء.

لقـد انبرى العلمـاءُ المتقدّمون لتدوين الكتب اللّغوية «كالكافية و شـروح الألفيّة و مغني اللّبيب في النحو، والشـافية و شـرح النظام في الصرف، وأسـاس البلاغة والمطوّل في البلاغة» بأساليب متنوّعة و مناهج مختلفة فجمعُوا القواعدَ في علم مستقل وفق ترتيب خاص، وهكذا امتاز علمُ النّحو عن علمِ الصرف وامتاز كلاهما عن البلاغة.

و هذه الكتبُ أدّت دوراً كبيراً في الحياة العلميّة بالرغم من كونها فاقدة للمواصفات التي يجب أن تتوفَّر في الكتاب الدِّراسي. والسببُ هو أنّ مؤلفيها لم يُدوِّنوها لغرض التدريس بـل لعـرض المطالـب والبحـوث وما جادت به عبقريّتهـم من آراء جديدة و مـن ثَمَّ اعتمدها الخلف كتباً دراسيّة، بعد أن وجدها متناً علميّاً قابلاً للبحث و التحقيق.

و في الآونة الأخيرة دُوِّنت كتبٌ دراسيةٌ لغوّية لهدف التدريس و كان من أفضلها كتاب «مبادئ العربية» بأجزائه الأربعة، لأنّه جاء مراعياً المنهج التعليمي الحديث و حاوياً لمزايا جليلة، منها:

١. المرحليّة والتدرّج في عرض المطالب.

٢. تهيئة الأرضيّة اللازمة في ذهن الطالب لتعلّم المسألة وذلك من خلال تصدير الدرس بمجموعـة من الأسـئلة الـتي تُثير ذهنَ الطالب لمعرفة واستنباط الجواب، علماً أنّ هذا التصدير والتقديم لم يؤدِ إلى انقطاع في التسلسـل المطلوب بحيث يكون الطالب قادراً على استيعاب و فهم المطالب من خلال مراجعة الأجوبة دون الأسئلة.

٣. استعمال الأساليب الحديثة في تنظيم و تنسيق المطالب، و هذا الأمر يؤدي إلى السهولة في التعليم و التعلم و إلى ترسيخ المطالب في الذهن.

٤. منح كل مسـألة ما تسـتحقه من الأهمية فلذا تلاحظ أنّه ذكر في الجزء الثالث والرابع بعـض المسـائل الـتي ليس لها أهمية كبيرة تحت عنوان «فائـدة» أو «فوائد» بالإضافة إلى أنّه أعرض عن المسائل التي لا ثمرة لها.

٥. تذييل أكثر الدروس بالتمارين المناسبة.

كلُّ هذه المزايا الجليلة جعلت من الكتاب متناً دراسياً معتمداً من قبل المراكز التعليمية في بعض البلدان. ولكـن هـذه التجربـة لم تسـلم مـن بعض الشـوائب الـتي شـوّهت جماله و أضعفت شـأنه وجودته، فأصبـح رفع تلك الشـوائب أمنية في نفوس كثير من الأسـاتذة و هدفاً لدى بعض المراكز التعليمية و بعد الحث الأكيد والإصرار الشـديد لتلك المراكز و الأسـاتذة الكرام مددتُ يدي لهذه المهمة وأردتُ تحقيقَ هدفين:

أ. نزع الشوائب ليستريح منها المعلم و المتعلم.

ب. منح الكتاب مزايا أُخرى تجعل منه كتاباً دراسياً نموذجياً.

و من خـلال عـرض الملاحظـات المذكـورة أدنـاه سيتبين لـك شـوائب الكتاب و كيفية علاجها والمزايا التي أُضيفت إليه.

١. في أغلب المواضع من الأجزاء الأربعة لم يُضبَط النصّ من حيث إدراج الفوارز والنقاط و همزات الوصل والقطع و... فقد قمنا برفع هذا النقص.

٢. انطواؤه على أخطاء مطبعية كثيرة حروفاً و حركات، واحتواؤه على مقدارٍ يسير من مطالب علمية غير صحيحة، ولقد سعينا إلى أن تكون هذه الطبعة خالية من الأخطاء المطبعية و غيرها، وأعددنا جدولاً عن بعض الأخطاء يمكن أن يُنشر لاحقاً.

٣. طباعـة بعـض الجمـل في الجزء الرابع بخـط دقيق بحيث يصعب على القارئ مطالعته كالجمـل التـي جاءت تحت عنـوان «فوائد»، بالإضافة إلى سـقوط بعـض الحروف عن الطباعـة أو أنّهـا طُبعـت بشـكل غير مقـروء و بغيـةً لإخراج هـذا الكتاب بحلـة جميلة استفدنا أحدث آلات الطباعة.

٤. عرض شواهد وأمثلة تتعارض مع القيم الأخلاقية، مثلاً:
«في الخمر سِرٌّ ليس في العنب». وقد بدّلنا هذه الشواهد و أمثالها بشواهد أُخرى.

٥. ذكر شـواهد مع عدم الإشـارة إلى أنّها من القرآن الكريم أو السـنّة الشريفة بالإضافة إلى التصرف فيها أحياناً.

٦. فقدان التوازن في كمية تمارين الدروس حيث تلاحظ وفرة في عدد تمارين درس ما و ندرة ذلك في درس آخر، فأوجدنا التعادل المطلوب بالحذف و الإضافة.

٧. عـدم التشـجيع على إعـراب الجمـل وافتقـاده لتماريـن الإعراب. و لهـذا اخترنا تمارين للإعراب عند نهاية كثير من الدروس تحت عنوان «إعراب القرآن و الحديث».

٨. خلـوّه مـن الأسـئلة الاختباريـة و التماريـن التطبيقيـة الوافيـة في آخر كل بابٍ. ولا يخفى ما

لها من دورٍ إيجابي في ترسيخ المعلومات لأنهما يشكلان أسلوباً خاصاً في المراجعة، ولذا استحدثنا عنوانين «الأسئلة العامّة» و «التمارين العامّة» لملء الفراغ الحاصل.

و أخيراً نلفت نظر الأساتذة الكرام إلى أمرين هامّين:

أ. انطلاقاً من الهدف السامي لتعليم اللغة العربية أي الوصول إلى المعرفة الصحيحة لمفاهيم الدين الإسلامي الذي جعل تهذيب النفس و مكارم الأخلاق هدفاً للإنسان في سيره المعنوي والتكاملي نحو الله عزّوجلّ، توخّينا عرض عدّة آلاف من الشواهد المختارة من القرآن الكريم و من كتب أحاديث السنّة الشريفة كنهج البلاغة، بحار الأنوار، كنز العمال، تحف العقول، و ميزان الحكمة. و نهيب بالأساتذة الكرام الإشارة إلى مداليلها المعنوية و الروحية بالإضافة إلى توضيح فوائدها الأدبية واللغوية. علماً أنّنا أبقينا بعض الشواهد العصرية والتي تشكل نصوصاً عربية جديدة ليطّلع الطالب على آخر النتاجات الأدبية والمصطلحات الجديدة.

ب. لقد قمت بهذه المهمة - و كما ذكرت سابقاً - بعد الإلحاح الشديد من قبل المراكز التعليمية و من قبل الأساتذه الكرام، وقد استغرق منا هذا العمل والجهد أربع سنوات، جمعنا وبوّبنا خلالها الشواهد اللازمة التي بلغت حوالي ثلاثة آلاف صفحة، ورغم ذلك لا ندري مبلغ توفيقنا ولكن الذي ندري هو أننا لم نألُ جهداً في سبيل إخراج هذا الكتاب في ثوبٍ أجمل و ما نرجوه و نتوخاه من الأساتذة و العلماء الكرام إتحافنا بملاحظاتهم و انتقاداتهم القيمة.

و في الختام نشكر كلَّ مَن ساعدنا في إعداد و إخراج بعض مجلدات هذا الكتاب من الإخوة الفضلاء، فلهم من الله جزيل الثواب والتوفيق ومنا جميل الشكر و الثناء.

وأسأل الله مخلصاً أن يجعل هذا الكتاب نافعاً لأساتذة لغة القرآن الكريم و عوناً لطلابها و محققاً للهدف المرجوّ من إعداده، والله من وراء القصد.

حميد المحمدي
١٥ شعبان المعظم ١٤١٥ هـ

— ١ —

الحروف الصحيحة والمعتلة

١. ماذا تُسمّى حروف الأبجدية؟

تُسَمَّى حُروفُ الأَبَجَدِيَّةِ الحُروفَ الهِجائِيَّة.

ا ب ت ث ج ح خ د ذ ر ز س ش ص
ض ط ظ ع غ ف ق ك ل م ن ه و ي

٢. ماذا تُسمّى الألف والواو والياء؟

تُسَمَّى «الأَلِف» و «الوَاو» و «اليَاء» حُروفَ العِلَّةِ.

٭ والعِلَّةُ هي المرض، التبديل الطارئ على هذه الحروف، من تغييرٍ في اللفظ أو الحذف في الكتابة أحياناً.

٣. ماذا تُسمّى باقي الحروف؟

تُسَمَّى باقي الحُروفِ الحُروفَ الصَّحيحَةَ.

تمرين١. ميّز حروفَ العلّة مِن الحروفِ الصحيحة:

١. القرآن الكريم: وَ أَن لَيسَ لِلإنسانِ إلّا ما سَعىٰ ۞ وَ أَنَّ سَعْيَهُ سَوْف يُرىٰ.[١]

٢. القرآن الكريم: إذَا قَضىٰ أمراً فَإنَّمَا يَقُولُ لَهُ كُنْ فَيَكُونُ.[٢]

٣. القرآن الكريم: إنَّهُ كانَ غَفُوراً رَحِيماً.[٣]

٤. الرّسول الأعظم ﷺ: اَلهَدِيّةُ تُورِثُ المَودَّةَ.[٤]

تمرين٢. تَلفَّظ بالكلمات القرآنيّة التابعة لفظاً صحيحاً فارقاً بين الحروف المتشابهة:

(ث س ص، ت ط، ذ ز ظ ض، د، ق ك)

ثَبِّتْ، سَمِعَ، صَلَحَ، تَبِعَ، طَلَحٍ، ذاهِبٌ، زَهرَة، ظَلَّ، عَدَسٍ،
صَرْصَر، تَضْحىٰ، دَأبٍ، صَوْتُ، قَسَمٌ، قُطِعَ، كادِحٌ، كَرِهَ، طَبَعَ.

---

١. سورة النجم / الآيتان ٣٩ و٤٠.

٢. سورة آل عمران / الآية ٤٧.

٣. سورة الفرقان / الآية ٦.

٤. ميزان الحكمّة، ج ١٠ / ص ٢٣٦.

- ٢ -

الحركات

٤. ما هي الحركات؟

الحَرَكاتُ أَصْواتٌ تُساعِدُنا في لَفْظِ الحُروفِ الهِجائِيَّةِ و هِيَ مُشابِهَةٌ لَفْظاً لِحُروفِ العِلَّةِ الثَّلاثَةِ:

فَالضَّمَّةُ	ـُ	تُشابِهُ «الْواو»
وَ الفَتْحَةُ	ـَ	تُشابِهُ «الألِف»
وَ الكَسرَةُ	ـِ	تُشابِهُ «الياء»

٥. أين ترسم الفتحة و الضمّة؟

تُرْسَمُ الفَتْحَةُ وَ الضَّمَّةُ مِنْ فَوْقِ الحَرْفِ، نَحو: رَكَضَ الْوَلَدُ.

٦. أين ترسم الكسرة؟

تُرْسَمُ الكَسرَةُ مِنْ تَحتِ الحَرْفِ، نَحو: عَلِمَ بِالخَبَرِ.

تمرين ٣. أُرسُم الحركات على الألفاظ التابعة:

مِثْل «ضَرَبَ»: لمع، شق، كمل، برد، ركض.

مِثْل «سَخُنَ»: فضل، كرم، لؤم، ظرف، حسن.

مِثْل «كِرامٌ»: لئام، سهام، نبال، عطاش، قيام.

— ٣ —

السكون و التنوين

٧. ما هو السكون؟

السُّكونُ دائِرَةٌ صَغيرَةٌ تُرْسَمُ فَوْقَ الحَرفِ لِلدَّلالَةِ على عَدَمِ الحَرَكَةِ، نَحو:
حَسَن، حُسْن.

(نَلْفَظُ «السين» في الكَلِمَةِ الثَّانِيَةِ بِدونِ حَرَكَةٍ).

٨. ما هو التنوين؟

التَّنْوينُ أَنْ نَرْسُمَ الحَرَكَةَ الواحِدَةَ مَرَّتَيْنِ في آخِرِ الكَلِمَةِ، وَ أَنْ نَلْفَظَها كَأَنَّ بَعْدَها
نونٌ ساكِنَةٌ، نَحو:

وَلَدُ ← **وَلَدٌ** نَلْفَظُها كَأَنَّنا كَتَبْناها: **وَلَدُنْ**.

٩. هل تكتب تنوين الفتح وحده؟

كَلّا. أَكْتُبُ مَعَ تَنْوينِ الفَتْحِ حَرَفَ الأَلِفِ إِلَّا بَعْدَ التَّاءِ المَقْصورَةِ، نَحو:
بَيْت جَديد: **بَيْتاً جَديداً**   لُؤْلُؤَة كَبيرَة: **لُؤْلُؤَةً كَبيرَةً**.

تمرين ٤. أُرسُـم تنوين الضمّ و الفتح و الكسر في آخر الكلمات التابعة:

بِضاعَة، شاب، مَدِينة، تاجِر، مَرکَب، سَفَر، جَميع، مَلِك، بَيت، أهْل، شُجاع، جَواد، طابَة، مَلعَب، شمس، علوم، معتدل، عليل، ثابت.

الحروف الشمسيّة و القمريّة

١٠. كم نوعاً الحروف الهجائية إذا تقدمتها «أل»؟

إذا تَقَدَّمَتْها «أَلْ» الْحُروفُ الهِجائيّة نَوْعان: شَمْسِيَّةٌ و قَمَرِيَّةٌ.

١١. ما هي الحروف الشّمسيَّةُ؟

الحُروفُ الشَّمسِيَّةُ هيَ الَّتي لا نَلْفَظُ مَعَها لام «أل» فَنُعَوِّضُ عَنْها بِتَشْدِيدِ الحَرْفِ:
نَكْتُب: الشَّمْس و نَلْفَظ: ال‑شَّمْس.

الحروفُ الشمسيَّةُ ١٤ حرفاً:

ت، ث، د، ذ، ر، ز، س، ش، ص، ض، ط، ظ، ل، ن

١٢. ما هي الحروفُ القمريَّة؟

الحُروفُ القَمَريَّةُ هيَ الَّتي نَلْفَظُ مَعَها لام «أل»:
نَكْتُب: اَلْقَمَر و نَلْفَظُ: الْقَمَر.

الحروفُ القَمَريَّةُ ١٤ حرفاً:

ا، ب، ج، ح، خ، ع، غ، ف، ق، ك، م، ه، و، ي

تمرين٥. اِنسَخ و اجْمع الحروف الشمسيّة على حدةٍ و القمريّة على حدةٍ:

س، ش، ص، ج، ض، ح، ت، ع، ث، غ، ذ، ف، ر،

ق، ز، ك، ظ، ل، م، ن، ه، ط، و، ا، ب، خ، د، ي.

تمرين٦. أدخل «أل» على الكلمات القرآنية التابعة مشدّداً الحرف الشمسي:

أَمر، مَلِك، عِظام، كِتاب، يَوْم، نَصْر، صُدُور، وَكيل، طَيِّب، غُرور،

فَضـل، سَلَم، حِكْمـة، رُسُـل، قِسْـط، جُـرُوح، خَلْـق، بَحْـر، ظَالِـمـينَ،

هُدْهُد، ثُلْث، تَوْبـة، درك، ذُكُور، زَكاة، شمـس، ضَـرَر، لَطيـف.

المدّة و الشدّة و الهمزة

١٣. ما هي الضَّوابط؟

الضَّوابطُ عَلاماتٌ تُرافِقُ أحياناً الحَرْفَ وَ تَدُلُّ على طَريقَةِ لَفْظِهِ وَ هيَ أَرْبَعَةٌ:

* الشَّدَّةُ (ـّـ)

* وَ المَدَّةُ (آ)

* وَ هَمْزَةُ الوَصْلِ (اآ)

* وَ هَمْزَةُ القَطْعِ (أ إ)

١٤. على أي شيء تدلّ الشدّة؟

تَدُلُّ الشَّدَّةُ على أنَّ الحَرْفَ حَرْفانِ، نَحو: مَدَّ ← مَدَدَ = مَدَّ.

١٥. على أي شيء تدلّ المدّة؟

تَدُلُّ المَدَّةُ على أنَّ الألِفَ ألِفانِ، نَحو: اَب ← آب = آب.

١٦. ما هي همزةُ القطع؟

هَمْزَةُ القَطْعِ هَمْزَةٌ تُلْفَظُ أَيْنما وَقَعتْ، أَيْ:

﴾ في أَوَّلِ الكَلامِ، نحو: أَبي فَرِحَ.

﴾ أو في نِصْفِ الكَلامِ، نحو: فَرِحَ أَبي.

١٧. ما هي همزةُ الوصل؟

هَمْزَةُ الوَصْلِ هَمْزَةٌ تُلْفَظُ فَقَط في أَوَّلِ الكَلامِ وَ لا تُلْفَظُ أَبداً في نِصْفِه، نحو:

«اُدْرُسْ يا صَغيرُ» لكِنّنا نَقولُ: يا صَغيرُ (ا) دْرُسْ.

تمرين ٧. اقرأ النصوص التالية، قراءةً صحيحةً:

١. القرآن الكريم: إذا جَاءَ نَصْرُاللهِ و الفَتحُ ۞ و رَأَيتَ النَّاسَ يَدخُلُونَ فِي دِينِ اللهِ أفواجاً ۞ فَسَبِّحْ بِحَمْدِ رَبِّكَ و استَغْفِرْهُ إنَّهُ كانَ تَوّاباً.[١]

٢. القرآن الكريم: قُل هُوَ اللهُ أحدٌ ۞ اللهُ الصَّمَدُ ۞ لَم يَلِدْ و لَم يُولَدْ ۞ وَ لَمْ يَكُنْ لَهُ كُفُواً أَحدٌ.[٢]

٣. الإمام عليّ عليه‌السلام: الحِلمُ غِطاءٌ ساتِرٌ و العَقلُ حُسامٌ قاطِعٌ، فاستُرْ خَلَلَ خُلقِكَ بِحِلمِكَ وَ قاتِلْ هَواكَ بعَقْلِكَ.[٣]

تمرين ٨. أُرسم الضوابط و الحركات على الكلمات التابعة:

الأمثلة		الكلمات
إِكْرام	:	اعلان، اسلام، اسرار، امهال.
مَدَّ	:	شد، لم، زل، مل.
مَدَّدَ	:	شدد، حدد، عرض، بجل.
اِجْلِسْ	:	احسب، اضرب، اهلك، احرس.
مُمَهِّدٍ	:	مسدد، مكرم، محول، مشدد.
آدَاباً	:	ابار، امالا، اجالا، ابالا.

---

١. سورة النصر / الآيات ١ - ٣.

٢. سورة الإخلاص / الآيات ١ - ٤.

٣. نهج البلاغة / الحكمة ٤١٦.

أنواع الكلمة

١٨. ما هي أنواع الكلمة ؟

تكونُ الكَلِمَةُ فِعْلاً أَوِ اسْماً أَوْ حَرْفاً.

١٩. ما هو الفعل ؟

اَلْفِعْلُ كَلِمَةٌ تَدُلُّ على حالَةٍ أَوْ عَمَلٍ في زَمَنٍ ماضٍ أَوْ حاضِرٍ أَوْ مُسْتَقْبِلٍ،

نحو: لَعِبَ سَميرٌ فَجاعَ. يَلْعَبُ سَميرٌ فَيَجوعُ. اِلْعَبْ يا سَميرُ وَجُعْ.

٢٠. ما هو الاسم ؟

اَلاسْمُ كَلِمَةٌ تَدُلُّ على شَخْصٍ أَوْ على حَيَوانٍ أَوْ على شَيْءٍ أَوْ على صِفَةٍ، نحو: سَميرٌ

يَرْكَبُ حِماراً و بِيَدِهِ دَفْتَرٌ أَزْرَقُ.

٢١. ما هو الحرف ؟

اَلحَرْفُ كَلِمَةٌ لايَتِمُّ مَعْناها إلَّا إذا جاءَ بَعْدَها اسْمٌ أَوْ فِعْلٌ، نحو: عَلى، حَتَّى. فَلايَتِمُّ

مَعْناهُما إلَّا مَعَ اسْمٍ أَوْ فِعْل:

وَقَفَ عَلى الرَّصيفِ حَتَّى مَرَّتِ السَّيَّاراتُ.

تمرين ٩. عيّن الفعل و الاسم و الحرف في الكلمات التي تحتها الخط:

١. القرآن الكريم: قَالَ رَبِّ إِنِّي ظَلَمْتُ نَفْسِي فَاغْفِرْلِي فَغَفَرَلَهُ.[١]

٢. القرآن الكريم: قَدْ أَفْلَحَ مَن تَزَكَّى ۞ وَ ذَكَرَاسْمَ رَبِّهِ فَصَلَّى.[٢]

٣. القرآن الكريم: تَبَّتْ يَدا أَبِي لَهَبٍ وَتَبَّ ۞ مَا أَغْنَى عَنْهُ مَالُهُ وَ مَا كَسَبَ.[٣]

٤. القرآن الكريم: إِنَّ اللهَ يَأْمُرُكُمْ أَن تُؤَدُّوا الأَمَانَاتِ إِلَى أَهْلِها.[٤]

٥. الإمام عليّ عليه‌السلام: رَحِمَ اللهُ أَمْرَءً عَرَفَ قَدْرَه وَ لَمْ يَتَعَدَّ طَوره.[٥]

٦. الإمام الصادق عليه‌السلام: مَن مَلَكَ نَفسَهُ إذا رَغِبَ و إذا رَهِبَ و إذا اشْتَهى و إذا غَضِبَ و إذا رَضِيَ حَرَّمَ اللهُ جَسَدَه عَلى النّارِ.[٦]

تمرين ١٠. عيّن الاسم الدال على شخص أو على حيوان أو شيء أو صفة:

عسـل، حُلْـو، لَـوز، بَغـل، حِصـان، إسكَندَر، سَليم، ثَمَر ظَريف، عالٍ، خَليـل، غَـزال، كَريم، فَرخ، دَجاجَة، أَسَد قلـم، سَيّارة، دَرّاجَة، بَطـل، سَميح، سَموح، كُرسيّ، سُلّم.

---

١. سورة القصص / الآية ١٦.

٢. سورة الأعلى / الآيتان ١٤ و ١٥.

٣. سورة المسد / الآيتان ١ و ٢.

٤. سورة النساء / الآية ٥٨.

٥. ميزان الحكمة، ج ٤، ص ٧٨.

٦. بحارالأنوار ج ١٧، ص ٣٨٣.

— ٧ —

الفعل الماضي و الضمير المنفصل

٢٢. على أي شيء يدل الفعل الماضي؟

يَدُلُّ الفِعْلُ الماضي على حالَةٍ أَوْ عَمَلٍ وَقَعا في زَمانٍ سابِقٍ، نحو:
مَرِضَ جَميلٌ (البارِحَة). أَكَلْتُ تُفاحَةً (هذا الصَّباح).

٢٣. ما هو الضمير؟

الضَّميرُ كَلِمَةٌ تُسْتَعْمَلُ لِلدَّلالَةِ على شَخْصٍ غائِبٍ أَوْ شَخْصٍ مُخاطَبٍ أَوْ
شَخْصٍ مُتَكَلِّمٍ، نحو: «هُوَ» لِشَخْصٍ غائِبٍ. «أَنْتَ» لِشَخْصٍ مُخاطَبٍ. «أَنا»
لِشَخْصٍ مُتَكَلِّمٍ.

			تصريف الفعل المضارع مع الضمائر
هُمْ دَرَسوا	هُما دَرَسا	هوَ دَرَسَ	الغائب
هُنَّ دَرَسْنَ	هُما دَرَسَتا	هيَ دَرَسَتْ	الغائبة
أَنْتُم دَرَسْتُمْ	أَنتُما دَرَسْتُما	أَنْتَ دَرَسْتَ	المخاطب
أَنْتُنَّ دَرَسْتُنَّ	أَنتُما دَرَسْتُما	أَنْتِ دَرَسْتِ	المخاطبة
نَحْنُ دَرَسْنا	نَحْنُ دَرَسْنا	أَنا دَرَسْتُ	المُتَكَلِّم

٢٤. كيف تسمّى الضمائر الّتي تسبق الفعل في هذا الجدول؟

هي الضَّمائِرُ المُنْفَصِلَةُ الَّتي تُسْتَعْمَلُ أَيْضاً وَحْدَها مُنْفَصِلَةً عَنِ الفِعْلِ:

أَنا نَحْنُ	أَنْتَ أَنتُما أَنْتُم أَنْتِ أَنتُما أَنْتُنَّ	هُوَ هُما هُمْ هيَ هُما هُنَّ

تمرين ١١. أُكتب الأفعال المناسبةَ محلّ الفراغ:

(خَرَجَ، رَأَى، قال، مَشَىٰ، قَرُبَ، رَجَعَ، بَعُدَ، غابَتْ، تَقَلَّبَ)

.... السِّنْدبادُ مِنْ ذَلِكَ المَكانِ و .... في الجَزِيرَةِ حَتَّى .... عَنِ المَغارَةِ. وَ .... رَجُلاً راعِياً جالِساً عَلَى شَيءٍ مُرْتَفِعٍ. وَ لَمَّا .... السِّنْدباد مِنهُ .... لَهُ الرَّجُلُ: «ارْجَعْ إلى خَلْفِكَ و امْشِ في الطَّريقِ الّذي عَلى يَمِينِكَ» .... السِّنْدبادُ إلى خَلْفِهِ وَ مَشَىٰ حَتَّى .... الشَّمْسُ فَلَمْ يَأْتِهِ في تِلْكَ اللَّيْلَةِ نَوْمٌ مِنْ شِدَّةِ الخَوْفِ. لٰكِنَّهُ .... في فِراشِهِ حَتَّى الصَّباحِ.

تمرين ١٢. أُكتب محلّ الفراغ فعلاً أو ضميراً حسب المعنى:

هُوَ ....، أنتنّ ....، أنتِ ....، أنتم ....

هِي ....، نَحن ....، أنتما ....، أنتَ ....

.... لَعِبوا، .... فَرِحْنا، .... غَسلَتْ، .... دَرَسْتَ

.... وَقَعْتُ، .... ضَربْتُمْ، ....قَرُبَ، .....ذهبتما

تمرين ١٣. عيّن الأفعال الماضية في العبارات التابعة:

١. القرآن الكريم: قَالَ رَبِّ إِنِّي ظَلَمْتُ نَفْسِي فَاغْفِرْلِي فَغَفَرَ لَهُ.[1]

٢. القرآن الكريم: وَ وَهَبْنَا لَهُ إِسْحَاقَ و يَعْقُوبَ نافِلَةً و كُلّاً جَعَلْنَا صَالِحِينَ.[2]

٣. القرآن الكريم:وَعَدَ اللهُ الّذينَ آمَنُوا و عَمِلُوا الصَّالِحَاتِ لَهُمْ مَغْفِرَةٌ وَ أَجْرٌ عَظِيمٌ.[3]

---

١. سورة القصص / الآية ١٦.

٢. سورة الأنبياء / الآية ٧٢.

٣. سورة المائدة / الآية ٩.

٤.الإمام عليّ ﷺ: مَن كَرُمَت عَلَيه نَفسُه، هانَت عَليهِ شَهواتُه.[1]

٥.الإمام عليّ ﷺ: النّاسُ أعداءُ ما جَهِلُوا.[2]

٦.الإمام الهادي ﷺ: الدُّنيا سُوقٌ رَبِحَ فِيها قَومٌ و خَسِرَ الآخرونَ.[3]

---

١. نهج البلاغة / الحكمة ٤٤١.

٢. نهج البلاغة / الحكمة ٤٣٠.

٣. ميزان الحكمة، ج ٣ / ص ٢٩٢.

الفعل المضارع

٢٥. على أي شيء يدلّ الفعل المضارع؟

يَدُلُّ الفِعْلُ المُضارِعُ عَلَى حالَةٍ أَوْ عَمَلٍ يَقَعانِ في زَمَنٍ حاضِرٍ أَوْ مُسْتَقْبَل، نَحْو:

يَجْتَهِدُ رياضٌ في الْمَدْرَسَةِ فَيَنْجَحُ في الامْتِحانِ.

* فَإِنَّهُ يَجْتَهِدُ الْيَوْمَ (وَ هُوَ زَمَنٌ حاضِرٌ).

* وَيَنْجَحُ بَعْدَ مُدَّةٍ (أَي في زَمَنِ المُسْتَقْبَلِ).

٢٦. من أين يؤخذ الفعل المضارع؟

يُؤْخَذُ الفِعْلُ المُضارِعُ مِنَ الفِعْلِ الماضي بِزِيادَةِ أَحَدِ أَحْرُفِ المُضارِعَةِ في أَوَّلِه، نَحْو:

يَدْرُسُ سَميرٌ وَ يَنالُ العَلاماتِ المُمْتازَةَ.

أَحْرُفُ المُضارِعَةِ الَّتي تُزادُ في أَوَّلِ الماضي			
تَ	يَ	نَ	أَ
تُ	يُ	نُ	أُ

٢٧. ما هي حركة أحرف المضارعة؟

تكونُ أَحْرُفُ المُضارِعَةِ:

* مَضْمومَةً مَعَ الماضي الرُّباعي «أي المُرَكَّبِ مِنْ أَرْبَعَةِ أَحْرُفٍ»، نحو:

أَكْرَمَ ← يُكْرِمُ   وَسْوَسَ ← يُوَسْوِسُ

* و مَفْتُوحَةً مَعَ غَيرِهِ، نحو: دَرَسَ ← يَدْرُسُ. اشْتَغَلَ ← يَشْتَغِلُ.

تصريف الفعل المضارع مع الضمائر			
هُمْ يَدْرُسُونَ	هُما يَدْرُسانِ	هوَ يَدْرُسُ	الغائب
هُنَّ يَدْرُسْنَ	هُما تَدْرُسانِ	هيَ تَدْرُسُ	الغائبة
أَنْتُم تَدْرُسونَ	أَنْتُما تَدْرُسانِ	أَنْتَ تَدرُسُ	المخاطب
أَنْتُنَّ تَدْرُسْنَ	أنتما تَدْرُسانِ	أَنْتِ تَدْرُسينَ	المخاطبة
نَحْنُ نَدْرُسُ	نَحْنُ نَدْرُسُ	أَنا أَدْرُسُ	المُتَكَلِّم

تمرين ١٤. صُغِ المضارعَ من الأفعال الآتية:

لَعِبَ، سَكَتَ، أَكَلَ، شَرِبَ، جَلَسَ، كَتَبَ، فَهِمَ، اِسْتَفْهَمَ، أَدَّبَ، مَرَّنَ، هَاجَرَ، سَمِعَ، خَبَّرَ، تَقَدَّمَ، رَقَصَ، قَرُبَ، ضَرَبَ، تَرَحَّمَ.

تمرين ١٥. اُكتب هذه الجمل في صيغة الماضي:

١. أَحفَظُ الدّرسَ.

٢. نَفهَمُ المعنىٰ.

٣. يَطمَئِنُّ البالُ.

٤. هذا التّلميذُ يَربَحُ الجائزةَ.

٥. الحِصانُ يَجُرُّ العَجَلاتِ.

٦. الكلبُ يَحرِسُ الدّورَ.

٧. يَأكُلُ الخروفُ عُشباً.

٨. الحِمارُ يَصبِرُ عَلى التَّعَبِ.

٩. يَصيحُ الدّيكُ طُلوعَ الفجرِ.

تمرين ١٦. اُكتب الأفعالَ المناسبةَ في محل الفراغِ:

مثلاً: [خَرَجَ] يَخْرُجُ السّندباد مِن ذلكَ المكان .... .

أشارَ، خَرَجَ، أَرادَ، رَأى، قال، أَقْبَلَ، مَشىٰ، جَلَس، قَرُبَ، رَجَعَ، بَعُدَ، غابَتْ، تَقَلَّبَ.

ثُمَّ ..... السِّندبادُ مِنْ ذَلِكَ المكانِ و ..... في الجَزيرَةِ حَتَّى ...... عَنِ المَغارَةِ. وَ ...... رَجُلاً جالِساً عَلىٰ شَيءٍ مُرْتَفِعٍ. وَ لَمَّا ...... السِّندباد مِنهُ ...... لَهُ الرّجُلُ: «ارجِعْ إلى خَلْفِكَ وَ امْشِ في الطّريقِ الّذي عَلى يَمينكَ»

..... السِّنْدباذُ إلى خَلْفِهِ كَما ...... الرَّجُلُ وَ مَشىٰ حَتَّىٰ ..... الشَّمْسُ وَ ...... الظَّلامُ. ثُمَّ ...... و ...... النَّوْمَ ، فَلَمْ يَأْتِهِ في تِلْكَ اللَّيْلَةِ نَوْمٌ مِنْ شِدَّةِ الْخَوْفِ وَ الْجُوعِ وَ التَّعَبِ. لكِنَّهُ ...... فِي فراشِهِ حَتَّىٰ الصّباحِ.

تمرين ١٧. عين الأفعال المضارعة في المحل التالية:

١. القرآن الكريم: إِنَّ الله يَعلَمُ ما تَفعلُونَ.[١]

٢. القرآن الكريم: وَ لَقَدْ نَعلَمُ أَنَّكَ يَضيقُ صَدرُكَ بِما يَقُولُونَ.[٢]

٣. القرآن الكريم: يَعلَمُ سِرَّكُم و جَهْرَكُم وَ يعلَمُ ما تَكسِبُونَ.[٣]

٤. الإمام عليٌّ عليه‌السلام: النّفاقُ يُفْسِدُ الإِيمانَ.[٤]

٥. الإمام عليٌّ عليه‌السلام: بِالعَفوِ تَنزِلُ الرَّحمةُ.[٥]

١. سورة النحل / الآية ٩١.

٢. سورة الحجر / الآية ٩٧.

٣. سورة الأنعام / الآية ٦.

٤. ميزان الحكمة، ج ١٠ / ص ١٢٥.

٥. غرر الحكم، ج ١ / ص ٣٣٦.

فعل الأمر

٢٨. على أي شيء يدل فعل الأمر؟

يَدُلُّ فِعْلُ الأَمْرِ عَلَى طَلَبِ حالةٍ أو طَلَبِ وُقوعِ عَمَلٍ، نَحو:

كُنْ مُجْتَهِداً. اِلْعَب مَعَ رِفاقِكَ.

٢٩. من أين يُؤخذ فعل الأمر؟

يُؤخَذُ فِعْلُ الأَمْرِ مِنَ الفِعْلِ المُضارِعِ.

٣٠. كيف يُؤخذ الأمر من المضارع؟

يُحْذَفُ مِنْ أَوَّلِ المُضارِعِ حَرْفُ المُضارَعَةِ ويُزادُ هَمْزَةٌ على المَبْدوءِ بِحَرْفٍ ساكِنٍ، نَحو:

يَلْعَبُ ← (يَـ)لْعَب ← اِلْعَب،

ثُمَّ يُرْسَمُ سكونٌ في آخِرِ الفِعْلِ: اِلْعَب ← اِلْعَبْ.

تصريف فعل الأمر مع الضمائر			
المخاطب	أَنْتَ اُدْرُس	أَنْتُما اُدْرُسا	أَنْتُم اُدْرُسوا
المخاطبة	أَنْتِ اُدْرُسي	أَنْتُما اُدْرُسا	أَنْتُنَّ اُدْرُسنَ

تمرين ١٨. حوّل الأفعال المضارعة إلى أمر:

يَتَحَرَّكُ، يَتَنازَلُ، يَتَرَحَّمُ، يَخْبِرُ، يَلْعَبُ، يُفَصِّلُ، يَتَكَلَّمُ، يَسْتَحْضِرُ، يُحْسِنُ، يَرْتَفِعُ، يَشْرَبُ، يَسْقُطُ، يَنْزِلُ، يَصْعَدُ، يُكَرِّمُ.

تمرين ١٩. رُدّ أفعال الأمر إلى أفعالٍ مضارعةٍ ثُمَّ إلى ماضية:

أنْظُرْ، أَخْبِرْ، اِنْصَرِفْ، اِسْمَعْ، أَنْصِتْ، سَلِّمْ، وَدِّعْ، كَلِّمْ، اِشْرَبْ، سافِرْ، اِلْعَبْ، أُدْرُسْ، ضَيِّعْ، مَلِّقْ، عَجِّلْ، أُرْكُضْ.

تمرين ٢٠. ضع محل الفراغ الفعل المناسب بصيغة الأمر:

نَهَضَ، خافَ، شَكَرَ، رَجَعَ، وَقَفَ، تابَعَ، اِسْتراحَ، مَشى، نامَ، شَرِبَ. قالَ الرّجُلُ لِلسِّنْدباد: ..... إلى خَلِفِكَ و ..... في الطّريقِ الّذى عَلى يَمينِكَ. لا ..... حَتّى تَغيبَ الشّمسُ ثُمَّ ..... و ...... بهناءٍ ولا ..... أبداً في اللّيلِ. وعِندَ الصّباحِ ..... سَريعاً و ..... مِن نَبعِ الماءِ القَريبِ. و هُناكَ تَجِدُ رَجُلاً يَدُلُّكَ عَلى طريقِ المدينةِ فَ...... و ..... سَفَرَكَ.

تمرين ٢١. ضع الضمائر الموافقة محل الفراغ لكلمات القرآنية:

......اِحْمِلْ، اخْشَوْا......، ......أخلِصُوا، ......أُدْخُلا، ......أُسْجُدى.......

الفعل الصحيح والفعل المعتل

٣١. ما هو الفعل الصحيح؟
الفِعْلُ الصَّحِيحُ هُوَ الَّذي ليسَ في أَصْلِهِ حَرْفُ عِلَّةٍ، نَحو: يَنْبَحُ الكَلْبُ.

٣٢. ما هو الفعل المعتل الآخر؟
اَلفِعْلُ المُعْتَلُّ الآخِرِ هُوَ ما انْتَهى أَصْلُهُ بِحَرْفٍ مِنْ حُرُوفِ العِلَّةِ، نَحو:
رَمى الوَلَدُ العَصا.
يَدْعُو الأُسْتاذُ التِّلْميذَ (و ماضي يَدْعو: دَعا).
يَمشي سامي تَحْتَ المَطَر (وَ ماضي يَمْشي: مَشى).

٣٣. هل ينتهي الفعل أحياناً بحرف علّة هو ضمير؟
نَعَم يَنْتَهي الفِعْلُ أَحياناً بِحَرْفٍ عِلَّةٍ هوَ ضَميرٌ، نَحو:
هِنْدٌ وَ رامِزٌ تَنزَّها في البَرِّيَّة (مفرد تَنَزَّها: تَنَزَّهَ).

٣٤. كَيفَ نُسمّي هذا الضمير؟
نُسمِّي الضَّميرَ المُتَّصِلَ لأَنَّهُ لا يَأْتي أَبَداً مُنْفَصِلاً عَنِ الفِعْلِ، نَحو:
هُما شَرِبا.

فَإِنَّ «هُما» تُسْتَعْمَلُ أَحياناً وَحْدَها وَلَكِنّ «الأَلِف» لا تُسْتَعْمَلُ أَبَداً وَحْدَها.

٣٥. هل تُكتب «الواو» وحدها في آخر الفعل إذا كانت ضميراً؟

لاتُكْتَب «الـواو» وَحْدَها في آخِرِ الفِعْلِ إذا كانَتْ ضَميراً بَلْ يُزادُ عَلَيها «أَلِف» تُكْتَبُ وَ لا تُلْفَظُ:

تَكْتُبُ «دَرَسوا» وَ تَلْفَظُ «دَرَسُو».

			تَصْريف الفِعْلِ الماضي مَعَ الضَّمائِرِ المُتَّصِلَةِ
هُمْ دَرَسوا	هُما دَرَسا	هوَ دَرَسَ	الغائب
هُنَّ دَرَسْنَ	هُما دَرَستا	هيَ دَرَسَتْ	الغائبة
أَنْتُم دَرَسْتُمْ	أَنْتُما دَرَسْتُما	أنتَ دَرَسْتَ	المخاطب
أَنْتُنَّ دَرَسْتُنَّ	أَنْتُما دَرَسْتُما	أنتِ دَرَسْتِ	المخاطبة
نَحْنُ دَرَسْنا	نَحْنُ دَرَسْنا	أنا دَرَسْتُ	المُتَكلِّم

تمرين ٢٢ . ميّز من الأفعال القرآنية التالية الفعل الصحيح من الفعل المعتل بالألف أو بالواو أو بالياء:

تَخْشىٰ، يَخْفىٰ، تَذكُرُ، تَنهىٰ، يَذهَبُ، يَرزُقُ، يُحْمى، يَحْيٰ يَرغَبُ، تَزَكَّى، تَستَوى، يَصلىٰ، تَذهَلُ، نَجزى، يَعصِمُ.

تمرين ٢٣ . دلّ في آخر الأفعال على حرف العلّة و على الضمير المتصل في الجمل التالية:

١. القرآن الكريم: و يَحْيٰ مَن حَيَّ عَن بَيِّنَةٍ.[١]

٢. القرآن الكريم: فَسَوْفَ يَدْعُوا ثُبُوراً ۞ و يَصْلىٰ سَعِيراً.[٢]

٣. القرآن الكريم: و مَنْ تَزَكَّى فَإِنَّمَا يَتَزَكَّى لِنَفْسِهِ وَ إِلَى اللهِ المَصِيرُ.[٣]

٤. الإمام عليٌّ عليه‌السلام: مَن قَضىٰ حَقَّ مَن لايَقْضِي حَقَّه فَقدْ عَبَدَه.[٤]

٥. الإمام عليٌّ عليه‌السلام: [الله] يَقضِي بِعلمٍ و يَعفو بِحلمٍ.[٥]

٦. الإمام عليٌّ عليه‌السلام: مَن كَساهُ الحَياءُ ثَوبَهُ لَم يَرَ النَّاس عَيبَهُ.[٦]

تمرين ٢٤ . كمّل تصريف الأفعال مع الضمائر المتصلة و المنفصلة:

اَلأرضُ أرتَجَّتْ و الوَلَدانِ فَزِعَـ .... وَ هَرِبَـ .... و نَحْنُ هَرَبْ .... فَصاحَ رَجُلٌ مِن بَعيدٍ: «يا أولادُ إلى أَيْنَ ...... هَربتُم؟ اِبقُوا هُنا و لا تَخاف .... الأرضُ ثابتةٌ و ...... أرتَجَّت لِأَنَّ شاحِنةً مُحَمَّلَةً حمولة ثَقيلَةً مَرَّت عَلى الطَّريقِ». فَارتاحَ بالُ الوَلَدَيـنِ و رَجَعَـ .... و ...... رَجَعْنا مَعَهُما.

---

١. سورة الأنفال / الآية ٤٢.

٢. سورة الانشقاق / الآيتان ١١ و ١٢.

٣. سورة فاطر / الآية ١٨.

٤. نهج البلاغة/ الحكمة ١٦٤.

٥. نهج البلاغة / الخطبة ١٦٠.

٦. نهج البلاغة / الحكمة ٢٢٣.

الفعل اللازم

٣٦. متى يكون الفعل لازماً؟

يَكونُ الفِعْلُ لازِماً إذا تَمَّ مَعْناهُ بِذِكْرِ فاعِلِه، نحو:
قامَ أُمينٌ. فَرِحَتْ سامِيَةٌ.

٣٧. ما هو الفاعل؟

الفاعِلُ اسمٌ يَقَعُ بَعْدَ الفِعْلِ وَيَدُلُّ عَلى مَنْ فَعَلَهُ، نحو:
قامَ أُمينٌ.

فَكَلِمَةُ «أمين» وَقَعَتْ بَعْدَ الفِعْلِ وَدَلَّتْ عَلى مَن قامَ.

تمرين ٢٥ . دلَّ على الفعل اللازم:

١. اِرتَجَّتِ الأَرضُ مِن تَحتِنا.

٢. وَ سَمِعْنا دَوِيّاً مِنَ الجَوِّ.

٣. وَ قَد نَزَلَ عَلَينا مِنْ أَعلَى القَصرِ شَخصٌ عَظيمٌ في هَيئَةِ إِنسانٍ.

٤. فَلَمَّا نَظَرناهُ عَلى هذِهِ الحالَةِ، قَوِيَ خَوفُنا، و اشتَدَّ فَزَعُنا، و صِرْنا مِثلَ المَوتى مِنَ الخَوفِ.

تمرين ٢٦ . ضع الفاعل الموافق محل الفراغ:

لَحْم، الغُول، شَحْم، رَئيس

وَجَدَ ...... أَنَّ السِّنْدبادَ ضَعِيفٌ فَرَماهُ بَعيداً عَنهُ. و أَخَذَ يُقلِّبُ الرِّجالَ واحِداً حَتَّى اهتَدَى إِلى رَئيسِ المَركَبِ. و كانَ ...... المَركَبِ سَميناً فَذَبَحَهُ و أَوقَدَ النَّارَ و صارَ يُقلّبُه عَلى الجَمرِ حَتَّى نَضِج ...... ه و سَالَ ...... ه.

$$- \text{١٢} -$$

الفعل المتعدي

٣٨ . متى يكون الفعل متعدّياً؟

يَكونُ الفِعْلُ مُتَعَدِّياً إذا لَمْ يَتِمَّ مَعْناهُ بِذِكْرِ الفاعِلِ بَلْ يَطْلُبُ مَعَهُ مَفْعولاً به، نَحو:
كَتَبَ أمينٌ فَرْضَهُ.

(فَلايَتِمُّ المَعْنى إلّا إذا ذَكَرْنا ما كَتَبَ أمين: أفَرْضَهُ أَمْ قَصاصَهُ أَمْ غَيرَذَلِكَ.)

٣٩ . ما هو المفعول به؟

المَفْعُولُ بِهِ اسْمٌ يَدُلُّ عَلى ما وَقَعَ عَلَيْهِ فِعْلُ الفاعِلِ وَ يَتِمُّ بِه مَعْنَى الفِعْلِ، نَحو:
كَتَبَ أمينٌ فَرْضَهُ.

فَكَلِمَةُ «فَرْض» تَدُلُّ عَلى ما فَعَلَهُ أَمين فَيَتِمُّ بِها مَعْنَى الفِعْلِ.

تمرين ٢٧. اِجمع الأفعال المتعدية و زد عليها مفعولاً:

ضَحَكَ، قَعَدَ، هَرَبَ، اِبتَدَأَ، اِخْضَرَّ، أَكَلَ، أَبْغَضَ، رَبِحَ طَلَعَ، بَارَكَ، رَقَدَ، شَرِبَ، كَذَبَ، صَدَقَ، صَدَّقَ، وَدَّعَ.

تمرين ٢٨. ضع محل الفراغ المفعول به الموافق للمعنى:

(صَفحات، آذان، أَرجُل، تمتمات، وَشوَشات، أَيدِي، كِتاباً.)

كانَ بَيتُ الأقزامِ في الغابَةِ فَقَرُبْتُ مِنهُ و سَمِعتُ ...... وَ ...... و رَأَيتُ فَإذا البَعضُ يَرفعونَ ...... هُم و ...... هُمْ مِن الفَرَحِ.

تمرين ٢٩. عين الأفعال اللازم من المتعدي في العبارات التابعة:

١. القرآن الكريم: لَقَدْ خَلَقْنا الإِنْسانَ في كَبَدٍ.[١]

٢. القرآن الكريم: يَومَ يَفِرُّ المَرءُ مِن أَخِيهِ ٭ و أُمِّهِ و أَبِيهِ.[٢]

٣. القرآن الكريم: أَلَمْ نَجْعَلِ الأرضَ مِهاداً.[٣]

٤. القرآن الكريم: سَبِّحِ اسْمَ رَبِّكَ الأَعْلَى.[٤]

٥. القرآن الكريم: يَخْرُجُ مِن بَينِ الصُّلبِ و التَّرائِبِ.[٥]

٦. الإمام عليٌّ عليه‌السلام: إِنَّما يَنظُرُ المُؤمِنُ إلى الدُّنيا بِعَينِ الاعتِبارِ.[٦]

٧. الإمام عليٌّ عليه‌السلام: مَن حَاسَبَ نَفسَهُ رَبِحَ و مَن غَفَلَ عَنْها خَسِرَ.[٧]

---

١. سورة البلد / الآية ٤.

٢. سورة عبس / الآيتان ٣٤ و ٣٥.

٣. سورة النبأ / الآية ٦.

٤. سورة الأعلى / الآية ١.

٥. سورة الطارق / الآية ٧.

٦. نهج البلاغة / الحكمة ٣٦٧.

٧. نهج البلاغة / الحكمة ٢٠٨.

الفعل المعلوم و الفعل المجهول

٤٠ . متى يكون الفعل معلوماً؟

يَكُونُ الفِعْلُ مَعْلوماً مَتى عَرَفْنا فاعِلَهُ، نَحو:

قَطَفَ سَميرٌ التُّفَّاحَةَ وَ قَدَّمَها لأُمِّهِ .

فاعِلُ «قَطَفَ» مَذْكورٌ وَ هو «سَمير». و فاعِلُ «قَدَّمها» غَيْرُ مَذْكُورٍ (مُسْتَتِر) لٰكِنَّهُ مَعْروفٌ وَ هو كَذٰلك «سَمير».

٤١. متى يكون الفعل مجهولاً؟

يَكونُ الفِعْلُ مَجْهولاً إنْ لَمْ نَعْرِف فاعِلَهُ وَ جَعَلْنا مَحَلَّهُ نائِبَ الفاعِلِ، نَحو:

قُطِفَتِ التُّفَّاحَةُ.

فَكَلِمَةُ «قُطِفَتْ» فِعْلٌ مَجْهولٌ لأَنّنا لا نَعْرِف أَبداً مَنْ قَطَف التُّفَّاحَةَ، أَهوَ سَميرٌ أَم هِنْدُ أَم أَحَدُ المارَّةِ.

٤٢. من أين نأخذ نائب الفاعل إذا كان الفعل مجهولاً؟

إذا كان الفِعْلُ مَجْهولاً نَأْخُذُ المَفْعُولَ به وَ نَجْعَلُهُ نائبَ فاعلٍ:

﴿ قَطَفَ سَميرٌ التُّفَّاحَةَ: الفِعْلُ مَعْلُومٌ و الفاعِلُ مَعْروفٌ.

﴿ قُطِفَتِ التُّفَّاحَةُ: الفِعْلُ مَجْهولٌ لأَنَّ الفاعِلَ مَجْهولٌ مِثْلَهُ فتَصيرُ كَلِمَةُ ((التُّفَّاحَةُ)) نائبَ الفاعِلِ.

٤٣. كيف يصير الفعل الماضي مجهولاً؟

يَصيرُ الفِعْلُ الماضي مَجْهولاً بِكَسْرِ ما قَبْلَ آخِرِه وَضَمِّ كُلِّ حَرْفٍ مُتَحَرِّكٍ قَبْلَهُ، نَحو:

حَفَظَ ← حُفِظَ   اِجْتَهَدَ ← أُجْتُهِدَ.

٤٤. كيف يصير الفعل المضارع مجهولاً؟

يَصيرُ الفِعْلُ المُضارعُ مَجْهولاً بِضَمِّ أَوَّلِه وَ فَتْحِ ما قَبْلَ آخِرِه، نَحو:

يَحْفَظُ ← يُحْفَظُ   يَجْتَهِدُ ← يُجْتَهَدُ

الصيغ	تصريف الماضي المجهول	تصريف المضارع المجهول
الغائب	قُطِفَ قُطِفا قُطِفُوا	يُقْطَفُ يُقْطَفانِ يُقْطَفُونَ
الغائبة	قُطِفَتْ قُطِفَتا قُطِفْنَ	تُقْطَفُ تُقْطَفانِ يُقْطَفْنَ
المخاطب	قُطِفْتَ قُطِفْتُما قُطِفْتُم	تُقْطَفُ تُقْطَفانِ تُقْطَفُونَ
المخاطبة	قُطِفْتِ قُطِفْتُما قُطِفْتُنَّ	تُقْطَفِينَ تُقْطَفانِ تُقْطَفْنَ
المُتَكَلِّم	قُطِفْتُ قُطِفْنا قُطِفْنا	أُقْطَفُ نُقْطَفُ نُقْطَفُ

تمرين ٣٠ . اِبن المجهول من الأفعال التابعة:

جَرَحَ، يَجْرَحُ، وَدَّعَ، نُوَدِّعُ، هَيَّأَ، أَكَّدَ، كَرَّمَ، يُحِبُّ، يَعْرِفُ، يَسْأَلُ، تَسْأَلِينَ، تَسْمَعانِ، نَظَرَ، يَنْظُرُ، أَنْظُرُ، اِستَكْثَرَ، يَسْتَكْثِرُ، سَلَّمَ، يُعاتِبُ، أَعاتِبُ.

تمرين ٣١ . رُدَّ الأفعال المجهولة إلى صيغة المعلوم:

يُكرَمُونَ، تُكرَمُ، أُكرَمُ، تُعاتَبِينَ، أُعاتَبُ، حُمِدَ، يُحْمَدُ، شُكِرُوا، يُشْكَرُونَ، صُدِّقَ، صُدِّقُوا، تُصَدَّقُونَ، تُصَدَّقِينَ، أُبْعِدَ، أُبْعِدَا، يُفْهَمُ، يُقْرَأُ، يُنْتَقَدُ، يُسْتَخْرَجَ، أُسْتُخْرِجَ.

تمرين ٣٢ . دل على الأفعال المجهولة و على الأفعال المعلومة في العبارات التابعة:

١. القرآن الكريم: عَلِمَتْ نَفْسٌ ما قَدَّمَتْ وَ أَخَّرَتْ.[١]

٢. القرآن الكريم: قُتِلَ أصحابُ الأُخْدُودِ.[٢]

٣. القرآن الكريم: لا يُسْأَلُ عَمّا يَفْعَلُ و هُمْ يُسْئَلُونَ.[٣]

٤. القرآن الكريم: لَقَدْ خَلَقْنا الإنْسانَ فِي أَحْسَنِ تَقْوِيمٍ.[٤]

٥. القرآن الكريم: و فُتِحَتِ السَّماءُ فَكانَتْ أبواباً.[٥]

٦. القرآن الكريم: و رَأَيْتَ النّاسَ يَدْخُلُونَ فِي دِينِ اللهِ أفواجاً.[٦]

---

١. سورة الانفطار / الآية ٥.

٢. سورة البروج / الآية ٤.

٣. سورة الأنبياء / الآية ٢٣.

٤. سورةالتين / الآية ٤.

٥. سورة النبأ / الآية ١٩.

٦. سورة النصر / الآية ٣.

٧. الرّسول الأعظم ﷺ: مَن لايَرْحَمْ لا يُرْحَمْ.[1]

٨. الإمام علي ؏: الدُّنيا خُلِقَتْ لِغَيرِها وَلَم تُخْلَقْ لِنَفسِها.[2]

١. ميزان الحكمة، ج ٤ / ص ٦٩.

٢. ميزان الحكمة، ج ٣ / ص ٢٨٦.

الفعل المبني و المعرب

٤٥. هل يتغيّر أحياناً آخر الفعل الماضي؟

كلَّا . إنَّ آخِرَ الفِعْلِ الماضي لا يَتَغَيَّرُ أَبَدًا مَهما تَقَدَّمَهُ مِنَ الكَلِماتِ بَلْ يُلازِمُ صورةً واحِدَةً وَ لِذٰلِكَ نَقولُ إنَّ الماضي مَبْنِيٌّ، نحو:

لَعِبوا و مالَعِبوا   فَرِحَ و مافَرِحَ .

فَإِنَّ «لَعِبوا» و «فَرِحَ» لا تَتَغَيَّرانِ مَهْما تَقَدَّمَهُما مِنَ الكَلِماتِ .

٤٦. هل يتغيّر أحياناً آخر الفعل الأمر؟

كلَّا . إنَّ آخِرَ الفِعْلِ الأمرِ لا يَتَغَيَّرُ أَبداً مَهْما تَقَدَّمَهُ مِنَ الكَلِماتِ بَلْ يُلازِمُ صورةً واحِدَةً وَ لِذٰلِكَ نَقولُ إنَّ الأَمْرَ مَبْنِيٌّ، نحو: اِجْتَهِدْ

فَكَلِمَةُ «اِجْتَهِدْ» لاتَتَغَيَّرُ مَهْما تَقَدَّمَها مِنَ الكَلِمات .

٤٧. هل يتغيّر أحياناً آخر الفعل المضارع؟

نَعَم إنَّ آخِرَ الْفِعْلِ الْمُضارِعِ يَتَغَيَّرُ أَحياناً إذا تَقَدَّمَتْهُ بَعْضُ الْحُروفِ وَلِذلِكَ نَقولُ إِنَّ الْمُضارِعَ مُعْرَبٌ، نحو:

يَعيشُ السَّمَكُ في ٱلْماءِ وَلَنْ يَعيشَ خارِجَهُ.

٤٨. ما هي أنواع إعراب الفعل المضارع؟

أَنْواعُ إِعْرابِ ٱلْفِعْلِ الْمُضارِعِ ثَلاثَةٌ:

الرَّفْعُ (ـُ) وَٱلنَّصْبُ (ـَ) وَٱلْجَزْمُ (ـْ)، نحو:

يَسْبَحُ ـ لَنْ يَسْبَحَ ـ لَمْ يَسْبَحْ.

تمرين ٣٣ . أُرسُم جدولاً لِلأفعال المضارعة و جدولاً للأفعال الماضية و جدولاً لأفعال الأمر مع تصريفها:

١. طَلَعَ الصَّباحُ.

٢. اَلسّمكُ يَعيشُ في الماءِ.

٣. يَدورُ الدُّولابُ.

٤. مَن حَسَدَ النّاسَ بَدَأَ بِمَضَرَّةِ نَفسِهِ.

٥. اَلمَطَرُ يُروِي الأرضَ.

٦. اِقتَنِع بِما عِندَكَ فتعيشُ سَعيداً.

٧. اَلخَمرُ تُسلُبُ العَقلَ.

٨. أَطعِم و أَشبِع و اَضرِب و أَوجِع.

تمرين ٣٤ . عين الأفعال المبنيّة و الأفعال المعربة في العبارات التابعة:

١. القرآن الكريم: تَبارَكَ الَّذى نَزَّلَ الفُرقانَ عَلى عَبدِهِ لِيَكُونَ لِلعَالَمِينَ نَذيراً.[1]

٢. القرآن الكريم: وَ يَوْمَ يَحْشُرُهُمْ وَ مَا يَعْبُدُونَ مِن دُونِ الله فَيَقُولُ أَأَنتُمْ أَضْلَلتُمْ عِبَادى هٰؤُلاءِ أَم هُمْ ضَلُّوا السَّبيلَ.[2]

٣. القرآن الكريم: وَ مَن تَابَ و عَمِلَ صَالِحاً فَإِنَّهُ يَتُوبُ إِلَى اللهِ مَتَاباً.[3]

٤. القرآن الكريم: رَبِّ هَب لِى حُكْماً وَ أَلْحِقْنِي بِالصَّالِحِينَ.[4]

---

١. سورة الفرقان / الآية ١.

٢. سورة الفرقان / الآية ١٧.

٣. سورة الفرقان / الآية ٧١.

٤. سورة الشعراء / الآية ٨٣.

٥. الإمام عليٌّ عليه السلام: مَنْ مَلَكَ اسْتَأْثَرَ.[1]

٦. الإمام عليٌّ عليه السلام: هَلَكَ امْرُؤٌ لَمْ يَعرِفْ قَدْرَهُ.[2]

٧. الإمام عليٌّ عليه السلام: يَنْزِلُ الصَّبرُ عَلىٰ قَدرِ المُصِيبَةِ.[3]

---

١. نهج البلاغة / الحكمة ١٦٠.
٢. نهج البلاغة / الحكمة ١٤٩.
٣. نهج البلاغة / الحكمة ١٤٤.

المضارع المرفوع

٤٩. متى يُرفع الفعل المضارع؟

يُرفَعُ الفِعلُ الْمُضارعُ إِنْ لَمْ يَتَقَدَّمْهُ أَحَدُ الحُروفِ النَّاصِبَةِ أَوِ الجازِمَةِ كَما سَنَذْكُرُ فيما بَعْد.

٥٠. كيف يرفع الفعل المضارع في العموم؟

يُرفَعُ الْفِعْلُ الْمُضارعُ في الْعُمومِ بِالضَّمَّةِ، نَحو:

يَلْعَبُ الْوَلَدُ وَقْتَ النُّزْهَةِ وَ يَدْرُسُ وَقْتَ الدَّرْس.

٥١. كيف ترفع الأفعال الخمسة؟

تُرْفَعُ الأَفْعالُ الخَمْسَةُ بِالنُّونِ في آخِرِها، نَحو:

اَلأَوْلادُ يَلْعَبونَ عَلى الشَّاطِئِ ثُمَّ يَسْتَحِمُّونَ في الْبَحْرِ.

الأَفْعالُ الخَمْسَةُ هيَ كُلُّ مُضارعٍ اتَّصَلَتْ بِهِ «أَلِف» اثْنَيْنِ أو «واو» الجَماعَةِ أو «ياء» الْمُخاطَبَةِ:

يَدْرُسانَ تَدْرُسانَ يَدْرُسونَ تَدْرُسونَ تَدْرُسينَ

تمرين ٣٥. اُرسُم علامةَ الرفعِ في آخرِ الأفعالِ المضارعةِ الموضوعةِ بينَ هِلالينِ:

١. (يَحمِل) بَهيجٌ إزميلَهُ و (يَحفِر) في الصَّخرةِ الحُروفَ الجَميلةَ. اَلأولادُ (يَمُرُّوا) مَن هُنـاكَ و (يَهتِفوا): «يا صَخرةُ ألا (تَشعُري) بالوَجَعِ؟» كَلّا، إنَّني لا (أشعُرُ) بِه لكِنَّني (أسَرّ) لِأنَّ النَّحّاتَ (يَحفِر) فيَّ الحُروفَ الجَميلةَ.

٢. لا شَكَّ في أنَّ التَّجارِبَ و الحوادِثَ (تكونوا) مَحَكَّ الصداقةِ الحقيقي إذ لا (يُعرَف) الصَّديقُ إلّا عِندَ الشِّدَّةِ الّتي (يَقَع) فيها صَديقُه. ألا مَا أقَلَّ اَلأصدِقاءَ الحقيقيّينَ اَلذينَ (يُصادِقوا)كَ لِذاتِكَ أو حُبّاً بكَ، و (يُقدِموا) على رَفعِ شِدَّتِك.

تمرين ٣٦. عيِّن علاماتِ رفعِ الأفعالِ المضارعةِ في العباراتِ التابعةِ:

١. القرآن الكريم: يَغفِرُ لِمَن يَشَاءُ و يُعَذِّبُ مَن يَشَاءُ.[١]

٢. القرآن الكريم: و اَلذينَ كَفَرُوا يَتَمتَّعُونَ و يَأكُلونَ كَما تَأكُلُ الأنعامُ.[٢]

٣. القرآن الكريم: قُضِيَ اَلأمرُ اَلذى فيهِ تَستَفتِيانِ.[٣]

٤. الإمام الكاظم عليه‌السلام: كُلّما أحدَثَ النّاسُ مِنَ اَلذُّنوبِ مَا لَم يَكُونُوا يَعمَلُونَ أحدَثَ اللهُ لَهُم مِن اَلبَلاءِ ما لَم يَكُونُوا يَعُدّونَ.[٤]

٥. الإمام عليّ عليه‌السلام: مَنهُومانِ لَايَشبَعانِ: طالِبُ عِلمٍ و طالِبُ دُنيا.[٥]

٦. الإمام عليّ عليه‌السلام: الحِلمُ و الأناةُ تَوأمانِ يُنتِجُهُما عُلُوُّ اَلهِمَّةِ.[٦]

٧. قال المسيح عليه‌السلام: يا عَبيدَ السُّوءِ! تَلُومُونَ النّاسَ عَلَى اَلظَّنِّ و لا تَلُومُونَ أنفُسَكُم عَلى اَليَقينِ.[٧]

---

١. سورة الفتح / الآية ١٤.

٢. سورة محمد / الآية ١٢.

٣. سورة يوسف / الآية ٤١.

٤. تحف العقول / ص ٤١٠.

٥. نهج‌البلاغة / الحكمة ٤٥٧.

٦. نهج‌البلاغة / الحكمة ٤٦٠.

المضارع المنصوب

٥٢. متى ينصب الفعل المضارع؟
يُنْصَبُ الفِعْلُ المُضارِعُ إذا تَقَدَّمَهُ أَحَدُ الأَحْرُفِ النَّاصِبَةِ وَ هِيَ أَرْبَعَةٌ:
أَنْ، لَنْ، إذَنْ، كَيْ

٥٣. كيف ينصب الفعل المضارع في العموم؟
يُنْصَبُ الفِعْلُ المُضارِعُ في العُمومِ بِالفَتْحَةِ في آخِرِهِ، نَحو:
تَدْرُسُ أُمثولَتَك: أُريدُ أَنْ تَدْرُسَ أُمثولَتَك.

٥٤. كيف تنصب الأفعال الخمسة؟
تُنْصَبُ الأَفْعالُ الخَمْسَةُ بِحَذْفِ النُّونِ مِنْ آخِرِها، نَحو:
تَدْرُسونَ أُمثولَتَكُمْ: أُريدُ أَنْ تَدْرُسُوا أُمثولَتَكُمْ.

			تصريف المضارع المنصوب
لَنْ يَدْرُسوا	لَنْ يَدْرُسا	لَنْ يَدْرُسَ	الغائب
لَنْ يَدْرُسْنَ	لَنْ تَدْرُسا	لَنْ تَدْرُسَ	الغائبة
لَنْ تَدْرُسوا	لَنْ تَدْرُسا	لَنْ تَدْرُسَ	المخاطب
لَنْ تَدْرُسْنَ	لَنْ تَدْرُسا	لَنْ تَدْرُسي	المخاطبة
لَنْ نَدْرُسَ	لَنْ نَدْرُسَ	لَنْ أَدْرُسَ	المُتَكلِّم

تمرين ٣٧ . أعطِ الأفعالَ التابعةَ علامةَ النصبِ بدلاً من علامةِ الرّفع:

يَدْرُسُ، يَدْرُسَانِ، يَدْرُسونَ، تَذْهَبُ، تَذْهَبَانِ، تَذْهَبُونَ،
تَذْهَبِينَ، يَعْلَمَانِ، تَعْلَمِينَ، نُطِيعُ، نَصْبِرُ، تَخْدِمانِ، أَخْدِمُ.

تمرين ٣٨ . ضَعْ علامةَ النصبِ على كلّ فعلٍ واقعٍ بعد أداةٍ ناصبةٍ:

١. لَن يَنْجَح مَن يَكسَلُ .

٢. يَجِبُ عَلى آلوَلَدِ أَن يَلعب في وَقتِ آللَّعب و أَن يَدرُس في وَقتِ آلدَّرسِ .

٣. اِتْعَبْ أَيُّها آلوَلَدُ في حَداثتِكَ كَي تَفُوز بِآلرّاحَةِ في كِبَرِك .

٤. إن تَكسَل إذَنْ تَخسَر مُستَقبَلَكَ .

تمرين ٣٩ . ضَعْ تحتَ الفعل المنصوب بالفتحة خطّاً و تحت الفعل المنصوب بحذف النون خطّينِ:

١. القرآن الكريم: إنّا نَطمَعُ أَن يَغفِرَ لَنا رَبُّنا خَطايَانَا.[١]

٢. القرآن الكريم: فَرَدَدناهُ إِلَى أُمِّهِ كَى تَقَرَّ عَينُها.[٢]

٣. القرآن الكريم: لَن يَستَنكِف آلمَسِيحُ أَن يَكُونِ عَبداً لِلّهِ.[٣]

٤. الإمام الباقرُ عليه السلام: إنّ اللهَ جَلَّ ذِكرُه يُحِبُّ أَن يُسأَل و يُطلَب عِنْدَهُ.[٤]

٥. الإمام الصّادق عليه السلام: لَن تَكُونُوا مُؤمِنينَ حَتّى تَعُدُّوا آلبَلاءَ نِعْمَةً و آلرَّخاءَ مُصِيبَةً.[٥]

٦. يُحِبَّانِ أَن يَكتُبا.

٧. لَن تَنال نَجاحاً إلّا بِآلاجتِهادِ.

١. سورة الشعراء / الآية ٥١.

٢. سورة القصص / الآية ١٣.

٣. سورة النساء / الآية ١٧٢.

٤. تحف العقول / ص ٢٩٣.

٥. تحف العقول / ص ٣٧٧.

- ١٧ -

المضارع المجزوم

٥٥. متى يجزم الفعل المضارع؟

يُجْزَمُ الفِعْلُ المُضارعُ إذا تَقَدَّمَتْهُ إحدى الأدوات الجازِمَة.

وَ هِيَ قِسْمان: قِسْمٌ يَجْزِمُ فِعْلاً واحِداً وَ قِسْمٌ يَجْزِمُ فِعْلَيْنِ.

> الأدوات الجازمة فِعلاً واحِداً أربعٌ:
> لَمْ، لمَّا، لامُ الأَمْرِ، لا النَّاهِيَة

> الأدوات الجازمة فِعْلَيْنِ اثنتا عَشْـرَةَ:
> إنْ، إذما، مَنْ، ما، مَهْما، أيّ
> كَيْفَما، مَتَى، أَيْنما، أيَّانَ، أنَّى، حَيْثُما

٥٦. كيف يجزم الفعل المضارع في العموم؟

يُجْزَمُ الفِعْلُ المُضارِعُ في العُمومِ بالسُّكونِ في آخِرِهِ، نَحو:

تَدْرُسُ أُمثولَتَكَ ← لا تَدْرُسْ أُمثولَتَكَ.

٥٧. كيف تجزم الأفعال الخمسة؟

تُجْزَمُ الأفْعالُ الخَمْسَةُ بِحَذْفِ النُّونِ مِنْ آخِرِها، نَحو:

تَدْرُسونَ أُمثولَتَكُم ← لا تَدْرُسوا أُمثولَتَكُم.

٥٨. كيف يجزم المعتل الآخر؟

يُجْزَمُ المُعتَلُّ الآخِرِ بِحَذْفِ حَرْفِ العِلَّةِ مِنْ آخِرِهِ وَيُعَوَّضُ عَنْ حَرْفِ العِلَّةِ بِالحَرَكَةِ المُناسِبَةِ لَهُ، نَحو:

يَرْمي العَصا ← لَمْ يَرْمِ العَصا.

تصريف المضارع المجزوم			
لَمْ يَرموا	لَمْ يَرميا	لَمْ يَرمِ	الغائب
لَمْ يَرمينَ	لَمْ تَرميا	لَمْ تَرمِ	الغائبة
لَمْ تَرموا	لَمْ تَرميا	لَمْ تَرمِ	المخاطب
لَمْ تَرمينَ	لَمْ تَرميا	لَمْ تَرمي	المخاطبة
لَمْ نَرمِ	لَمْ نَرمِ	لَمْ أَرمِ	المُتَكَلِّم

تمرين ٤٠ . ضع الأفعال التالية في حالة الجزم بالأدوات الجازمة:

يَنـدَمُ، أُسَـلِّمُ، يَدعُـو، يَرتَـقِي، نَرمِـي، يَندَمُـونَ، يَرتَقِيـانِ
تَدعِـينَ، تَتَعَلَّـمُ، تَتَعَلَّمـانِ، تُفتَـحُ، يَنْجَحُـونَ، تُسـافِرِينَ.

تمرين ٤١. ضَع الأفعالَ في حالةِ الجزم:

١. مَن يَعمَلْ سُوءاً يُجزَىٰ به .

٢. مَهما تَرغَبْ يُقضَىٰ لَكَ .

٣. لَم يَدعُو أصحابَهُ إلَى ٱلوَلِيمَةِ .

٤. لِيُنفِقْ صاحِبُ ٱلغِنىٰ مِنْ غِناهُ .

٥. أيُّ كِتابٍ تَقرَأُهُ تنتفِعُ مِنْهُ .

٦. لا تَلعَبْ ألعاباً عَنيفَةً .

تمرين ٤٢. عيّن الأفعالَ المجزومةَ و عاملها في العبارات التابعة:

١. القرآن الكريم: إنْ يَشَأْ يُذْهِبْكُمْ.[1]

٢. القرآن الكريم: ألَمْ نَشْرَحْ لَكَ صَدْرَك.[2]

٣. القرآن الكريم: رَبَّنا ولاتَحْمِلْ عَلَيْنا إصْراً.[3]

٤. القرآن الكريم: مَنْ يَعمَلْ سُوءاً يُجْزَبِه.[4]

٥. القرآن الكريم: أَينَما تَكُونوا يُدرِكْكُمُ ٱلمَوتُ.[5]

١. سورة الأنعام / الآية ١٣٣.

٢. سورة الشرح / الآية ١.

٣. سورة البقرة / الآية ٢٨٦.

٤. سورة النساء / الآية ١٢٣.

٥. سورة النساء / الآية ٧٨.

٦. الإمام عليّ عليه‌السلام: مَنْ لَمْ يُهَذِّبْ نَفْسَهُ لَمْ يَنتَفِعْ بِالْعَقلِ.[1]

٧. الإمام عليّ عليه‌السلام: مَن يَكُنْ ٱللهُ نَصيرَهُ يَغلِبْ خَصْمَه وَيَكُونُ لَه حَرباً.[2]

٨. مَهمَا تُبطِنْ تُظهِرْهُ ٱلأَيّامُ.

١. ميزان الحكمة، ج ١٠ / ص ١٤٥.

٢. غرر الحكم / ص ٦٨٥.

- ١٨ -

المذكر و المؤنث

٥٩. ما هو المذكر؟

المُذَكَّرُ هُوَ ما دَلَّ على الذُّكورِ مِنَ النَّاسِ أَوِ الحَيواناتِ، نَحو:
جاءَ النَّجَّارُ مَعَ كَلْبِهِ بارود.

٦٠. ما هو المؤنث؟

المُؤنَّثُ هُوَ ما دَلَّ على الإناثِ مِنَ النَّاسِ وَ الحَيواناتِ، نَحو:

هَذِهِ بائِعَةُ الحَليبِ بَقَرَتُها.

علامات الاسم المؤنَّث		
اَلتاء المَربوطة:	ريشَة	نَجْمَة
اَلألِفُ المَقصورَة:	كُبْرىٰ	حُلْوىٰ
اَلألِفُ بَعْدَها هَمْزَةٌ:	حَسْناء	وَرْقاء

٦١. هل أسماء الأشياء مذكرة أم مؤنثة؟

إنَّ أَسْماءَ الأَشياءِ بَعْضُها مُذَكَّرٌ وَ بَعْضُها مُؤَنَّثٌ حَسَبَ الاتِّفاقِ، نَحو:

قَمَر و سَيْف وَ مَرْكَب، فَهِيَ مُذَكَّرَة

شَمْس وَ نَجْمَة وَ ريشَة، فَهِيَ مُؤَنَّثة

٦٢. كيف نحوّل الأسماء المذكّرة إلى أسماء مؤنثة في الغالب؟

إنَّنا نُحَوِّلُ الأسماءَ المُذَكَّرَةَ إلى أَسْماءٍ مُؤَنَّثَةٍ في الغالبِ بِزيادَةِ «تاءٍ مَربوطةٍ» في آخِرِ المُذَكَّرِ، نَحو:

فَلَّاح ← فَلَّاحَة

تمرين ٤٣. اِصنع جدولاً للأسماء المذكّرة و جدولاً للأسماء المؤنثة:

دِيك، دَجاجَة، خَرُوف، شـاة، كَلبَة، كَلْب، عُصفُور نَمِرَة، ذِئْب، حِمار، خَلِيل، أَدماء، سُعدىٰ، حَنَّة يُوسُفِيَّة، عَلياء، فَريدة، سَعيد، عَبْدُالله، عَلِيّ، حميدة.

تمرين ٤٤. حوّل المذكّر إلى مؤنث و المؤنث إلى مذكر:

تِلْميذ، هِرّة، طَبّاخ، خادِم، عُصفُورَة، نَمِرَة، ذِئْب، كَلْب، حِمارَة، بائِع، كَرّام، كاتِب، مُعلِّمَة، حميد، صُغرىٰ.

تمرين ٤٥. عين أسماء التي تحتها خطٌّ مذكرة أم مؤنثة:

١. القرآن الكريم: فَإِذا جَاءَتِ ٱلطَّامَّةُ ٱلْكُبْرىٰ ۞ يَومَ يَتَذَكَّرُ ٱلإِنسَانُ مَا سَعىٰ.[1]

٢. القرآن الكريم: قَالَتْ نَمْلَةٌ يا أَيُّها ٱلنَّمْلُ ٱدخُلوا مَساكِنَكُم.[2]

٣. القرآن الكريم: إِنَّما ٱلمَسيحُ عِيسَى ٱبنُ مَريَمَ.[3]

٤. القرآن الكريم: وَ قَالَتِ ٱليَهُودُ عُزَيرٌ ٱبنُ ٱللهِ وَ قَالَتِ ٱلنصارىٰ ٱلمَسيحُ ٱبنُ ٱللهِ.[4]

٥. الإمام عليٌّ عليه السلام: اَلمالُ عَارِيَةٌ.[5]

٦. الإمام عليٌّ عليه السلام: حُسنُ ٱلخُلقِ يُورِثُ ٱلمَحَبَّةَ وَ يُؤَكِّدُ ٱلمَوَدَّةَ.[6]

---

١. سورة النازعات / الآيتان ٣٤ و ٣٥.

٢. سورة النّمل / الآية ١٨.

٣. سورة آل عمران / الآية ١٧١.

٤. سورة التوبة / الآية ٣٠.

٥. الحياة، ج ٣ / ص ٦٧.

٦. غرر الحكم / ص ٣٨٠.

- ١٩ -

المفرد و المثنى

٦٣. ما هو المفرد؟
المُفْرَدُ هُوَ ما دَلَّ على شَخْصٍ واحِدٍ أَوْ حَيَوانٍ واحِدٍ أَوْ شيءٍ واحِدٍ، نَحو:
كلْبُ الرَّاعي نائمٌ تَحْتَ ٱلشَّجَرَةِ.

٦٤. ما هو المثنى؟
المُثَنَّى هو ما دَلَّ على اثْنَيْنِ مِنَ الأَشْخاصِ أَوِ الحَيَواناتِ أَوِ الأَشْياءِ، نَحو:
لي عَيْنانِ وأُذُنانِ.

٦٥. كيف يثنى الاسم؟
يُثَنَّى الاسمُ بِأَنْ يُفْتَحَ آخِرُهُ وَيُزادَ عَلَيْهِ «أَلِفٌ وَنونٌ» أو «ياءٌ وَنونٌ»، نَحو:
حَلَّقَتِ الطَّائِرَتانِ في ٱلْجَوِّ.   رَأَيْتُ الطَّائِرَتَيْنِ في المَطارِ.

٦٦. متى يُزاد ألف ونون؟
يُزادُ «أَلِفٌ ونونٌ» إذا كانَ في آخِرِ الاسمِ المُفْرَدِ ضَمَّةٌ، نَحو:
حَلَّقَتِ الطَّائِرَةُ ◄ حَلَّقَتِ الطَّائِرَتانِ

٦٧. متى يُزاد ياء و نون؟

يُزادُ «ياءٌ و نونٌ» إِذا كانَ في آخِرِ الاسْمِ المُفْرَدِ فَتْحَةٌ أَوْ كَسْرَةٌ، نحو:

رَأَيْتُ الطَّائِرَةَ ← رَأَيْتُ الطَّائِرَتَيْنِ

قَرُبْتُ مِنَ الطَّائِرَةُ ← قَرُبْتُ مِنَ الطَّائِرَتَيْنِ.

تمرين ٤٦. أُكتب التمرين الآتي بالمثنى:

هِرَّةٌ أَصْطَادَتْ فَأْرَةً وَبَيْنَما هِيَ تُلاعِبُها قَبْلَ أَفتِراسِها هَرَبَتْ وَ اخْتَبَأَتْ تَحْتَ ٱلصُّنْدُوقِ وَ ٱلهِرَّةُ حَاوَلَتْ أَنْ تَصِلَ إِلَيْها فَلَمْ تَقدِرْ.

تمرين ٤٧. رُدَّ المثنى إلى مفرد:

١. لَعِبَ ٱلوَلَدانِ .

٢. التِلِميذانِ مُجتَهدانِ .

٣. قُفلا ٱلبابَينِ.

٤. عَقرَبا ٱلسَّاعَةِ.

٥. دُولابا ٱلسَّيّارَةِ.

٦. اَلسَّفينَتانِ فِي ٱلبَحرِ.

تمرين ٤٨. ميز المفرد من المثنى و عين علامة المثنى في الجمل التابعة:

١. القرآن الكريم: وَ إِنْ طَائِفَتانِ مِنَ ٱلمُؤمِنِينَ ٱقتَتَلُوا فَأَصلِحُوا بَينَهُما.[١]

٢. القرآن الكريم: مَرَجَ ٱلبَحرَينِ يَلتَقِيانِ.[٢]

٣. الإمام عليٌّ عليه‌السلام: اَلسَّهَرُ إِحْدَى ٱلحَياتَينِ.[٣]

٤. الإمام عليٌّ عليه‌السلام: الإيمانُ وَ ٱلعَمَلُ أَخَوانِ تَوأَمانِ وَ رَفِيقانِ لَايَفتَرِقانِ.[٤]

٥. الإمام عليٌّ عليه‌السلام: إِنَّ مَعَ كُلِّ إِنسانٍ مَلَكَينِ يَحْفَظانِهِ.[٥]

---

١. سورة الحجرات / الآية ٩.

٢. سورة الرحمن / الآية ١٩.

٣. غرر الحكم / ص ٦٦.

٤. غرر الحكم / ص ٧١.

٥. غرر الحكم / ص ٢٣٥.

أنواع الجمع

٦٨. ما هو الجمع؟

اَلْجَمْعُ هُوَ ما دَلَّ عَلَى أَكْثَرَ مِنْ شَخْصَيْنِ أَوْ حَيَوانَيْنِ أَوْ شَيْئَيْنِ، نَحْوَ:
اَلْأَوْلادُ يَتَسابَقُونَ عَلَى الدَّرّاجاتِ.

٦٩. ما هو جمع المذكر السالم؟

جَمْعُ المُذَكَّرِ السَّالِمِ جَمْعٌ يُصاغُ مِنَ ٱلمُفْرَدِ بِزِيادَةِ «واوٍ وَ نونٍ» أَوْ «ياءٍ وَ نونٍ»، نَحْوَ:
فَلَّاح ← فَلَّاحُونَ ← فَلَّاحِينَ.

٧٠. متى يزاد واو و نون؟

يُزادُ «واوٌ وَ نونٌ» إِذا كانَ في آخِرِ الاسْمِ المُفْرَدِ ضَمَّةٌ، نَحْوَ:
الفَلَّاحُ يَزْرَعُ الأَرْضَ ← الفَلَّاحُونَ يَزْرَعونَ الأَرْضَ.

٧١. متى يزاد ياء و نون؟

يُزادُ «ياءٌ وَ نونٌ» إِذا كانَ في آخِرِ الاسْمِ المُفْرَدِ فَتْحَةٌ أَوْ كَسْرَةٌ، نَحْوَ:
رَأَيْتُ البَوَّابَ ← رَأَيْتُ البَوَّابِينَ.   مَرَرْتُ بِمُؤْمِنٍ ← مَرَرْتُ بِمُؤْمِنِينَ.

٧٢. ما هو جمع المؤنث السالم؟

جَمْعُ المُؤَنَّثِ السَّالِمِ جَمْعٌ يُصاغُ بِزِيادَةِ «أَلِفٍ وَ تاءٍ طَويلَةٍ» بَعْدَ حَذْفِ تاء المُفْرَدِ، نَحو:

طائِرَة ← طائِرَ(ة) ← طائِرات.

٧٣. ما هو جمع التكسير؟

جَمْعُ التَّكْسيرِ جَمْعٌ يُصاغُ مِنَ الاسْمِ المُفْرَدِ بِتَغْييرِ صورَةِ مفرده، نَحو:

رَجُل ← رِجال   بَيْت ← بُيوت   وَرَقة ← أَوْراق .

تمرين ٤٩. مَيِّز جمعَ المذكّر السالم من جمع المؤنّث السالم وجمع التكسير:

أَطْفال، مَدارِس، مُعَلِّمونَ، أبْواب، كَراسِيّ، سَالِمُونَ، غَانِمِينَ، سَاعَات، مُعَلِّمات، سُيُوف، دُور، رَاجِعِينَ، كُتُب، وَرَقات، قَانِتِينَ.

تمرين ٥٠. رُدَّ الجموع الآتية إلى مفرداتها:

١. لُعَبُ ٱلأَولادِ.

٢. تَلامِيذُ ٱلمَدارِسِ.

٣. شُروحُ ٱلمُعَلِّمِينَ.

٤. أقفالُ ٱلأَبواب.

٥. كَراسِيُّ ٱلدُّورِ.

٦. عَقارِبُ ٱلسّاعاتِ.

٧. سُيُوفُ ٱلعَساكِرِ.

تمرين ٥١. ما هي جموع الألفاظ التابعة:

١. ضَيْفُ ٱلجار.

٢. أَسَدُ ٱلغابةِ.

٣. مِنْقارُ ٱلطّائِرِ.

٤. فَأَرَةُ ٱلحَقْلِ.

٥. فَرَسُ ٱلمُسافِرِ.

٦. صُورَةُ ٱلوَلَدِ.

٧. عَصا ٱلشَّيْخِ.

٨. قَدُومُ ٱلنَّجَّارِ.

٩. إِبرَةُ ٱلخِيَّاطَةِ.

١٠. عَبدُ ٱلمؤمِنِ.

تمرين ٥٢. عين المفرد و المثنى و الجمع و نوع الجمع في العبارات التابعة:

١. القرآن الكريم: و بَشِّرِ المؤمِنِينَ.[١]

٢. القرآن الكريم: وَ السَّابِقُونَ السَّابِقُونَ ٭ أُولئِكَ المُقَرَّبُونَ ٭ فِي جَنَّاتِ النَّعِيمِ.[٢]

٣. القرآن الكريم: وَ هُوَ الَّذِى مَرَجَ البَحرَينِ هٰذا عَذبٌ فُراتٌ وَ هٰذا مِلحٌ أُجاجٌ.[٣]

٤. الإمام علِيٌّ عليه‌السلام: الصِّحَّةُ و الفراغُ نِعمَتانِ مَكفُورَتانِ.[٤]

٥. الإمام الصادق عليه‌السلام: إنَّ في السَّماء مَلَكَينِ مُوَكَّلَينِ بِالعِبادِ، فَمَنْ تَواضَعَ لله رَفَعاهُ، و مَنْ تَكَبَّرَ وَضَعاهُ.[٥]

---

١. سورة التوبة / الآية ١١٢.

٢. سورة الواقعة / الآيات ١٠ – ١٢.

٣. سورة الفرقان / الآية ٥٣.

٤. ميزان الحكمة، ج ١٠ / ص ١٠٦.

٥. ميزان الحكمة، ج ١٠ / ص ٥١٠.

اسم الفاعل و اسم المفعول

٧٤. ما هو اسم الفاعل؟

اِسْمُ الفاعِلِ كَلِمَةٌ عَلى وَزْنِ «فاعِل» تَدُلُّ عَلى مَنْ فَعَلَ الفِعْلَ، نَحو:
هَذا الوَلَدُ الشَّارِبُ الماءَ.

٧٥. ما هو اسم المفعول؟

اِسْمُ المَفْعُولِ كَلِمَةٌ عَلى وَزْنِ «مَفْعول» تَدُلُّ عَلى ما وَقَعَ عَلَيْهِ الفِعْلُ، نَحو:
هَذا الماءُ المَشْروبُ.

تمرين ٥٣. اِبنِ اسم الفاعل أولاً ثمّ اسم المفعول من الأفعال التابعة:

مَنَعَ ، شَرِبَ ، سَمِعَ ، عَلِمَ ، صَنَعَ ، جَمَعَ ، دَفَعَ ، حَلَبَ مَضَغَ ، ذَكَرَ ، كَتَبَ ، فَهِمَ ، فَتَحَ ، عَمِلَ ، حَزَمَ

تمرين ٥٤. دلَّ على اسم الفاعل و على اسم المفعول:

سَالِم ، مَأْمُور ، ذَاهِب ، مَلْطُوم ، مَخْبُوز ، سَاقِط ، مَانِع ، مَمْنوع رَاحِم ، مَرْفُوع ، حَاضِر ، مَحْمُول ، جَالِس ، مَأْكُول ، مَذمُوم

تمرين ٥٥. عين الاسم الفاعل و المفعول في العبارات التابعة:

١. القرآن الكريم: إِنَّهُم لَهُمُ ٱلمَنْصُورُونَ.[1]

٢. القرآن الكريم: وَ إِنَّ جُنْدَنا لَهُمُ ٱلغَالِبُونَ.[2]

٣. القرآن الكريم: يَعْلَمُ خَائِنَةَ ٱلأَعْيُنِ وَ مَا تُخْفِي ٱلصُّدورُ.[3]

٤. القرآن الكريم: إِنَّكُمْ عَائِدُونَ.[4]

٥. الإمام عليٌّ عليه السلام: وَ كُونا لِلظَّالِمِ خَصْماً، وَ لِلمَظْلُومِ عَوناً.[5]

٦. الإمام الصادق عليه السلام: ٱلنَّاسُ ثَلاثَةٌ: جَاهِلٌ يَأْتِي أَنْ يَتَعَلَّمَ، وَ عَالِمٌ قَد شَفَّهَ عِلْمه، وَ عَاقِلٌ يَعملُ لِدُنياهُ و آخِرَتِهِ.[6]

١. سورة الصافات / الآية ١٧٢.

٢. سورة الصافات / الآية ١٧٣.

٣. سورة غافر / الآية ١٩.

٤. سورة الدّخان / الآية ١٥.

٥. نهج البلاغة / الكتاب ٤٧.

٦. ميزان الحكمة، ج ١٠ / ص ٢٤٨.

النكرة و المعرفة

٧٦ . ما هي النكرة؟
اَلنَّكِرَةُ كُلُّ اسْمٍ لايَدُلُّ على مُعَيَّنٍ، نَحو: قَلَمٌ.
فَكَلِمَةُ قَلَم لا تَعْني قَلَماً مُعَيَّناً، كَما لَوْ قُلْنا: اَلقَلَمُ الأَحْمَرُ.

٧٧ . ما هي المعرفة ؟
اَلْمَعْرِفَةُ كُلُّ اسْمٍ يَدُلُّ على مُعَيَّنٍ، نَحو: اَلْقَلَمُ الأَحْمَرُ.

إليك أنواع المعرفة:
اِسْمُ العَلَم. اَلضَّمير. اِسْمُ الإِشارَة. اِسْمُ المَوْصول.
اَلمُعَرَّفُ بِأَلْ. اَلمُضافُ إلى مَعْرِفَة.

تمرين ٥٦. ضع خطّاً تَحت الأسماء التي تدل على معيَّن:

في غُرفَةِ المَؤُنَةِ خابِيَةٌ كَبيرَةٌ لِلزَّيتِ وَ عَلَى فِها مِكْيالٌ أَسْوَدُ. وَ هُنـاكَ أَيضاً خَوابٍ لِلزَّيتُونِ و الْخَلِّ. و بُرنِيَّةٌ ضَخمَةٌ يَضَعُونَ فِيها سَمناً ذَهَبِيًّا و في الزّاويَةِ يَضَعُونَ قُفَفاً وَ أَكياساً.

اسم العلم والضمير

٧٨ . ما هو اسم العلم؟

اِسمُ العَلَمِ اَسْمٌ نُعَيِّنُ بِهِ شَخْصاً أَو حَيَواناً أَو شَيئاً بِاسْمِهِ الخاصِّ، نَحو:

تَنَزَّهَ فَرِيدٌ قُرْبَ دَجْلَةَ راكِباً بَرْقاً.

فَكَلِمَةُ «فَرِيدٌ» اِسمُ عَلَمٍ لِشَخْصٍ وَ «دَجْلَة» لِنَهْرٍ و «بَرْق» لِحِصانٍ.

٧٩ . ما هو الضمير؟

(اطلب الدرس ٧ و الدرس ١٠).

٨٠ . ما هي الضمائر المنفصلة للرفع؟

(اطلب الدرس ٧، السؤال ٣).

٨١. ما هي الضمائر المنفصلة للنصب؟

إِيَّاهُ - إِيَّاهُمَا - إِيَّاهُمْ   إِيَّاها - إِيَّاهُمَا - إِيَّاهُنَّ

إِيَّاكَ - إِيَّاكُمَا - إِيَّاكُمْ   إِيَّاكِ - إِيَّاكُما - إِيَّاكُنَّ

إِيَّايَ - إِيَّانا

٨٢. متى تُستعمل الضمائر المنفصلة للنصب؟

تُسْتَعْمَلُ الضَّمَائِرُ المُنْفَصِلَةُ لِلنَّصْبِ إِذَا كَانَتْ في مَحَلِّ المَفْعُولِ بِهِ، نَحْو:

إِيَّاكَ نَعْبُدُ

٨٣. ما هي الضمائر المتّصلة؟

للمفرد : هُ، ها، تَ، تِ، تُ، كَ، كِ، ي.

للمثنى : ا، هُما، تُما، كُما، نا.

للجمع : و، هُمْ، هُنَّ، تُمْ، كُمْ، تُنَّ، كُنَّ، نا.

نحو: كَتَبْتُ، حَفِظَهُ، شَرَّفْتُمْ، فَهِمْنا.

تمرين ٥٧. أُكتب عشرة أسماء علم للأشخاص و عشرة للحيوانات و عشرة للأمكنة.

تمرين ٥٨. أُذكر الضمائر المتصلة في هذا التمرين:

يَشْتَرِيانِ ، يَبِيعانِ ، مَشَوْا ، سافَرْتا ، يَجْتَهِدْنَ ، نَجَحْتُ ، تَقُصِّينَ ، يُغَنُّونَ.

تمرين ٥٩. أُكتب في محل الفراغ الضمير الموافق:

١. هٰذِهِ بُيُوتُ ٱلقَريَةِ بَدَأَ ...... أَبوابُ...... تُفتَحُ.

٢. رَجلٌ شَيْخٌ يَخْرُجُ مِنَ ٱلبَيتِ ...... يَحْمِلُ مِجرَفَةً عَلى كَتِفِ...... و بِيَدِ ...... سَلَّةٌ.

٣. فَيَرمي بِهِ...... عَلى التُّرابِ ثُمَّ يَجلِسُ بِقُربِ......

تمرين ٦٠. أُكتب الضمائر في المثنىٰ:

بَيتُهُ ، دارُها ، مِكْنَسَتي ، سَيّارَتُهُ ، إبْرَتُكِ ، طائِرَتُكَ ، قَميصُهُمْ ، وَلَدُها.

تمرين ٦١. أُكتب هذه الجمل في المفرد:

١. تَعالَوا يا أولادي!

٢. نَحْنُ رِجالُ ٱلغَدِ.

٣. أنتُما تُغَنِّيانِ بِصَوتٍ نائِمٍ.

٤. بِيَدِكُم دَفاتِرُكُمُ ٱلجَديدَةُ.

٥. لَكُمْ أَقُولُ: إِيّاكُم و ٱلكَسَلَ!

تمرين ٦٢. عيّن اسم العلم أو الضمير في العبارات التابعة:

١. القرآن الكريم: اللهُ لا إِلهَ إِلَّا هُو الْحَيُّ الْقَيُّومُ.[1]

٢. القرآن الكريم: نَحنُ نَقُصُّ عَليكَ أَحسَنَ الْقَصَصِ.[2]

٣. القرآن الكريم: لَقَد كانَ فِي يُوسُفَ وَ إِخْوَتِه آياتٌ لِلسّائِلينَ.[3]

٤. الإمام عليٌّ عليه‌السلام: أَمَّا بَعْدُ فَإِنِّي قَدْ وَلَّيتُ النُّعمانَ بنَ عَجلانَ الزُّرَقِيَّ عَلَى البَحرَينِ ....[4]

٥. الإمامُ الكاظم عليه‌السلام: يا هشامُ! إِنَّ العاقِلَ لَايكذِبُ ....[5]

٦. أَيُّها الشُّبانُ! أَنْتُم رِجالُ الْمُستَقبِلِ.

٧. عَلِيٌّ هُوَ الْناجِحُ هذا الْطِّفْل.

١. سورة آل عمران/ الآية ٢.

٢. سورة يوسف / الآية ٣.

٣. سورة يوسف / الآية ٧.

٤. نهج البلاغة / الكتاب ٤٢.

٥. تحف العقول / ص ٣٩١.

– ٢٤ –

اسم الإشارة

٨٤. ما هو اسم الإشارة؟

اِسْمُ الإِشارَةِ لَفْظَةٌ تَدُلُّ عَلى مُعَيَّنٍ بِإشارَةٍ حِسّيَّةٍ، نَحو:

كِتاب ← هَذا الكِتاب، كَأَنَّنا نَدُلُّ عَلَيْهِ بالإِصْبَع.

٨٥. ما هي أهمُّ ألفاظ اسم الإشارة؟

إِلَيْكَ أَهَمُّ أَلْفاظِ آسْمِ الإِشارَةِ:

للمذكر	:	هَذا، هَذانِ هَذَيْنِ، هَؤُلاءِ
للمؤنث	:	هَذِهِ، هاتانِ هاتَيْنِ، هَؤُلاءِ

تمرين ٦٣. قدّم الأسماء التالية باسم إشارة يطابقها:

اَلكُرْبِيّ، اَلْحَمَامَة، اَلْحُرُوف، اَلثَّوْرَيْنِ، اَلْمَريضَتانِ، اَلْمَريضَتَيْنِ، اَلأَسْمَاك، اَلأَبْوَاب، إِصْبَعانِ، خَبّازَيْنِ، كَاتِبانِ، اَلتِّلميذَيْنِ، وَرقة

تمرين ٦٤. ضع محل الفراغ الاسم الموافق لاسم الإشارة:

(الْهديّة، المَساء، الزّوّار، النّهار، التّلميذانِ، الغُرفة، الكتب، الولدين)

دَرَسَ هٰذانِ .... جَيِّداً هٰذا .... فَسَّرَ الأُسْتاذُ وَ قَدَّمَ لَهُما هٰذِهِ .... المُصَوَّرَة. و لَمَّا رَأَتِ الأُمُّ هٰذِهِ .... الْجَميلَةِ هَنَّأَتْ هٰذَينِ .... النَّشِيطَيْنِ. وَصَلَ هٰذا .... أَصْدِقاءُ مِنَ الْجَبَلِ فَأَضَفْنا هٰؤُلاءِ .... في هٰذِهِ .... الفَسِيحَةِ.

تمرين ٦٥. عيّن أسماء الإشارة في العبارات التابعة:

١. القرآن الكريم: إِنْ هٰذا إِلَّا سِحْرٌ مُبِينٌ.[١]

٢. القرآن الكريم: هٰا أَنْتُمْ هٰؤُلاءِ جادَلْتُمْ عَنْهُمْ في اَلْحَياةِ اَلدُّنيا.[٢]

٣. القرآن الكريم: ذٰلِكُما مِمَّا عَلَّمَني رَبِّي.[٣]

٤. القرآن الكريم: أُولئكَ هُمُ اَلْمُؤْمِنُونَ حَقّاً.[٤]

٥. الإمام عليّ ﷺ: إِنَّ هٰذِهِ اَلْقُلُوبَ تَمَلُّ كَما تَمَلُّ اَلأَبْدانُ.[٥]

٦. ذانِ تَلميذانِ مُجتهِدانِ.

٧. اِنْتَقَلْنا مِن هُنا إلى هُناكَ.

---

١. سورة الأنعام / الآية ٧.

٢. سورة النساء / الآية ١٠٩.

٣. سورة يوسف / الآية ٣٧.

٤. سورة الأنفال / الآية ٤.

٥. نهج البلاغة / الحكمة ٩١.

اسم الموصول

٨٦. ما هو اسم الموصول؟

اِسْمُ المَوْصُولِ اسْمٌ يَدُلُّ عَلى مُعَيَّنٍ لا بِإِشارَةٍ حِسّيَّةٍ لكِنْ بِواسِطَةِ جُمْلَةٍ تَأْتي بَعْدَهُ، نَحوُ:

ما أَجْمَلَ الأُغْنِيَّةَ الَّتي سَمِعْناها، فَالجُمْلَةُ بَعْدَ «الَّتي» تُعَيِّنُ الأُغْنِيَّةَ.

٨٧. ما هي ألفاظ اسم الموصول؟

إِلَيكَ أَلْفاظُ اسْمِ المَوْصُول:

للمذكر : اَلَّذي ، اَللَّذانِ اَللَّذَيْنِ ، اَلَّذينَ

للمؤنث : اَلَّتي ، اَللَّتانِ اَللَّتَيْنِ ، اَللَّواتي

تمرين ٦٦. ضع اسم الموصول محل الفراغ:

١. اَلْحَجَلُ ...... أَصْطَدْناه.

٢. اَلْخَروفانِ ...... اَشْتَرَيْناهُما.

٣. اَلْغُرْفَةُ ...... في وَسَطِ اَلْبَيتِ.

٤. صَادَفْتُ اَلأَوْلادَ ...... غَنُّوا اَلأَلْحانَ اَلْجَميلةَ.

تمرين ٦٧. ضع اسمي الإشارة و الموصول قبل الجمل التابعة:

(هٰكذا: هٰذا اَلَّذي عَلَّمَ أَوْلادَكُم.)

١. ...... عَلَّمَ أَوْلادَكُم.

٢. ...... خَيَّطتِ اَلأَثْوابَ.

٣. ...... يُكرِمْنَ اَلزّائِرَ.

٤. ...... يَبُشُّونَ في وَجْهِ اَلضَّيْفِ.

٥. ...... هُمُ الطَّلبةُ اَلمجتَهِدُونَ.

٦. ...... تَجيئَانِ كُلَّ سَنةٍ مِنْ مِصْرَ لِزيارَةِ اَلأَهْلِ.

تمرين ٦٨. ميز اسمي الإشارة و الموصول في الجمل التابعة:

١. القرآن الكريم: اَلْحَمدُللهِ اَلَّذي خَلَقَ السَّماواتِ و اَلأَرْضَ.[١]

٢. القرآن الكريم: و قَالَ اَلذينَ كَفَرُوا لاَتَسْمَعُوا لِهٰذا اَلْقُرآنِ و اَلْغَوْا فيهِ لَعلَّكُم تَغْلِبُونَ.[٢]

٣. القرآن الكريم: هٰذِهِ جَهَنَّمُ اَلَّتي يُكَذِّبُ بِها اَلْمُجرِمُونَ.[٣]

---

١. سورة الأنعام / الآية ١.

٢. سورة فصلت / الآية ٢٦.

٣. سورة الرحمن / الآية ٤٣.

٤. القرآن الكريم: تِلْكَ آياتُ ٱللهِ نَتْلُوها عَليكَ بِٱلْحَقّ.[١]

٥. القرآن الكريم: أَهٰذا ٱلَّذى بَعَثَ ٱللهُ رَسُولاً؟[٢]

٦. الإمام عليٌّ عليه السلام: المُتَّقي مَنِ ٱتَّقى ٱلذُّنوبَ.[٣]

٧. الإمام عليٌّ عليه السلام: أُوصيكُم بِتَقْوى ٱللهِ ٱلَّذي أَعذَرَ و أَنْذَرَ؛[٤]

٨. الإمـام عليٌّ عليه السلام: اِعلَمُوا أَنَّـه لَيـسَ لِهٰـذا ٱلجِلْدِ ٱلرَّقيقِ صَبرٌ عَلى ٱلنّارِ فَٱرْحَمُوا نُفُوسَكُم.[٥]

---

١. سورة آل عمران / الآية ١٠٨.

٢. سورة الفرقان / الآية ٤١.

٣. ميزان الحكمة، ج ١/ص ٦٤٢.

٤. ميزان الحكمة، ج ١٠ / ص ٦٢٢.

٥. ميزان الحكمة، ج ٢ / ص ١٦٤.

المعرف بأل و المضاف إلى معرفة

٨٨. ما هو المعرف بأل؟

اَلمُعَرَّفُ بِأَل هوَ كُلُّ اَسْمٍ نَكِرَةٍ تَقَدَّمَتْهُ لَفْظَةُ «أَل»، نحو:

سَيْفٌ قاطِعٌ ← اَلسَّيْفُ القاطِعُ.

٨٩. ما هو المضاف إلى معرفة؟

اَلمُضاف إلى مَعْرِفَةٍ هوَ كُلُّ اسْمٍ نَكِرَةٍ جاءَ بَعْدَهُ:

* ضَميرٌ، نحو: دَفْتَري.   * اِسْمُ عَلَمٍ، نحو: دَفْتَرُ سَميرٍ.

* اِسْمُ إشارَةٍ، نحو: دَفْتَرُ هَذا.   * مُعَرَّفٌ بِأَل، نحو: دَفْتَرُ الوَلَدِ.

* اِسْمُ مَوْصولٍ، نحو: الأَبُ الّذى يُكرِمُ وَلَدَهُ.

٩٠. هل يدخل التنوين على المعرف بأل أو المضاف إلى معرفة؟

كَلَّا، إِنَّ التَّنْوينَ لا يَدْخُلُ أَبَداً عَلى المُعَرَّفِ بِأَل أَوِ المُضافِ إِلى مَعْرِفَةٍ. فَلا نَقُولُ أَبَداً: ريشَةٌ التِّلْميذِ، بَلْ: ريشَةُ التِّلْميذِ.

تمرين ٦٩ . خذ هذه النكرات واجعلها معرفات:

شَمْس ، سَماء ، نِسَاء ، عَيْن ، طَريق ، بَيْت ، شَيْخ ، اِمرَأَة ، مَصْطَبَة ، خَرُوف ، أَرْض ، شَحْم.

تمرين ٧٠ . ميز الأسماء المعرفة بأل أو بالإضافة:

١. القرآن الكريم: وَ جَعَلْنا مِنَ ٱلْماءِ كُلَّ شَيْءٍ حَيٍّ.[1]

٢. القرآن الكريم: اَلْيَوْمَ أَكْمَلْتُ لَكُمْ دِينَكُمْ.[2]

٣. القرآن الكريم: فَتَمَّ مِيقاتُ رَبِّهِ أَرْبَعينَ لَيْلَةً.[3]

٤. القرآن الكريم: إِنَّ ٱلْإِنْسَانَ لَفِي خُسرٍ.[4]

٥. الإمام عليٌّ عليه‌السلام: مَن أَحْسَنَ ٱلْكِفايَةَ ٱسْتَحَقَّ ٱلْوِلايَةَ.[5]

٦. الإمام عليٌّ عليه‌السلام: مَنِ ٱسْتَوْطَأَ مَرْكَبَ ٱلصَّبْرِ ظَفَرَ.[6]

٧. شَوارِعُ ٱلْمَدينَةِ واسِعَةٌ.

٨. اَلسَّيّارَةُ أَسرَعُ مِنَ ٱلْقِطارِ.

---

١. سورة الأنبياء / الآية ٣٠.

٢. سورة المائدة / الآية ٣.

٣. سورة الأعراف / الآية ١٤٢.

٤. سورة العصر / الآية ٢.

٥. غرر الحكم / ص ٦٧٤.

٦. غرر الحكم / ص ٧٢٣.

الاسم المبني و المعرب

٩١. هل تتغير حركة آخر الاسم؟

نَعَمْ؛ إِنَّ حَرَكَةَ آخِرِ الاسْمِ تَتَغَيَّرُ غالِباً حَسَبَ وَظيفَةِ الاسْمِ فِي الجُمْلَةِ. وَ لِذلِكَ نَقولُ إِنَّ الاسْمَ مُعْرَبٌ، نَحو:

الوَلَد ← جاءَ الْوَلَدُ الصَّغيرُ مَعَ الْوَلَدِ الْكَبيرِ.

٩٢. ما هي الأسماء التي لا يتغير آخرها؟

إِنَّ الأَسماءَ التي لا يَتَغَيَّرُ أَبَداً آخِرُها هِيَ الأَسماءُ المَبْنِيَّةُ وَ مِنْها: الضَّمائِرُ أَسْماءُ الإِشارَةِ، أَسْماءُ المَوْصولِ، أَسْماءُ الشَّرْطِ وَ الاسْتِفْهامِ وَ الأَعْدادُ المُرَكَّبَةُ.

أسماء الاستفهام:	مَنْ، ما، مَتىٰ، أَينَ، كَيفَ، كَمْ
أسماء الشرط :	مَهْما، أَيّ
الأعداد المركبة :	أَحَدَ عَشَرَ، ثَلاثَةَ عَشَرَ، تِسْعَةَ عَشَرَ

٩٣. ما هي أنواع إعراب الاسم؟

أَنواعُ إِعرابِ الاسْمِ ثَلاثَةٌ: الرَّفْعُ (ﹹ) وَ النَّصْبُ (ﹷ) وَ الجَرُّ (ﹻ)، نَحو:

اللُّعْبَةُ، اللُّعْبَةَ، اللُّعْبَةِ ـ سَعيدٌ، سَعيداً، سَعيدٍ

كيف يرفع الاسم

‫٩٤. ما هي علامة رفع الاسم في العموم؟‬

عَلَامَةُ رَفْعِ الاسْمِ في العمومِ هيَ «الضَّمَّةُ» في آخِرِهِ، نحو:

اَلْوَلَدُ ← اَلْوَلَدُ   وَلَدٌ ← وَلَدٌ

‫٩٥. ما هي علامة رفع الاسم المثنى؟‬

عَلَامَةُ رَفْعِ الاسْمِ المُثَنَّى «الألِفُ وَ النُّونِ»، نَحو:

الْوَلَدانِ يَلْعَبانِ ← الْوَلَدُ يَلْعَبُ

‫٩٦. ما هي علامة رفع الجمع المذكر السالم؟‬

عَلَامَةُ رَفْعِ الجَمْعِ المُذَكَّرِ السَّالِمِ «الواوُ وَ النُّون»، نحو:

الفَلَّاحُونَ يَزْرَعُونَ ← الفَلَّاحُ يَزْرَعُ

٩٧. ما هي علامة الرفع في الأسماء الخمسة؟

عَلَامَةُ الرَّفْعِ في الأسماءِ الخَمْسَةِ «الواوُ» فلانَكْتُبُ:

جاءَ أبُ سَميرٍ، بَل: جاءَ أبو سَميرٍ.

> الأسماء الخمسة في حالة الرفع:
> أبو، أخو، حَمو، فُو، ذُو

٩٨. متى يكون الاسم مرفوعاً؟

يَكونُ الاسْمُ مَرْفوعاً إذا كان:

* فاعِلاً
* أو خَبَراً للمبتدأ
* أو نائِبَ فاعِلٍ
* أو اسْماً لِكانَ و أَخَواتِها
* أو مُبْتَدأ
* أو خَبَراً لإنَّ و أَخَواتِها.

تمرين ٧١. اِرفع هذه الأسماء مستعملاً التنوين عند الضرورة:

أَب ، رِجال ، كَلِمات ، اَلْكُتُب ، قَادِر ، اَلْقادِر ، أخ ، صَدِيق.

تمرين ٧٢. اِنسخ هذا التمرين بالمثنّى:

١. اَلْبِنْتُ اَلصَّغِيرَةُ تَلْعَبُ فِي حَديقَةِ مَنزِلِها.

٢. هٰذِه حَبَّةُ لُوبياءَ حَمْراءَ تَزرَعُها اَلْبِنْتُ.

٣. حَبَّةُ اَللُّوبِياءِ تَنْبُتُ بِسُرعَةٍ.

تمرين ٧٣. اُكتب هذه التعابير بالجمع و حرّك آخر الأسماء المرفوعة:

١. وَلَدٌ يَلْعَبُ ..... يَلعَبُونَ.

٢. مِسْطَرَةٌ مِن حَديدٍ .... مِن حَديدٍ.

٣. اِشْتَرَيْتُ اَلْعَلَمَ اَلأَسْوَدَ. اِشْتَرَينا الـ ...... الـ ....

٤. اَلولَدُ يَلعَبُ. اَلأَولادُ ....

تمرين ٧٤. عين علامة الرفع في الأسماء التي تحتها خطّ:

١. القرآن الكريم: و اَلآخِرَةُ خَيرٌ وَ أبقى.[1]

٢. القرآن الكريم: وَ دَخَلَ مَعَهُ اَلسِّجنَ فَتَيانِ.[2]

٣. القرآن الكريم: قَد أفلَحَ اَلمُؤمِنُونَ.[3]

٤. الرسول الأعظم ﷺ: اَلمُسلِمونَ شُرَكاءُ فِي ثلاثٍ: فِي اَلماءِ وَ اَلكَلاءِ و

---

١. سورة الأعلى / الآية ١٧.

٢. سورة يوسف / الآية ٣٦.

٣. سورة المؤمنون / الآية ١.

النَّارِ.[1]

٥. الرسول الأعظم ﷺ: رَكعَتانِ خَفيفَتانِ في تَفكُّرٍ خَيرٌ مِن قِيامِ لَيلَةٍ.[2]

٦. الإمام عليّ ﷿: اَلرِّزقُ رِزقانِ طالِبٌ و مَطلُوبٌ.[3]

٧. اَلمُتَفَوِّقُونَ هُمُ اَلأَفضَلُونَ.

١. ميزان الحكمة، ج ٥ / ص ٦٨.

٢. ميزان الحكمة، ج ٥ / ص ٣٩١.

٣. نهج البلاغة / الحكمة ٤٣١.

الفاعل و نائب الفاعل

٩٩. ما هو الفاعل؟

اَلْفاعِلُ اسْمٌ يَقَعُ بَعْدَ الفِعْلِ المَعْلومِ وَ يَدُلُّ عَلى مَنْ فَعَلَهُ، نَحْو:
قامَ أمينٌ وَ قَطَفَ التُّفّاحَةَ.

١٠٠. ما هو نائب الفاعل؟

نائِبُ الفاعِلِ اسْمٌ يَقَعُ بَعْدَ الفِعْلِ المَجْهولِ مَحَلَّ الفاعِلِ المَحْذُوفِ، نَحْو:
قُطِفَتِ التُّفّاحَةُ.

تمرين ٧٥. دلّ على الفاعل في الجمل التابعة:

عِنْدَ ما يَحِلُّ الصَّيفُ يَذْهَبُ أَهلُ السَّواحِلِ إِلَى الجِبالِ، وَفي أَواسِطِ الخَريفِ يَعودُونَ إِلَى مَنازِلِهِمْ إِذْ يَكُونُ قَدْ تَرَطَّبَ الجَوُّ وَ حَلَّتِ الإِقامَةُ.

تمرين ٧٦. دلّ على نائب الفاعل في العبارات التالية:

١. نُصِرَ المُجاهِدُونَ.

٢. يُؤكَلُ السَّمَكُ مَسلُوقاً وَ مَشوِيّاً وَ مَقلِيّاً.

٣. يُزرَعُ الباذِنجانُ فِي السَّواحِلِ فِي الرَّبيعِ و يُقطَفُ ثَمَرُهُ فِي أَوائِلِ الصَّيفِ.

تمرين ٧٧. ميز الفاعل من نائب الفاعل و الفعل المجهول من المعلوم:

١. القرآن الكريم: خُلِقَ الإِنسانُ ضَعيفاً.[١]

٢. القرآن الكريم: وَ جَعَلْنا السَّماءَ سَقْفاً مَحفُوظاً.[٢]

٣. القرآن الكريم: اِقْتَرَبَتِ السّاعَةُ و اَنشَقَّ القَمَرُ.[٣]

٤. القرآن الكريم: فَتَبارَكَ اللهُ أَحسنُ الخالِقينَ.[٤]

٥. القرآن الكريم: وَ جُمِعَ الشَّمسُ و القَمَرُ.[٥]

٦. الإمام عليٌّ علیه‌السلام: إذا تَمَّ العَقْلُ نَقَصَ الكَلامُ.[٦]

٧. الإمام عليٌّ علیه‌السلام: لَو خَلَصَتِ النِّيّاتُ لَزَكَّتِ الأَعمالُ.[٧]

٨. يُسْمَعُ صَوتُ المُؤَذِّنِ مِنْ بَعيدٍ.

٩. شُرِحَتِ المَسألَةُ شَرحاً وافِياً.

---

١. سورة النساء / الآية ٢٨.

٢. سورة الأنبياء / الآية ٣٢.

٣. سورة القمر / الآية ١.

٤. سورة المؤمنون / الآية ١٤.

٥. سورة القيامة / الآية ٩.

٦. نهج البلاغة / الحكمة ٧١.

٧. غرر الحكم / ص ٦٠٣.

المبتدأ و الخبر

١٠١. كيف تتركب الجملة في العموم؟

تَتَرَكَّبُ الجُمْلَةُ في العُمومِ مِنْ فِعْلٍ وَ عِدَّةِ أَسْماءٍ وَ تُسَمَّى «الجُمْلَةَ الفِعْلِيَّةَ»، نَحو:
وَقَفَ سَميرٌ في الشَّارع.

١٠٢. هل تتركب الجملة أحياناً من اسمين بدون فعل؟

نَعَمْ. إِنَّ الجُمْلَةَ تَتَرَكَّبُ أَحياناً مِن اسْمَيْنِ بِدونِ فِعْلٍ وَ تُسَمَّى «الجُمْلَةَ الاسْمِيَّةَ»، نَحو:
سَميرٌ واقِفٌ.

١٠٣. ما اسم الاسمين في الجملة الاسمية؟

إِنَّ الاسْمَيْنِ في الجُمْلَةِ الاسْمِيَّةِ هُما المبتدأُ (وَ هوَ الاسْمُ الأَوَّلُ) وَ الخَبَرُ (وَ هوَ الثَّاني)، نَحو:
سَميرٌ واقِفٌ.

فَكَلِمَةُ «سَمير» مُبْتَدأٌ وَ كَلِمَةُ «واقِف» خَبَرٌ.

تمرين ٧٨. ميّز المبتدأ من الخبر:

١. القرآن الكريم: مُحَمَّدٌ رَسُولُ اَللهِ.[1]

٢. القرآن الكريم: إِلهُكُمْ إِلهٌ واحِدٌ.[2]

٣. القرآن الكريم: وَ اَللهُ رَءُوفٌ بِالْعِبادِ.[3]

٤. القرآن الكريم: وَ اَلْآخِرَةُ خَيْرٌ وَ أَبْقَى.[4]

٥. الإمام عليٌّ عليه السلام: اَلْغِيبَةُ جُهدُ اَلْعاجِزِ.[5]

٦. الإمام عليٌّ عليه السلام: اَلْحِلْمُ غِطاءٌ ساتِرٌ.[6]

٧. اَلْعَقْلُ نورٌ.

٨. اَلنَّظافَةُ ضَرورِيَّةٌ.

٩. تَرْكيبُ اَلْإِنْسانِ عَجيبٌ.

١٠. اَلْوَلَدُ اَلْمُهَذَّبُ مَحبوبٌ.

تمرين ٧٩. ركّب جملاً صغيرةً تجيء فيها الألفاظ التابعة مبتداءاتٍ:
اَلشَّمسُ ، اَلْقَمَرُ ، اَلْوالِدانِ ، اَلْبَناتُ ، اَلْبَرَدُ ، اَلْأَلعابُ ، اَلدَّرّاجاتُ.

---

١. سورة الفتح / الآية ٢٩.

٢. سورة البقرة / الآية ١٦٣.

٣. سورة آل عمران / الآية ٣٠.

٤. سورة الأعلى / الآية ١٧.

٥. نهج البلاغة / الحكمة ٤٦١.

٦. نهج البلاغة / الحكمة ٤٢٤.

اسم كان وخبرها

١٠٤. ما هي كان؟

«كانَ» فِعْلٌ يَدْخُلُ عَلَى المُبْتَدَإِ وَ الخَبَرِ فَيَرْفَعُ المُبْتَدَأَ وَ يُسَمَّى «اسْمَهُ» وَ يَنْصُبُ الخَبَرَ وَ يُسَمَّى «خَبَرَهُ»، نَحْوُ:

كانَ سَميرٌ مُجْتَهِداً. ← سَميرٌ مُجْتَهِدٌ

١٠٥. هل لكان أخوات؟

نَعَمْ. لِكانَ أَخَواتٌ وَ هِيَ أَفْعالٌ تَعْمَلُ عَمَلَها، نَحْوُ:

أَصْبَحَ النَّهارُ جَميلاً. ← اَلنَّهارُ جَميلٌ

لَيْسَتِ الشَّمْسُ مُنيرَةً. ← اَلشَّمْسُ مُنيرَةٌ

أخوات كان:

أَصْبَحَ ، أَضْحىٰ ، ظَلَّ ، أَمْسىٰ ، مازالَ ، مابَرِحَ

ماانْفَكَّ ، مافَتِئَ ، مادامَ ، صارَ، لَيْسَ

تمرين ٨٠. أدخِل على الجمل التابعة كان وأخواتها بالتعاقب واضبط أواخر الكلم بالحركات:

١. اَلجوُّ مُعتدِلٌ.   ٦. اَلفُرصةُ قَريبةٌ.

٢. اَلطِّينُ إبريقٌ.   ٧. اَلتَّلامِذةُ فَرِحونَ.

٣. اَلقانِعُ شَاكِرٌ.   ٨. اَلحَاسِدُ مَغمُومٌ.

٤. اَلحَربُ ناشِبةٌ.   ٩. اَلدَّرَّاجةُ سريعةٌ.

٥. اَلكَريمُ مَحبوبٌ.   ١٠. اَلمواصَلاتُ قَريبةٌ.

تمرين ٨١. عين الأفعال الناقصة مع اسمها وخبرها:

١. القرآن الكريم: وَ كانَ اللهُ سَميعاً بَصيراً.[1]

٢. القرآن الكريم: أَلَيسَ اللهُ بِأَحْكَمِ الحَاكِمينَ.[2]

٣. القرآن الكريم: لَيْسوا سَواءً.[3]

٤. القرآن الكريم: فَأَصْبَحَ في المَدينَةِ خَائِفاً يَتَرقَّبُ.[4]

٥. القرآن الكريم: وَ إذا بُشِّرَ أَحَدُهُم بِالأُنثى ظَلَّ وَجهُهُ مُسْوَدًّا.[5]

٦. الإمام عليٌّ عليه‌السلام: لَيسَتِ الرَّوِيَّةُ كَالْمُعَايَنَةِ مَعَ الإبصارِ.[6]

٧. الإمام عليٌّ عليه‌السلام: لايَكُونُ الصَّديقُ صَديقاً حَتّى يَحفَظَ أَخاهُ في ثلاثٍ: في نَكْبَتِهِ، و غَيبَتِهِ، و وَفاتِهِ.[7]

<hr>

١. سورة النساء / الآية ١٣٤.

٢. سورة التين / الآية ٨.

٣. سورة آل عمران / الآية ١١٣.

٤. سورة القصص / الآية ١٨.

٥. سورة النحل / الآية ٥٨.

٦. نهج البلاغة / الحكمة ٢٨١.

٧. نهج البلاغة / الحكمة ١٣٤.

خبر إنّ واسمها

١٠٦. ما هي إنّ؟

«إنّ» حَرفٌ يَدخُلُ على المُبتَدَإِ وَالخَبَرِ فَيَنصُبُ المُبتَدَأَ وَيُسَمَّى «اَسْمَهُ» وَيَرفَعُ الخَبَرَ وَيُسَمَّى «خَبَرَهُ»، نَحو:

سَميرٌ مُجتَهِدٌ ← إِنَّ سَميراً مُجتَهِدٌ.

١٠٧. هل لـ «إنّ» أخوات؟

نَعَم. لـ «إنّ» أخواتٌ وهيَ حُروفٌ تَعمَلُ عَمَلَها، نَحو:

اَلنَّهارُ جَميلٌ ← إِنَّ النَّهارَ جَميلٌ.

اَلشَّمسُ مُنيرةٌ ← لَيتَ الشَّمسَ مُنيرةٌ.

> أخوات إنَّ:
> أَنَّ، كَأَنَّ، لَيتَ، لَعَلَّ

تمرين ٨٢. أَدخِل إنَّ و أخواتها بالتعاقب على الأمثلة التابعة:

١. اَلزِّيادةُ عَيبٌ.

٢. اَلنَّقْصُ عَجزٌ.

٣. اَلغائِبُ قادِمٌ.

٤. اَلفواكهُ طَيِّبةٌ.

٥. أرضُ مِصرَ مُخصِبةٌ.

٦. إيطاليةُ شِبهُ جَزيرةٍ.

٧. اَلمُعلِّمُونَ و اَلمتعلِّمُونَ شُرَكاءُ فِي اَلخَيرِ.

تمرين ٨٣. ضَع «كان» ثمّ «إنّ» محل الفراغ:

١. ...... البَيتُ جميل.

٢. ...... السَّيّارة رَماديَّة.

٣. ...... الطَّائِرة عالية فِي السَّماء.

٤. ...... الطَّائِرتان لامِعَتانِ.

٥. ...... الدُّمْيَة مَكسُورَة.

٦. ...... المدينة مُتَّسِعَة.

تمرين ٨٤. عين إنّ و أخواتها مع اسمها و خبرها:

١. القرآن الكريم: وَ لكِنَّ اَللهَ أَلَّفَ بَيْنَهُمْ.[1]

٢. القرآن الكريم: لَعَلَّ اَلسَّاعَةَ قَرِيبٌ.[2]

---

[1]. سورة الأنفال / الآية ٦٣.

[2]. سورة الشورى / الآية ١٧.

٣. القرآن الكريم: إنَّ إِلَهَكُمْ لَوَاحِدٌ.[1]

٤. القرآن الكريم: ذٰلِكَ بِأَنَّ ٱللَّهَ هُوَ ٱلْحَقُّ.[2]

٥. لَيْتَ ٱلشَّبَابَ يَعُودُ.

٦. كَأَنَّ زَيداً قَائِمٌ.

---

١. سورة الصافات / الآية ٤.

٢. سورة الحج / الآية ٦٢.

كيف ينصب الاسم

١٠٨. ما هي علامة نصب الاسم في العموم؟

عَلامَةُ نَصْبِ الاسْمِ في العُموم هي «الفَتْحَةُ» في آخِرِهِ، نَحو:

رَكِبَ سَميرٌ السَّيَّارَةَ.

١٠٩. ما هي علامة نصب الاسم المثنى؟

عَلامَةُ نَصْبِ الاسْمِ المُثَنَّى «الياءُ قَبْلَها فَتْحَةٌ وَ النُّون»، نَحو:

أَوْقَفَ الشُّرطيُّ السَّيَّارَتَينِ.

١١٠. ما هي علامة نصب الجمع المذكر السالم؟

عَلامَةُ نَصْبِ الجَمْعِ المُذَكَّرِ السَّالِمِ «الياءُ وَ النُّون»، نَحو:

رَأَيْتُ الحَطَّابِينَ في ٱلغابَةِ.

١١١. ما هي علامة النصب في الأسماء الخمسة؟

عَلامَةُ النَّصْبِ في الأَسْماءِ الخَمْسَةِ «الأَلِفُ»، فَلا نَكْتُبُ:

رَأَيْتَ أَبَ سَميرٍ، بَلْ: رَأَيْتُ أَبا سَميرٍ.

١١٢. متى يكون الاسم منصوباً؟

يَكُونُ الاسمُ مَنْصوباً إِذا كانَ:

❋ أَوْ حالاً	❋ مَفْعولاً بِهِ
❋ أَوْ تَمييزاً	❋ أَوْ مَفْعولاً مُطْلَقاً
❋ أَوْ خَبَراً لِكانَ	❋ أَوْ مَفْعولاً لأَجْلِهِ
❋ أَوِ اسْماً لإِنَّ.	❋ أَوْ مَفْعولاً فيهِ

المفعول به و المفعول المطلق

١١٣. ما هو المفعول به؟

اَلْمَفْعولُ بِهِ اسْمٌ يَدُلُّ على ما وَقَعَ عَلَيْهِ فِعْلُ الفاعِلِ وَ يَتِمُّ بِهِ مَعْنى الفِعْلِ، نَحو: كَتَبَ أَمينٌ فَرْضَهُ.

١١٤. ما هو المفعول المطلق؟

اَلْمَفْعولُ المُطْلَقُ اسْمٌ يُذْكَرُ بَعْدَ الفِعْلِ لِتَأْكيدِه وَ يَكونُ غالِباً مِنْ لَفْظِ هذا الفِعْلِ، نَحو: رَكَضَ أَمينٌ رَكْضاً (فَكانَ الأَوَّلَ في السِّباقِ).

تمرين ٨٥. اُكتب بالمثنّى المفعول به و الأفعال التي بين هلالين:

١. وَقَفَ الأولادُ عَلَى ٱلنّافِذَةِ فَرَأَوْا (بقرَةً تَرعى)

٢. سَمِعتُ (ٱلطائِرةَ ٱلْمُحَلِّقَةَ) في ٱلفَضاءِ.

٣. فَتَحَ (الكِتابَ) عِندَ ٱلصّفحاتِ ٱلمُلوَّنَةِ.

٤. قَرأتُ (ٱلمَقَالةَ) و نَقَدتُ (هُ).

تمرين ٨٦. أين المفعول به و المفعول المطلق في الجمل الآتية:

١. القرآن الكريم: ٱلّذى أَنقَضَ ظَهرَكَ.[1]

٢. القرآن الكريم: وَ سَلِّمُوا تَسلِيماً.[2]

٣. القرآن الكريم: وَ لَاتَجْعَل يَدَكَ مَغْلُولَةً إلى عُنُقِكَ.[3]

٤. القرآن الكريم: وَلا تُبَذِّرْ تَبْذِيراً.[4]

٥. القرآن الكريم: قُلِ ٱدعُوا ٱللهَ أوِ ٱدعُوا ٱلرّحمٰنَ أيّاً مَا تَدعُوا فَلَه ٱلأَسْماءُ ٱلْحُسْنى.[5]

---

١. سورة الشرح/ الآية ٣.

٢. سورة الأحزاب / الآية ٥٦.

٣. سورة الإسراء / الآية ٢٩.

٤. سورة الإسراء / الآية ٢٦.

٥. سورة الإسراء / الآية ١١٠.

المفعول لأجله و المفعول فيه

١١٥. ما هو المفعول لأجله؟

اَلمَفْعُولُ لِأَجْلِهِ اسْمٌ يُذْكَرُ بَعْدَ الفِعْلِ لِبَيانِ سَبَبِهِ، نَحو:

دَرَسْتُ إِكْراماً لِأَبي وَ أُمّي

وَ هُوَ جَوابٌ لِمَنْ سَأَلَ: «لِماذا دَرَسْتَ»؟

١١٦. ما هو المفعول فيه؟

اَلمَفْعُولُ فيهِ اسْمٌ يُبَيِّنُ زَمانَ أَوْ مَكانَ الْفِعْلِ، نَحو:

أُمَشِّطُ شَعْري صَباحاً أَمامَ الْمِرآةِ.

وَ هُوَ جَوابٌ لِمَنْ سَأَلَ: «أَيْنَ مَشَّطْتَ وَ مَتى»؟

١١٧. كيف نُسَمّي أيضاً المفعول فيه؟

نُسَمّيهِ أَيْضاً «ظَرْفَ زَمانٍ» وَ «ظَرْفَ مَكانٍ».

تمرين ٨٧. بيّن المفاعيل الموضوعة بين هلالين:

١. القرآن الكريم: وَ جَعَلُوا (اَلْمَلائِكَةَ) اَلَّذِينَ هُم عِبادُ اَلرَّحمٰنِ إِناثاً.[١]

٢. القرآن الكريم: يا أَيُّها اَلنّاسُ اَعبُدُوا (رَبَّكُمْ).[٢]

٣. القرآن الكريم: و كَلَّمَ اَللهُ مُوسىٰ (تَكْلِيماً).[٣]

٤. القرآن الكريم: وَ نَبلُوَكُمْ بِاَلشرِّ و اَلْخَيرِ (فِتْنةً).[٤]

٥. القرآن الكريم: و إِنَّما تُوَفَّوْنَ أُجُورَكُم (يَومَ) اَلقِيامةِ.[٥]

٦. القرآن الكريم: وَ لا تَقتلوا (أولادَكم) (خَشْيَةَ) إملاقٍ.[٦]

٧. الرسول الأعظم ﷺ: مَنْ قَرَأَ «قُل هُوَ اَلله أَحَدٌ» (حِينَ) يأخُـذُ مَضْجَعَه غَفَرَ اَللهُ لَهُ ذُنوبَ خَمسِينَ سَنةً.[٧]

٨. يَصُومُ اَلأَتْقِياءُ و يَصنَعُونَ (اَلصَّدَقاتِ) (مَرْضاةً) لِلّهِ.

٩. زارَنَا (يَوماً) شَيخٌ جَلِيلٌ.

تمرين ٨٨. ركّب جملاً تدخل فيها هذه الكلمات مفعولاً فيه:

يَميناً ، شمالاً ، نَهاراً ، لَيلاً ، دَقيقةً ، قَبلَ ، تَحتَ ، وَراءَ.

---

١. سورة الزخرف / الآية ١٩.

٢. سورة البقرة / الآية ٢١.

٣. سورة النساء / الآية ١٦٤.

٤. سورة الأنبياء / الآية ٣٥.

٥. سورة آل عمران / الآية ١٨٥.

٦. سورة الإسراء / الآية ٣١.

٧. ميزان الحكمة، ج ١٠ / ص ٢٦٥.

الحال و التمييز

١١٨. ما هو الحال ؟

اَلْحالُ اَسْمٌ يُبَيِّنُ هَيْئَةَ الفاعِلِ أَوِ المَفْعولِ وَقْتَ وُقوعِ الفِعْلِ، نَحو:

عادَ فَريقُ اللَّعِبِ مُنْتَصِراً.

وَ هُوَ جَوابٌ لِمَنْ يَسْأَلُ: «كَيْفَ عادَ الفَريقُ»؟

١١٩. ما هو التمييز؟

اَلتَّمييزُ اَسْمٌ يُبَيِّنُ المُرادَ مِنْ كَلِمَةٍ سابِقَةٍ غَيْرِ واضِحَةٍ، نَحو:

اِشْتَرَيْتُ رَطْلاً زَيْتاً.

وَ هُوَ جَوابٌ لِمَنْ سَأَلَ: «رَطْلَ ما اشْتَرَيْت».

تمرين ٨٩. قل أين يبين الحال هيئة الفاعل و أين يبين هيئة المفعول:

١. قُرِئَ ٱلْكِتابُ (فصيحاً).

٢. دَخَلَ ٱلْعَدُوُّ إلى ٱلْمَدينَةِ (مُتَنَكِّراً).

٣. اَلْبَحريَّةُ يُجَذِّفُونَ (قياماً) فِي وَسَطِ ٱلْمَرْكَبِ.

٤. يَدخُلُونَ ٱلْمَعابِدَ (ساجِدينَ).

٥. لا تَتناوَلُوا ٱلطَّعامَ (سُخْناً).

تمرين ٩٠. دلَّ على الحال و التمييز في الجمل التابعة:

١. القرآن الكريم: خُلِقَ ٱلْإِنْسانُ (ضَعيفاً).[1]

٢. القرآن الكريم: إِنّي رَأَيْتُ أَحَدَ عَشَرَ (كَوْكَباً).[2]

٣. القرآن الكريم: هٰذِهِ ناقةُ ٱللهِ لَكُم (آيَةً).[3]

٤. القرآن الكريم: أَفَغيرَ ٱللهِ أَبْتَغي (حَكَماً).[4]

٥. القرآن الكريم: وَ ادعُوهُ (خَوفاً) و (طَمَعاً).[5]

٦. الإمام عليٌّ عليه السلام: كَفى بِٱلْيَقينِ (عِبادَةً).[6]

٧. اَلْبُرتقالُ يُؤْكَلُ (فَجّاً) و (ناضِجاً).

---

١. سورة النساء / الآية ٢٨.

٢. سورة يوسف / الآية ٤.

٣. سورة الأعراف / الآية ٧٣.

٤. سورة الأنعام / الآية ١١٤.

٥. سورة الأعراف / الآية ٥٦.

٦. غررالحكم / ص ٥٨٨.

- ٣٧ -

المنادى

١٢٠. ما هو المنادى؟

اَلمُنادى كُلُّ اسمٍ يَقَعُ بَعْدَ «يا» النِّداء، نَحو: يا سَلْمى!

١٢١. متى يكون المنادى منصوباً؟

يَكونُ المُنادى مَنْصوباً بِالْفَتْحَةِ أَوْ ما يُقابِلُها في المُثَنّى و الجَمْعِ:

٭ إذا كانَ مُضافاً، نَحو: يا عَبْدَ اللهِ.

٭ إذا كانَ نَكِرَةً غَيْرَ مَقْصودَةٍ، نَحو: يا رَجُلاً (لا أَراهُ و لا أَعْرِفُ مَنْ هُوَ).

١٢٢. متى يكون المنادى مرفوعاً؟

يَكونُ المُنادى مَرْفوعاً بِالضَّمَّةِ (بدونِ تَنْوينٍ) أَو ما يُقابِلُها:

٭ إذا كانَ اسْمَ عَلَمٍ، نَحو: يا سَميرُ.

٭ إذا كانَ نَكِرَةً مَقْصودَةً، نَحو: يا رَجُلُ (أَراهُ لكِنَّني لا أَعْرِفُ مَنْ هُوَ).

تمرين ٩١. ضع حرف النداء قبل الألفاظ التالية، وضع على آخر المنادى الحركة التي يستحقُّها:

١. ...... عَبْد آلخالِقِ.

٢. ...... زَين آلمَجالِسِ.

٣. ...... ضُيُوف آلأميرِ.

۴. ...... قاهِر الأبطالِ.

۵. ...... رَجُل خُذْ بِيَدِي.

٦. ...... يُوسُف.

٧. ...... حَسُود.

٨. ...... تِلميذانِ.

٩. ...... رَجُل.

١٠. ...... تَلاميذ.

تمرين ٩٢. عيّن المنادى ونوعها في العبارات التابعة:

١. القرآن الكريم: يَا أَهْلَ آلكِتابِ لا تَغلُوا في دِينِكُمْ.[1]

٢. القرآن الكريم: يَا حَسرَةً عَلى آلعِبادِ.[2]

٣. الإمام عليّ عليه‌السلام: يَا أَهلَ آلغُرورِ مَا أَلهَجَكُم بِدارٍ خَيرُها زَهِيدٌ وَ شَـرُّها عَتِيدٌ.[3]

۴. الإمام الكاظم عليه‌السلام: يَا هُشامُ لَا دينَ لِمَنْ لا مروّةَ لَه، ولا مروّة لِمَن لاعَقلَ لَه.[4]

۵. يا أَهلَ آلكِبرياءِ و آلعَظمةِ.

١. سورة النساء / الآية ١٧١.

٢. سورة يس / الآية ٣٠.

٣. غررالحكم / ص ٨٧١.

۴. ميزان الحكمة، ج ١٠ / ص ٥٧٥.

كيف يجر الاسم

١٢٣. ما هي علامة جر الاسم في العموم؟

عَلَامَةُ جَرِّ الاسْمِ في العُمومِ هِيَ «الكَسْرَةُ» في آخِرِهِ، نَحو:

اَلوَلَدِ ← الوَلَد   وَلَدٍ ← وَلَد.

١٢٤. ما هي علامة جر الاسم المثنى؟

عَلَامَةُ جَرِّ الاسْمِ المُثَنَّى «اليَاءُ قَبْلَها فَتْحَةٌ وَ النُّون»، نَحو:

وَقَفَ عَلى حَجَرَيْنِ.

١٢٥. ما هي علامة جر الجمع المذكر السالم؟

عَلَامَةُ جَرِّ الجَمْعِ المُذَكَّرِ السَّالِمِ «اليَاءُ وَ النُّون»، نَحو:

أَنا بَيْنَ الفائِزِينَ.

١٢٦. ما هي علامة الجر في الأسماء الخمسة؟

عَلَامَةُ الجَرِّ في الأسْماءِ الخَمْسَةِ «اليَاءُ» فَلَانَكْتُبُ:

تَحَدَّثْتُ مَعَ أَبٍ سَميرٍ، بَلْ: تَحَدَّثْتُ مَعَ أَبي سَميرٍ.

۱۲۷. متى يكون الاسم مجروراً؟

يَكُونُ ٱلاِسْمُ مَجْرُوراً إِذا تَقَدَّمَهُ حَرْفُ جَرٍّ أَوْ كانَ مُضافاً إِلَيْهِ.

۱۲۸. ما هي حروف الجرّ؟

حُرُوفُ الجَرِّ حُرُوفٌ تَتقَدَّمُ الاسْمَ فَتَجُرُّهُ، نَحو:

خَرَجْتُ مِنَ ٱلْمَدْرَسَةِ إِلى الشَّارِعِ بِإِذْنِ الأُستاذِ.

حروف الجرّ:
مِن ، إلى ، عَنْ ، عَلى ، في ، رُبَّ ، الباء ، الكاف ، اللَّام ،
«واو» القَسَم ، «تاء» القَسَم

---

۱۲۹. ما هو المضاف إليه؟

المُضافُ إِلَيْهِ ٱسْمٌ يُنْسَبُ إِلَيْهِ ٱسْمٌ يَسْبِقُهُ، نَحو:

اَلتِّلْميذُ ← كِتابُ   التِّلميذِ.

المضاف   المضاف اليه

نَسَبْنا إِلى التِّلْميذ كَلِمَةَ الكِتابِ الَّتي تَسْبِقُهُ.

تمرين ٩٣. أُكتب محل الفراغ حرف الجر المناسب للمعنى:

١. خرجت ...... رِفاقي ...... صباحَ ٱلأَحَدِ وَكُنّا نَرْكُضُ ...... ٱلشارعِ رَكْضاً كَيْ نَصِلَ ...... سُرْعَةٍ ...... ساحَةِ ٱلقَرْيَةِ قَبْلَ سَيّارَةِ ٱلبَرِيدِ.

٢. اِستَدعَى ٱلمَنْصُورُ يَوماً ٱلإمامَ ٱلصّادِقَ عليه السلام وقال ......ـه: لِمَ لا تأتينا كما يأتينا ٱلنّاسُ؟ أجابه ٱلصّادقُ عليه السلام: ليسَ ...... نا ...... أمرُٱلدُّنيا ما نخافُكَ ......ـه، ولا عندكَ ...... أمرُ ٱلآخرةِ ما نَرجُوا ......كَ وَلَا أَنْتَ ......نعمةٍ نُهَنِّئُكَ ......ها. ولا ...... نقمةٍ فَنُعَزِّيكَ!

تمرين ٩٤. أُكتب هذه الكلمات بالمثنى ثم بالجمع:

<table>
<tr><td>٤. إلى ٱلوادِي.</td><td>١. في ٱلدّارِ.</td></tr>
<tr><td>٥. مَعَ ٱلصَّغيرَةِ.</td><td>٢. تَحْتَ ٱلغُصْنِ.</td></tr>
<tr><td>٦. بِٱلعَالَمِ.</td><td>٣. مِنَ ٱلفَلّاحِ.</td></tr>
</table>

تمرين ٩٥. عين الحروف الجرّ في العبارات التابعة:

١. القرآن الكريم: قُلْ أَعُوذُ بِرَبِّ ٱلفَلَقِ.[1]

٢. القرآن الكريم: و عَلَيها و عَلَى ٱلفُلْكِ تُحمَلُونَ.[2]

٣. القرآن الكريم: سَبَّحَ لِلهِ ما فِي ٱلسَّماواتِ و مَا فِي ٱلأَرضِ.[3]

٤. القرآن الكريم: سُبْحانَ ٱلّذِى أَسرىٰ بِعبْدِه لَيلاً مِن ٱلمَسـجِدِ ٱلحَرامِ إلى

---

١. سورة الفلق / الآية ١.

٢. سورة غافر / الآية ٨٠.

٣. سورة الحشر / الآية ١.

ٱلمَسجِدِ ٱلأَقْصىٰ.[1]

٥. القرآن الكريم: مَا يَنطِقُ عَنِ ٱلهَوىٰ.[2]

٦. القرآن الكريم: وَيَومَ نَبعَثُ فِي كُلِّ أُمَّةٍ شَهيداً عَلَيهِمْ مِنْ أَنفُسِهِمْ.[3]

٧. الإمام عليٌّ عليه السلام: مِن فَضيلَةِ ٱلنَّفْسِ ٱلمُسارَعةُ إلى ٱلطَّاعَةِ.[4]

٨. الإمام عليٌّ عليه السلام: لَو عَمِلَ ٱللهُ فِي خَلْقِه بِعِلْمِه ما ٱحتجَّ عَلَيهِمْ بِٱلرُّسُلِ.[5]

---

١. سورة الإسراء / الآية ١.

٢. سورة النجم / الآية ٣.

٣. سورة النحل / الآية ٨٩.

٤. غررالحكم / ص ٧٣٦.

٥. غررالحكم / ص ٦٠٨.

النعت والعطف

١٣٠. ما هو النعت؟

اَلنَّعْتُ اسْمٌ يَدُلُّ على صِفَةٍ مَوْجودَةٍ في اسْمٍ آخَرَ قَبْلَهُ يُسَمّى اَلمَنْعوتَ، نَحو:

كِتابٌ جَميلٌ

فَ «جميلٌ» النَّعْت و «كِتاب» المَنْعوت.

١٣١. ما هي حركة النعت؟

إنَّ حَرَكَةَ النَّعْتِ هي عَيْنُ حَرَكَةِ المَنْعوتِ، نَحو:

كِتابٌ جَميلٌ.　　أَهْداني كِتاباً جَميلاً.　　قَرَأْتُ في كِتابٍ جَميلٍ.

تمرين ٩٦. دلَّ على النعت و اضبط آخره بالحركة التي يستحقّها:

١. إِنَّ ٱلتِّلْمِيذَ ٱلمَمْدُوح هُوَ مَن يَقُومُ بِواجِباتِه.

٢. أَكْلُ ٱلأَثْمارِ ٱلفَجَّة مُضِرٌّ.

٣. اَلعَقلُ ٱلسَّلِيم فِي ٱلجِسْمِ ٱلسَّلِيمِ.

٤. سَافَرنا مَع شابٍّ ظريفٍ فَقَطَعنا ٱلمَسافَةَ ٱلطَّويلَة و لَم نَشعُرْ بِمُرورِ ٱلوَقتِ ٱلطَّويل لِأَنَّهُ قَصَّ عَلَينا ٱلأَخبارَ ٱللَّذيذَة.

تمرين ٩٧. ضع النعت و المنعوت في المثنّى ثم في الجمع:

١. كتابٌ جَميلٌ.

٢. إِلَى النُّزهَةِ ٱلبَعيدَةِ.

٣. مِنَ ٱليَومِ ٱلقَصيرِ إِلَى ٱليَومِ ٱلطَّويلِ.

تمرين ٩٨. عين النعت و المنعوت في العبارات التابعة:

١. القرآن الكريم: و يُنْشِئُ ٱلسَّحابَ ٱلثِّقالَ.[١]

٢. القرآن الكريم: فيهِما عَيْنانِ نَضَّاخَتانِ.[٢]

٣. القرآن الكريم: فإذا نُفِخَ فِي ٱلصُّورِ نَفخَةٌ واحِدَةٌ.[٣]

٤. القرآن الكريم: و نِساءٌ مُؤْمِناتٌ.[٤]

٥. الإمام عليّ عليه السلام: مَا أَقبَحَ بِٱلإِنسانِ باطِناً عَليلاً و ظاهِراً جَميلاً.[٥]

---

١. سورة الرعد / الآية ١٢.

٢. سورة الرحمن / الآية ٦٦.

٣. سورة الحاقة / الآية ١٣.

٤. سورة الفتح / الآية ٢٥.

٥. غرر الحكم / ص ٧٤٩.

٦. الإمام عليّ عليه السلام: مَوْتٌ وَحِيٌّ خَيْرٌ مَنْ عَيشٍ شَقِيّ.[١]

٧. الإمام عليّ عليه السلام: سَبُعٌ أكولٌ حَطُومٌ خَيرٌ مِن والٍ ظَلُومٍ غَشُومٍ.[٢]

ــ

١. غرر الحكم / ص ٧٥٩.

٢. غرر الحكم / ص ٧٣٥.

- ٤٥ -

العطف والبدل

١٣٢. ما هو العطف؟

اَلْعَطْفُ كَلِمَةٌ يَرْبِطُها بِكَلِمَةٍ قَبْلَها أَحَدُ حُروفِ الْعَطْفِ، نَحْو:

عِنْدي دَرّاجَةٌ وَدَوّامَةٌ.

> حروف العطف:
>
> الواو، الفاء، ثُمَّ، أَوْ، أَمْ، لٰكِنْ، بَلْ

١٣٣. ما هو إعراب العطف؟

إِعْرابُ الْعَطْفِ مَثَّلُ إِعْرابِ ما قَبْلَهُ، نَحْو:

عِنْدي دَرّاجَةٌ وَدَوّامَةٌ.

رافَقْتُ سَميراً وَخَليلاً إِلى الْمَدْرَسَةِ وَالتَّنْزُهَةِ.

١٣٤. ما هو البدل؟

اَلْبَدَلُ كَلِمَةٌ تَتْبَعُ كَلِمَةً أُخْرى فَتَقَعُ بَدَلاً عَنْها أَوْ بَدَلاً عَنْ جُزْءٍ مِنْها وَتُعْرَبُ إِعْرابَها، نَحْو:

ذَهَبْنا إِلى التَّنْزُهَةِ مَعَ أَمينٍ صَديقِنا وَأَكَلْنا الزَّوّادَةَ نِصْفَها.

«صَديقِنا» بَدَلٌ عَنْ أَمينٍ وَ«نِصْفَها» عَنِ الزَّوّادَةِ.

تمرين ٩٩. دلَّ على العطف ثم ميّز بين بَدَل الكل و بدل الجزء:

١. القرآن الكريم: و مِنْكَ و مِن نُوح و إبراهيمَ و مُوسى و عِيسَى ٱبنِ مَريَمَ.[1]

٢. القرآن الكريم: قَدْ أَنْزَلَ ٱللهُ إِلَيكُمْ ذِكْراً ۞ رَسُولاً.[2]

٣. القرآن الكريم: فَوَكَزَهُ مُوسى فَقَضَى عَلَيْهِ.[3]

٤. القرآن الكريم: أَأَنْتُمْ أَشَدُّ خَلْقاً أَم ٱلسَّماءُ.[4]

٥. القرآن الكريم: قُتِلَ أَصحَابُ ٱلأُخدُودِ ۞ ٱلنَّارِ ذَاتِ ٱلوَقُودِ.[5]

٦. القرآن الكريم: اِهدِنا ٱلصِّراطَ ٱلمُستقِيمَ ۞ صِراطَ ٱلَّذينَ أنعَمْتَ عَلَيهِم.[6]

٧. مَزَّقْتُ ٱلثَّوبَ كُمَّيهِ و صَدرَهُ.

٨. كُسِفَتِ ٱلشَّمْسُ رُبعُها و خُسِفَ ٱلقَمَرُ نِصْفُه.

٩. بَنَينا ٱلبَيْتَ وَ ٱلغُرفَةَ أَساسَهُما.

---

١. سورة الأحزاب / الآية ٧.

٢. سورة الطلاق / الآيتان ١٠ و ١١.

٣. سورة القصص / الآية ١٥.

٤. سورة النازعات / الآية ٢٧.

٥. سورة البروج / الآيتان ٤ و ٥.

٦. سورة الفاتحة / الآيتان ٦ و ٧.

التوكيد

١٣٥. لماذا نستعمل «نفس» و«عين» و«كل» و«جميع» بعد الاسم أحياناً؟

نَسْتَعْمِلُ «نَفْس» و«عَيْن» و«كُلَّ» و«جَميع» بَعْدَ الاِسْمِ أَحْياناً لِتَوْكيدِهِ، نَحو:

* زارَنا الأُستاذُ عَيْنُهُ؛ فَنُؤَكِّدُ أَنَّ الأُستاذَ زارَنا هُوَ لا غَيْرُهُ.

* مَشَيْتُ النَّهارَ كُلَّهُ؛ فَنُؤَكِّدُ أَنَّنا مَشَيْنا النَّهارَ مِنْ أَوَّلِهِ إلى آخِرِهِ.

* نَجَحَ التَّلامِذَةُ جَميعُهُمْ؛ فَنُؤَكِّدُ نَجاحَ التَّلامِذَةِ كُلِّهِمْ.

١٣٦. ما هي حركة المؤكِّد؟

حَرَكَةُ المُؤَكِّدِ هِيَ عَيْنُ حَرَكَةِ المُؤَكَّدِ، نَحو:

وَقَعَ سَميرٌ نَفْسُهُ.

وَدَّعْنا سَميراً نَفْسَه.

تمرين ١٠٠ ـ عين المؤكِّد و المؤكَّد في العبارات التابعة:

١. القرآن الكريم: إِنَّ ٱلْأَمْرَ كُلَّهُ لِلَّهِ.[١]

٢. القرآن الكريم: فَلَوْ شَاءَ لَهَدَاكُمْ أَجْمَعِينَ.[٢]

٣. القرآن الكريم: و جَاءَ رَبُّكَ وَ ٱلْمَلَكُ صَفّاً صَفّاً.[٣]

٤. القرآن الكريم: ٱلْقَارِعَةُ ۞ مَا ٱلْقَارِعَةُ.[٤]

٥. الرسول الأعظم ﷺ: هَدَايَا ٱلْعُمَّالِ حَرَامٌ كُلُّها.[٥]

٦. الرسول الأعظم ﷺ: ٱلْعِدَةُ دَيْنٌ، وَيْلٌ لِمَنْ وَعَدَ ثُمَّ أَخْلَفَ وَيْلٌ لِمَنْ وَعَدَ ثُمَّ أَخْلَفَ، وِيْلٌ لِمَن وَعَدَ ثُمَّ أَخْلَفَ.[٦]

٧. الإمام علي ﷿: ٱلْعَمَلَ ٱلْعَمَلَ، ثُمَّ ٱلنِّهَايَةَ ٱلنِّهَايَةَ، و ٱلِاسْتِقَامَةَ ٱلِاسْتِقَامَةَ ثُمَّ ٱلصَّبْرَ ٱلصَّبْرَ، و ٱلْوَرَعَ ٱلْوَرَعَ.[٧]

٨. حَضَرَ ٱلْأَمِيرانِ نَفْسُهُما.

٩. اِنْصِبِ ٱلْمَفَاعِيلَ جَمِيعَها.

١٠. زَارَنَا ٱلْأَمِيرُ عَيْنُهُ.

---

١. سورة آل عمران / الآية ١٥٤.

٢. سورة الأنعام / الآية ١٤٩.

٣. سورة الفجر / الآية ٢٢.

٤. سورة القارعة / الآيتان ١ و ٢.

٥. ميزان الحكمة، ج ١٠ / ص ٣٣٧.

٦. ميزان الحكمة، ج ١٠ / ص ٥٣١.

٧. نهج البلاغة / الخطبة ١٧٦.

أمثلة على الإعراب

فارَقَ الرّجلُ أَوْطانَهُ

فارَقَ   :   فعلٌ ماضٍ صحيحُ الآخرِ مُتَعَدٍّ معلومٌ مبنيٌّ على الفتح الظاهر.

الرجلُ   :   اسمٌ مفردٌ مُذكَّرٌ مُعَرَّفٌ بأَلْ فاعِلُ «فارَقَ» مرفوعٌ بضمَّةٍ ظاهرةٍ في آخره.

أوطانَه   :   أوطانَ: اسمٌ جمعٌ مُكسَّرٌ مُفردُه وَطنٌ مذكَّر، مُعَرَّفٌ بالإضافة إلى الضمير

مفعولٌ به من فارَقَ منصوبٌ بفتْحةٍ ظاهرةٍ وهو مضافٌ و الهاء: ضميرٌ مُتَّصلٌ

للمذكر الغائب مبنيٌّ على الضمّ في محلِّ جرّ بالإضافة.

فازَ المجتهدُونَ على أَخيكَ الجاهلِ

فازَ : فعلٌ ماضٍ صحيحُ الآخرِ لازمٌ مبنيٌّ على الفتح الظاهرِ.

المجتهدونَ: اسمُ جمعٍ مذكرٍ سالمٌ مُفردُه مُجتَهدٌ مُعَرَّفٌ بأَلْ، فاعِلُ فازَ مرفوعٌ بالواو.

على : حرف جرٍّ مبنيٌّ على السكون.

أَخيكَ : أَخٌ: اسمٌ مُفردٌ مذكرٌ مُعَرَّفٌ بالإضافة مجرورٌ بـ «على». و علامةُ جرِّه الياء لأنّه من الأسماء الخمسة. و الكاف: ضميرٌ متّصِلٌ للمُذكرِ المُخاطَبِ مبنيٌّ على الفتح في محلّ جرٍّ بإضافة أَخٍ إليه.

الجاهلِ : اسمُ فاعِلٍ مُفردٌ مُذكرٌ مُعَرَّفٌ بأَلْ نَعْتُ أَخٍ مجرورٌ بكسرةٍ ظاهرةٍ.

قَدْ أَفْلَحَ مَنْ تَزَكَّىٰ ۞ وَذَكَرَ ٱسْمَ رَبِّهِ فَصَلَّىٰ[1]

قَدْ : حَرْفُ تحقيقٍ مَبنيٌّ عَلَى السكونِ.

أَفلَحَ : فعلٌ ماضٍ مبنيٌّ عَلى الفتح و فاعِلُه ((مَنْ)).

مَنْ : اسمُ موصولٍ مبنيٌّ على السكونِ في محلِّ رفعٍ، فاعلٌ.

تَزكَّىٰ : فعلُ ماضٍ مبنيٌّ على الفتح المقدّر على الألفِ وفاعلُه ضَميرٌ مُستترٌ تقديرُه ((هُوَ)).

جملةُ ((تَزَكَّىٰ)) فعليةٌ صِلَةُ ((مَنْ)) و لَا محَلَّ لها من الإعراب لأنَّ صِلَة الموصول لا يكونُ لَها محلٌّ مِن الإعراب.

وَ : حرفُ عطفٍ، مبنيٌّ عَلى الفتح.

ذَكَرَ : فعلُ ماضٍ، مبنيٌّ على الفتح، و فاعِله ضميرٌ مستترٌ تقديرُه ((هُوَ)).

اِسمَ : اسم معربٌ منصوبٌ و علامةُ نصبِه الفتحةُ و هو مفعولٌ به لـ (ذَكَرَ).

رَبِّهِ : رَبِّ: اسم معربٌ مجرورٌ و علامةُ جرِّه الكسرةُ و هو مضافٌ إليه لـ (اسمَ) و هو أيضاً مضافٌ. الهاء: ضمير متصلٌ في محلِّ جرٍّ مضافٌ إليه لـ (رَبِّ).

___

فَصَلّى : الفاء: حرفُ عطفٍ، مبنيٌّ عَلى الفتحِ. صَلّى: فعلٌ ماضٍ مبنيٌّ على الفتح المقدَّرِ على الألف و فاعِله ضميرٌ مستترٌ تقديره «هو» الراجعة لـ(مَنْ)، مفعوله محذوفٌ، و تقديره: فَ(مَنْ) صَلّى ٱلصَّلَواتِ ٱلخَمْسَ.

الرسول الأعظم ﷺ:

ثَلاثُ خِصالٍ مِنْ صِفَةِ أَولياءِ اللهِ: اَلثَّقَةُ بِٱللهِ في كُلِّ شَيْءٍ
و ٱلغِناءُ بِهِ عَن كُلِّ شَيْءٍ، و ٱلافْتِقارُ إِلَيهِ في كُلِّ شَيْءٍ.^١

ثَلاثُ : اسم عددٍ معربٌ مرفوعٌ و عَلامَةُ رَفعِهِ الضَّمَّةُ، و هو مبتدأٌ.

خِصالٍ : اسمٌ مجرورٌ و علامة جرِّهِ الكسرةُ، و هو مضافٌ إليه و تمييزٌ لِلعَدَدِ.

مِنْ صِفَةٍ : مِنْ: حرفُ جرٍّ مبنيٌّ عَلى السّكونِ. صِفَةٍ: اسمٌ مجرورٌ و علامةُ جرِّهِ الكسرة.

أَولياءِ اللهِ : أَولياءِ: اسمٌ مجرورٌ و علامةُ جرِّهِ الكسرةُ، و هو مضافٌ إليه، و أيضاً مضافٌ. اللهِ: اسمُ الجلالة، مجرورٌ و علامة جرِّه الكسرةُ و هو مضافٌ إليه لـ(أولياءِ).

اَلثَّقَةُ : اسم مرفوعٌ و علامة رفعِه الضّمةُ. و هو بدلٌ مِن (ثلاثُ) و أيضاً مبتدأٌ.

بِٱللهِ : الباء: حرفُ جرٍّ مبنيٌّ عَلى الكسرِ. اللهِ: اسمُ الجلالة، مجرورٌ بالباء و علامةُ

---

١. ميزان الحكمة، ج ١٠ / ص ٧٥٤.

جَرِّه الكسرةُ . و الجار و المجرور، متعلقان بـ(الثقة) .

في كُلّ : فِي: حَرفُ جَرٍّ، مبنيٌّ على السكون المقدّر على الياء . كُلِّ: اسم مجرورٌ بـ(في)، وعلامةُ جَرِّه الكسرةُ، وهو أيضاً مضاف والجار والمجرور، متعلقان بـ(الثقة) .

شيءٍ : اسمٌ مجرورٌ و علامةُ جرّه الكسرةُ . و هو مضاف إليه .

وَالغِناءُ : الواو: حرفُ عَطفٍ، مبنيٌّ على الفتح . الغِناءُ: اسم مرفوعٌ و علامة رفعه الضّمّةُ و هو عطفٌ عَلى الثقة، بَدلٌ مِنْ ثلاثٍ، و هو أَيضاً مبتدأً .

بِهِ : الباءُ: حرفُ جرٍّ مبنيٌّ على الكسر . الهاءُ: ضميرٌ متصلٌ في محلِّ جرٍّ بـ(الباء) .

عَنْ كُلِّ : عَنْ: حَرفُ جَرٍّ، مبنيٌّ عَلى السكونِ . كُلِّ: اسمٌ مجرورٌ بـ(عن) و علامةُ جَرِّه الكسرةُ، و هو مضافٌ لِـ(شَيْءٍ) . و الجارّ و المجرور متعلقان بـ(الغناءُ) .

شَيْءٍ : اسمٌ مجرورٌ و علامة جرّه الكسرةُ و هو مضاف إليه .

وَالاِفتقارُ : الواو: حرف عَطفٍ، مبنيٌّ على الفتح . الاِفتقارُ: اسمٌ مرفوعٌ و علامة رفعه الضّمّةُ و هو عطفٌ عَلى الثقة، بَدلٌ مِنْ ثلاثٍ، و هو أَيضاً مبتدأً .

إِلَيهِ : إِلَىٰ: حرفُ جَرٍّ، مبنيٌّ عَلى السكون المقدَّر على الألف . الهاءُ: ضميرٌ متصلٌ في محلِّ جرٍّ .

في كُلِّ : فِي: حَرْفُ جَرٍّ، مبنيٌّ على السكون المقدّر على الياء. كُلِّ: اسمٌ مجرورٌ بـ(في)، وعلامةُ جَرِّهِ الكسرةُ. وهو أيضاً مضاف.

شَيْءٍ : اسمٌ مجرورٌ وعلامة جرّه الكسرةُ وهو مضافٌ إليه.

الإمام عليّ عليه‌السلام:

«غُرورُ الأَمَلِ يُفْسِدُ العَمَلَ.»[1]

غُرورُ : اسمٌ مرفوعٌ وعلامةُ رفعه الضّمّةُ، وهو مُبتدأٌ ومضاف.

الأَمَلِ : اسمٌ مجرورٌ وعلامةُ جَرِّهِ الكسرةُ وهُو مُضافٌ إليه.

يُفْسِدُ : فعلٌ مضارعٌ مرفوعٌ معربٌ وعلامةُ رفعه الضّمّةُ وفاعِلُه ضميرٌ مستترٌ فيه، تقديرهُ «هُو» الراجعةُ بـ(غُرورٌ).

العَمَلَ : اسم منصوبٌ وعلامةُ نَصْبِه الفتحةُ، وهو مفعولٌ به لـ(يُفْسِدُ). وجملةُ

○ جملةُ «يُفْسِدُ العَمَلَ»: في محلِّ رَفعٍ خبرٌ لمبتدإٍ أي غرورُ الأَمَلِ.

---

١. غررالحكم / ص ٥٠٦.

تمرين ١٠١. أعرب الجمل التابعة:

١. القرآن الكريم: إِنَّا نَحْنُ نَزَّلْنَا عَلَيْكَ ٱلْقُرآنَ تَنْزِيلاً.[1]

٢. الرسـول الأعظم ﷺ: مَنْ يَشْـفَع شـفاعَةً حَسَنَةً أَو أَمَرَ بِمَعروفٍ أَو نَهىٰ عَن مُنكَرٍ أَو دَلَّ عَلى خَيرٍ أَو أَشارَ بِه فَهُو شَرِيكٌ.[2]

٣. الإمام عليٌّ ﷿: عُقولُ ٱلْفُضَلاءِ فِي أَطرافِ أَقلامِها.[3]

١. سورة الدهر / الآية ٢٣.

٢. ميزان الحكمة، ج ١٠ / ص ٣٢٦.

٣. غرر الحكم / ص ٥٠٢.

فهرس المجلد التمهيدي

مبادئ العربية

المجلد الأول

للمعلم رشيد الشرتوني

تنقيح و إعداد

حميد المحمدي

بِسْمِ اللهِ الرَّحْمِنِ الرَّحِيمِ

الحمدُ للهِ على ما أنعمَ و الشُّكرُله على ما أولى و الصّلاةُ و السّلامُ على الهادي إلى الرشاد و أفصح مَن نَطَقَ بالضّاد سيّدنا و نَبيّنا أبي القاسم محمّدٍ و آلهِ الطّاهرينَ و صحبه المنتجبينَ.

قال اللهُ تعالى في محكم كتابه:

«إِنَّا أنزلناهُ قُرآناً عَربيّاً لعلَّكُمْ تَعْقِلُونَ»

كانت اللغةُ العربيةُ و ما زالت و ستبقى مفتاحَ كنوزِ التراثِ الإسلامي النفيس و المدخلَ إلى العلوم الإسلامية الغنيّة؛ فهي الأداةُ للنفاذ إلى حقائق القرآن و أسراره و السبيلُ للاطلاع على معاني السنّة الشريفة و أغوارها، و طريق معرفة الأدب العربي و آفاقه.

من هذا المنطلق دأَبَ السَّلفُ والخلفُ على حفظ و تدوين تلك الأمانةِ العظيمةِ، و تسابقوا مُخلصين في تأسيس علومها من النحو والصرف و البلاغة و في جمع آثارها شعراً و نثراً، كي يبقى بنيانها رصيناً، شامخاً، راسخاً، وطيدَ الدّعامة، مكينَ الأساس؛ و استحقّوا منّا على جهودهم الهائلة عظيمَ التّقدير و الثّناء، و من الله جزيلَ الثّواب و العطاء.

لقد انبرى العلماءُ المتقدّمون لتدوينِ الكتب اللّغوية «كالكافية و شروح الألفيّة و مغني اللّبيب في النحو، والشافية و شرح النظام في الصرف، وأساس البلاغة والمطوّل في البلاغة» بأساليب متنوّعة و مناهج مختلفة فجمعُوا القواعدَ في علم مستقل وفق ترتيب خاص؛ وهكذا امتاز علمُ النّحو عن علمِ الصرف وامتاز كلاهما عن البلاغة.

و هذه الكتبُ أدّت دوراً كبيراً في الحياة العلميّة بالرغم من كونها فاقدة للمواصفات التي يجب أن تتوفَّر في الكتاب الدِّراسي. والسببُ هو أنّ مؤلفيها لم يُدوّنوها لغرض التدريس بل لعرض المطالب والبحوث وما جادت به عبقريّتهم من آراء جديدة و من ثمَّ اعتمدها الخلف كتباً دراسيّة، بعد أن وجدها متناً علميّاً قابلاً للبحث و التحقيق.

و في الآونة الأخيرة دُوّنت كتبٌ دراسيةٌ لغوّية لهدف التدريس و كان من أفضلها كتاب «مبادئ العربية» بأجزائه الأربعة، لأنّه جاء مراعياً المنهج التعليمي الحديث و حاوياً لمزايا جليلة، منها:

١. المرحليّة والتدرّج في عرض المطالب.

٢. تهيئة الأرضيّة اللازمة في ذهن الطالب لتعلّم المسألة وذلك من خلال تصدير الدرس بمجموعة من الأسئلة التي تُثير ذهنَ الطالب لمعرفة واستنباط الجواب؛ علماً أنّ هذا التصدير والتقديم لم يؤدِّ إلى انقطاع في التسلسل المطلوب بحيث يكون الطالب قادراً على استيعاب و فهم المطالب من خلال مراجعة الأجوبة دون الأسئلة.

٣. استعمال الأساليب الحديثة في تنظيم و تنسيق المطالب، و هذا الأمر يؤدي إلى السهولة في التعليم و التعلم و إلى ترسيخ المطالب في الذهن.

٤. منح كل مسألة ما تستحقه من الأهمية فلذا تلاحظ أنّه ذكر في الجزء الثالث والرابع بعض المسائل التي ليس لها أهمية كبيرة تحت عنوان «فائدة» أو «فوائد» بالإضافة إلى أنّه أعرض عن المسائل التي لا ثمرة لها.

٥. تذييل أكثر الدروس بالتمارين المناسبة.

كلُّ هذه المزايا الجليلة جعلت من الكتاب متناً دراسياً معتمداً من قبل المراكز التعليمية في بعض البلدان. ولكن هذه التجربة لم تسلم من بعض الشوائب التي شوّهت جماله و أضعفت شأنه وجودته، فأصبح رفع تلك الشوائب أمنية في نفوس كثير من الأساتذة و هدفاً لدى بعض المراكز التعليمية و بعد الحثّ الأكيد والإصرار الشديد لتلك المراكز و الأساتذة الكرام مددتُ يدي لهذه المهمة وأردتُ تحقيقَ هدفين:

أ. نزع الشوائب ليستريح منها المعلم والمتعلم.

ب. منح الكتاب مزايا أُخرى تجعل منه كتاباً دراسياً نموذجياً.

ومن خلال عرض الملاحظات المذكورة أدناه سيتبين لك شوائب الكتاب وكيفية علاجها والمزايا التي أُضيفت إليه.

١. في أغلب المواضع من الأجزاء الأربعة لم يُضبَط النصّ من حيث إدراج الفوارز والنقاط وهمزات الوصل والقطع و... فقد قمنا برفع هذا النقص.

٢. انطواؤه على أخطاء مطبعية كثيرة حروفاً وحركات، واحتواؤه على مقدارٍ يسيرٍ من مطالب علمية غير صحيحة؛ ولقد سعينا إلى أن تكون هذه الطبعة خالية من الأخطاء المطبعية وغيرها، وأعددنا جدولاً عن بعض الأخطاء يمكن أن يُنشر لاحقاً.

٣. طباعة بعض الجمل في الجزء الرابع بخط دقيق بحيث يصعب على القارئ مطالعته كالجمل التي جاءت تحت عنوان «فوائد»؛ بالإضافة إلى سقوط بعض الحروف عن الطباعة أو أنها طُبعت بشكل غير مقروء وبغيةً لإخراج هذا الكتاب بحلة جميلة استفدنا أحدث آلات الطباعة.

٤. عرض شواهد وأمثلة تتعارض مع القيم الأخلاقية، مثلاً:
«في الخمر سِرّ ليس في العنب». وقد بدّلنا هذه الشواهد وأمثالها بشواهد أُخرى.

٥. ذكر شواهد مع عدم الإشارة إلى أنها من القرآن الكريم أو السنّة الشريفة بالإضافة إلى التصرف فيها أحياناً.

٦. فقدان التوازن في كمية تمارين الدروس حيث تلاحظ وفرة في عدد تمارين درس ما وندرة ذلك في درس آخر. فأوجدنا التعادل المطلوب بالحذف والإضافة.

٧. عدم التشجيع على إعراب الجمل وافتقاده لتمارين الإعراب. ولهذا اخترنا تمارين للإعراب عند نهاية كثير من الدروس تحت عنوان «إعراب القرآن والحديث».

٨. خلوّه من الأسئلة الاختبارية والتمارين التطبيقية الوافية في آخر كل بابٍ. ولا يخفى ما

لها من دورٍ إيجابي في ترسيخ المعلومات لأنهما يشكلان أسلوباً خاصاً في المراجعة، ولذا استحدثنا عنوانين «الأسئلة العامّة» و«التمارين العامّة» لملء الفراغ الحاصل.

و أخيراً نلفت نظر الأساتذة الكرام إلى أمرين هامّين:

أ. انطلاقاً من الهدف السامي لتعليم اللغة العربية أي الوصول إلى المعرفة الصحيحة لمفاهيم الدين الإسلامي الذي جعل تهذيب النفس و مكارم الأخلاق هدفاً للإنسان في سيره المعنوي والتكاملي نحو الله عزّوجلّ، توخّينا عرض عدّة آلاف من الشواهد المختارة من القرآن الكريم و من كتب أحاديث السنّة الشريفة كنهج البلاغة، بحار الأنوار، كنز العمال، تحف العقول، و ميزان الحكمة. و نهيب بالأساتذة الكرام الإشارة إلى مداليلها المعنوية و الروحية بالإضافة إلى توضيح فوائدها الأدبية واللغوية.

علماً أتّنا أبقينا بعض الشواهد العصرية والتي تشكل نصوصاً عربية جديدة ليطّلع الطالب على آخر النتاجات الأدبية والمصطلحات الجديدة.

ب. لقد قمت بهذه المهمة ـ و كما ذكرت سابقاً ـ بعد الإلحاح الشديد من قبل المراكز التعليمية و من قبل الأساتذه الكرام، وقد استغرق منا هذا العمل والجهد أربع سنوات؛ جمعنا وبوّبنا خلالها الشواهد اللازمة التي بلغت حوالي ثلاثة آلاف صفحة؛ ورغم ذلك لا ندري مبلغ توفيقنا ولكن الذي ندري هو أننا لم نأل جهداً في سبيل إخراج هذا الكتاب في ثوبٍ أجمل و ما نرجوه و نتوخاه من الأساتذة و العلماء الكرام إتحافنا بملاحظاتهم و انتقاداتهم القيمة.

و في الختام نشكر كلَّ مَن ساعدنا في إعداد وإخراج بعض مجلدات هذا الكتاب من الإخوة؛ فلهم من الله جزيل الثواب والتوفيق ومنا جميل الشكر و الثناء.

وأسأل الله مخلصاً أن يجعل هذا الكتاب نافعاً لأساتذة لغة القرآن الكريم و عوناً لطلابها و محققاً للهدف المرجوّ من إعداده، والله من وراء القصد.

حميد المحمدي
١٥ شعبان المعظم ١٤١٥ هـ

بسم الله الرحمن الرحيم

مبادئ العربية

في الصرف و النحو

المجلد التمهيدية

و

المجلد الأول

للمعلم رشيد الشرتوني

تنقيح وإعداد

حميد المحمدي

سرشناسه	:	الشرتونی، رشید، ۱۸۶۴ - ۱۹۰۶ م.
عنوان قراردادی	:	مبادئ العربیة فی الصرف والنحو. فارسی. برگزیده
مشخصات نشر	:	قم دارالعلم ۱۳۸۷
مشخصات ظاهری	:	۴ ج.
شابک: ج۱	:	۵-۷۶-۵۹۷۶-۹۶۴-۹۷۸
شابک دوره	:	۵-۱۱-۷۶۶۹-۹۶۴-۹۷۸
وضعیت فهرست‌نویسی	:	برون سپاری
یادداشت	:	فهرست‌نویسی براساس جلد دوم، ۱۳۸۷.
یادداشت	:	عربی
یادداشت	:	کتابنامه
موضوع	:	زبان عربی
شناسه افزوده	:	المحمدی، حمید
رده‌بندی کنگره	:	PJ۶۱۴۱ / ش۴م ۳۴ ۱۳۸۷الف
رده‌بندی دیویی	:	۴۹۲/۷۵
شماره کتابشناسی ملی	:	۵۴۲۲۳۵۱

مبادئ العربیة
المجلد التهمیدیة و المجلد الأول

المؤلف: رشید الشرتونی

تنقیح وإعداد: حمید المحمدی

المطبعة: منشورات دارالعلم

الکمیة: ۵۰۰ نسخه

السعر: ۴۵۰۰۰ توماناً

الطبعة: الثانیة و العشرون

عدد الصفحات: وزیری ۲۹۵ صفحه

دفتر مرکزی / قم خیابان معلم، میدان روح الله نبش کوچه ۱۹ پلاک ۱۰

تلفن / ۹-۳۷۷۴۴۲۹۸ فکس / ۳۷۷۴۱۷۹۸

دفتر تهران / خیابان انقلاب، ۱۲ فروردین، ساختمان تجاری ناشران

طبقه همکف شماره۱۸/۱۶ تلفن:۶۶۹۷۳۸۰۹-۶۶۹۵۵۴۰۵

مشهد / انتشارات کتاب شفاء - چهارراه شهداء - خیابان آیت الله بهجت ۲

مجتمع گنجینه کتاب - طبقه پایین ۴۰۹۱۵۳۰۱۳۷۰۸-۲۲۲۰۱۴۳-۰۵۱۱

چاپ / چاپ احسان قم، تلفن ۳۷۷۴۳۴۴۳

بسم الله الرحمن الرحيم

الحمدُ للهِ على ما أَنعمَ و الشُّكرُله على ما أولى و الصّلاةُ و السّلامُ على ٱلهادي إلى ٱلرشاد و أفصح مَن نَطَق بٱلضّاد سيّدنا و نَبيّنا أبي ٱلقاسم محمّدٍ و آلهِ ٱلطّاهرينَ و صحبه ٱلمنتجبينَ.

قال ٱلله تعالى في محكم كتابه:

«إنَّا أنزلناهُ قُرآناً عَربيّاً لَعلَّكُمْ تَعْقِلُونَ»

كانت اللغةُ العربيةُ و ما زالت و ستبقى مفتاحَ كنوزِ التراثِ الإسلامي النفيس و المدخلَ إلى العلوم الإسلامية الغنيّة، فهي الأداةُ للنفاذ إلى حقائق القرآن و أسراره و السبيلُ للاطلاع على معاني السنّة الشريفة و أغوارها، و طريق معرفة الأدب العربي و آفاقه.

مـن هـذا المنطلق دَأَبَ السَّلفُ و الخلفُ عـلى حفظ و تدوين تلك الأمانةِ العظيمةِ، و تسابقوا مُخلصين في تأسيس علومها من النحو والصرف و البلاغة و في جمع آثارها شعراً و نثراً، كي يبقى بنيانها رصيناً، شامخاً، راسخاً، وطيدَ الدّعامة، مكينَ الأساس، و استحقّوا منّا على جهودهم الهائلة عظيمَ التّقدير و الثّناء، و من الله جزيلَ الثّواب و العطاء.

لقـد انبـرى العلمـاءُ المتقدّمون لتدويـن الكتب اللّغوية «كالكافية و شروح الألفيّة و مغني اللّبيب في النحو، والشافية و شرح النظام في الصرف، وأساس البلاغة والمطوّل في البلاغة» بأساليب متنوّعة و مناهج مختلفة فجمعُوا القواعدَ في علم مستقل وفق ترتيب خاص، وهكذا امتاز علمُ النّحو عن علمِ الصرف وامتاز كلاهما عن البلاغة.

و هذه الكتبُ أدَّت دوراً كبيراً في الحياة العلميّة بالرغـم من كونها فاقـدة للمواصفات التي يجب أن تتوفَّر في الكتاب الدِّراسي. والسببُ هو أنّ مؤلفيها لم يُدوّنوها لغرض التدريس بـل لعـرض المطالـب والبحـوث وما جادت به عبقريّتهـم من آراء جديدة و مـن ثمّ اعتمدها الخلف كتباً دراسيّة، بعد أن وجدها متناً علميّاً قابلاً للبحث و التحقيق .

و في الآونة الأخيرة دُوّنت كتبٌ دراسيةٌ لغويّة لهدف التدريس و كان من أفضلها كتاب «مبادئ العربية» بأجزائه الأربعة، لأنّه جاء مراعياً المنهج التعليمي الحديث و حاوياً لمزايا جليلة، منها:

١. المرحليّة والتدرّج في عرض المطالب .

٢. تهيئة الأرضيّة اللازمة في ذهن الطالب لتعلّم المسألة وذلك من خلال تصدير الدرس بمجموعـة من الأسـئلة التـي تُثير ذهنَ الطالب لمعرفة واستـنباط الجواب، علماً أنّ هذا التصدير والتقديم لم يؤدِّ إلى انقطاع في التسلسـل المطلوب بحيث يكون الطالب قادراً على استيعاب و فهم المطالب من خلال مراجعة الأجوبة دون الأسئلة .

٣. استعمال الأساليب الحديثة في تنظيم و تنسيق المطالب، و هذا الأمر يؤدي إلى السهولة في التعليم و التعلم و إلى ترسيخ المطالب في الذهن .

٤. منح كل مسـألة ما تستحقه من الأهمية فلذا تلاحظ أنّه ذكر في الجزء الثالث والرابع بعض المسـائل التـي ليس لها أهمية كبيرة تحت عنوان «فائـدة» أو «فوائد» بالإضافة إلى أنّه أعرض عن المسائل التي لا ثمرة لها .

٥. تذييل أكثر الدروس بالتمارين المناسبة .

كلُّ هذه المزايا الجليلة جعلت من الكتاب متناً دراسياً معتمداً من قبل المراكز التعليمية في بعض البلدان. ولكـن هـذه التجربـة لم تسـلم مـن بعض الشـوائب التـي شـوّهت جماله و أضعفت شأنه وجودتـه، فأصبـح رفع تلك الشـوائب أمنية في نفوس كثير من الأسـاتذة و هدفاً لدى بعض المراكز التعليمية و بعد الحـث الأكيد والإصرار الشـديد لتلك المراكز و الأسـاتذة الكرام مددتُ يدي لهذه المهمة وأردتُ تحقيقَ هدفين:

أ.   نزع الشوائب ليستريح منها المعلم و المتعلم.

ب. منح الكتاب مزايا أُخرى تجعل منه كتّاباً دراسياً نموذجياً.

و مـن خـلال عـرض الملاحظـات المذكورة أدنـاه سيتبين لـك شوائب الكتاب و كيفية علاجها والمزايا التي أُضيفت إليه.

١.   في أغلب المواضع من الأجزاء الأربعة لم يُضبَط النصّ من حيث إدراج الفوارز والنقاط و همزات الوصل والقطع و... فقد قمنا برفع هذا النقص.

٢.   انطواؤه على أخطاء مطبعية كثيرة حروفاً و حركات، واحتواؤه على مقدارٍ يسيرٍ من مطالب علمية غير صحيحة، ولقد سعينا إلى أن تكون هذه الطبعة خالية من الأخطاء المطبعية و غيرها، وأعددنا جدولاً عن بعض الأخطاء يمكن أن يُنشر لاحقاً.

٣.   طباعـة بعـض الجمـل في الجزء الرابع بخـط دقيق بحيث يصعب على القـارئ مطالعته كالجمـل التـي جـاءت تحت عنـوان «فوائد»، بالإضافة إلى سـقوط بعض الحروف عن الطباعـة أو أنّها طُبعت بشـكل غير مقروء و بغيـةً لإخراج هـذا الكتاب بحلة جميلة استفدنا أحدث آلات الطباعة.

٤.   عرض شواهد وأمثلة تتعارض مع القيم الأخلاقية، مثلاً: «في الخمر سِرّ ليس في العنب». وقد بدّلنا هذه الشواهد و أمثالها بشواهد أُخرى.

٥.   ذكر شـواهد مع عدم الإشـارة إلى أنّها من القرآن الكريم أو السـنّة الشريفة بالإضافة إلى التصرف فيها أحياناً.

٦.   فقدان التوازن في كمية تمارين الدروس حيث تلاحظ وفرة في عدد تمارين درس ما و ندرة ذلك في درس آخر. فأوجدنا التعادل المطلوب بالحذف و الإضافة.

٧.   عـدم التشـجيع عـلى إعراب الجمـل وافتقاده لتمارين الإعراب. و لهذا اخترنا تمارين للإعراب عند نهاية كثير من الدروس تحت عنوان «إعراب القرآن و الحديث».

٨.   خلوّه مـن الأسئلة الاختبارية و التمارين التطبيقيـة الوافية في آخر كل بابٍ. ولا يخفى ما

لها من دورٍ إيجابي في ترسيخ المعلومات لأنّهما يشكلان أسلوباً خاصاً في المراجعة، ولذا استحدثنا عنوانين «الأسئلة العامّة» و «التمارين العامّة» لملء الفراغ الحاصل.

و أخيراً نلفت نظر الأساتذة الكرام إلى أمرين هامّين:

أ. انطلاقاً من الهدف السامي لتعليم اللغة العربية أي الوصول إلى المعرفة الصحيحة لمفاهيم الدين الإسلامي الذي جعل تهذيب النفس و مكارم الأخلاق هدفاً للإنسان في سيره المعنوي والتكاملي نحو الله عزّوجلّ، توخّينا عرض عدّة آلاف من الشواهد المختارة من القرآن الكريم و من كتب أحاديث السنّة الشريفة كنهج البلاغة، بحار الأنوار، كنزالعمال، تحف العقول، و ميزان الحكمة. و نهيب بالأساتذة الكرام الإشارة إلى مداليلها المعنوية و الروحية بالإضافة إلى توضيح فوائدها الأدبية واللغوية.

علماً أنّنا أبقينا بعض الشواهد العصرية والتي تشكل نصوصاً عربية جديدة ليطّلع الطالب على آخر النتاجات الأدبية والمصطلحات الجديدة.

ب.لقد قمت بهذه المهمة - و كما ذكرت سابقاً - بعد الإلحاح الشديد من قبل المراكز التعليمية و من قبل الأساتذه الكرام، وقد استغرق منا هذا العمل والجهد أربع سنوات، جمعنا وبوّبنا خلالها الشواهد اللازمة التي بلغت حوالي ثلاثة آلاف صفحة، ورغم ذلك لا ندري مبلغ توفيقنا ولكن الذي ندري هو أننا لم نأْلُ جهداً في سبيل إخراج هذا الكتاب في ثوبٍ أجمل و ما نرجوه و نتوخاه من الأساتذة و العلماء الكرام إتحافنا بملاحظاتهم و انتقاداتهم القيمة.

و في الختام نشكر كلَّ مَن ساعدنا في إعداد وإخراج بعض مجلدات هذا الكتاب من الإخوة الفضلاء، فلهم من الله جزيل الثواب والتوفيق ومنا جميل الشكر و الثناء.

وأسأل الله مخلصاً أن يجعل هذا الكتاب نافعاً لأساتذة لغة القرآن الكريم و عوناً لطلابها و محققاً للهدف المرجوّ من إعداده، والله من وراء القصد.

حميد المحمدي
١٥ شعبان المعظم ١٤١٥ هـ

الحروف الصحيحة والمعتلة

١. ماذا تُسمّى حروف الأبجدية؟

تُسَمَّى حُروفُ الأَبَجَدِيَّةِ الحُروفَ الهِجائِيَّة.

| ا ب ت ث ج ح خ د ذ ر ز س ش ص |
| ض ط ظ ع غ ف ق ك ل م ن هـ و ي |

٢. ماذا تُسمّى الألف والواو والياء؟

تُسَمَّى «الأَلِف» و«الوَاو» و«اليَاء» حُروفَ العِلَّةِ.

۞ والعِلَّةُ هي المرض، التبديل الطارئ على هذه الحروف، من تغيير في اللفظ أو الحذف في الكتابة أحياناً.

٣. ماذا تُسمّى باقي الحروف؟

تُسَمَّى باقي الحُروفِ الحُروفَ الصَّحيحَةَ.

تمرين١. ميّز حروفَ العلّة مِن الحروفِ الصحيحة:

١. القرآن الكريم: وَ أَن لَيسَ لِلإنسانِ إلّا ما سَعىٰ ٭ وَ أَنَّ سَعيَهُ سَوفَ يُرىٰ.[١]

٢. القرآن الكريم: إذا قَضىٰ أَمراً فَإنَّما يَقولُ لَهُ كُن فَيَكونُ.[٢]

٣. القرآن الكريم: إنَّهُ كانَ غَفوراً رَحيماً.[٣]

٤. الرّسول الأعظم ﷺ: اَلهَديّةُ تُورِثُ المَودّةَ.[٤]

تمرين٢. تَلفَّظ بالكلمات القرآنيّة التابعة لفظاً صحيحاً فارقاً بين الحروف المتشابهة:

(ث س ص، ت ط، ذ ز ظ ض، د، ق ك)

ثَبِّتْ، سَمِعَ، صَلَحَ، تَبِعَ، طَلَحٍ، ذاهِبٌ، زَهْرة، ظَلَّ، عَدَسٍ،

صَرْصَر، تَضْحىٰ، دَأبٍ، صَوْتُ، قَسَمٌ، قُطِعَ، كادِحٌ، كَرِهَ، طَبَعَ.

---

١. سورة النجم / الآيتان ٣٩ و٤٠.

٢. سورة آل عمران / الآية ٤٧.

٣. سورة الفرقان / الآية ٦.

٤. ميزان الحكمة، ج ١٠ / ص ٢٣٦.

-٢-

الحركات

٤. ما هي الحركات؟

الحَرَكاتُ أَصواتٌ تُساعِدُنا في لَفْظِ الحُروفِ الهِجائيَّةِ و هيَ مُشابِهةٌ لَفْظاً لِحُروفِ العِلَّةِ الثَّلاثَةِ:

فَالضَّمَّةُ	ُ	تُشابِهُ «الواو»
و َالفَتْحَةُ	َ	تُشابِهُ «الألِف»
وَالكَسرةُ	ِ	تُشابِهُ «الياء»

٥. أين ترسم الفتحة و الضمّة؟

تُرْسَمُ الفَتْحَةُ وَ الضَّمَّةُ مِنْ فَوْقِ الحَرْفِ، نَحو: رَكَضَ الوَلَدُ.

٦. أين ترسم الكسرة؟

تُرْسَمُ الكَسرةُ مِنْ تَحتِ الحَرْفِ، نَحو: عَلِمَ بِالخَبَرِ.

تمرين ٣. أُرسُم الحركات على الألفاظ التابعة:

مِثْل «ضَرَبَ»: لمع، شق، كمل، برد، ركض.

مِثْل «سَخُنَ»: فضل، كرم، لؤم، ظرف، حسن.

مِثْل «كِرامٌ»: لئام، سهام، نبال، عطاش، قيام.

– ٣ –

السكون و التنوين

٧. ما هو السكون؟

السُّكونُ دائِرَةٌ صَغيرةٌ تُرْسَمُ فَوْقَ الحَرْفِ لِلدَّلالَةِ على عَدَمِ الحَرَكَةِ، نَحو: حَسَن، حُسْن.

(نَلْفِظُ «السين» في الكَلِمَةِ الثَّانِيةِ بِدونِ حَرَكَةٍ).

٨. ما هو التنوين؟

التَّنْوينُ أَنْ نَرْسُمَ الحَرَكَةَ الواحِدَةَ مَرَّتَيْنِ في آخِرِ الكَلِمَةِ، وَ أَنْ نَلْفِظَها كَأَنَّ بَعْدَها نونٌ ساكِنَةٌ، نَحو:

وَلَدُ ← وَلَدٌ نَلْفِظُها كَأَنَّنا كَتَبْناها: وَلَدُنْ.

٩. هل تكتب تنوين الفتح وحده؟

كَلّا. أَكْتُبُ مَعَ تَنْوينِ الفَتْحِ حَرْفَ الأَلِفِ إِلّا بَعْدَ التَّاءِ المَقْصورَةِ، نَحو:

بَيْت جَديد: بَيْتاً جَديداً لُؤْلُؤَة كَبيرَة: لُؤْلُؤَةً كَبيرَةً.

تمرين٤. أُرسُــم تنوين الضمّ و الفتح و الكسر في آخر الكلمات التابعة:

بِضاعَة، شاب، مَدِينة، تاجِر، مَرْكَب، سَفَر، جَمَيع، مَلِك، بَيت، أَهْل شُجاع، جَواد، طابَة، مَلعَب، شمس، علوم، معتدل، عليل، ثابت .

§ ٤ §

الحروف الشمسيّة و القمريّة

١٠. كم نوعاً الحروف الهجائية إذا تقدمتها «أل»؟

إذا تَقَدَّمَتْها «أَلْ» الْحُروفُ الهِجائيّة نَوْعان: شَمْسِيّةٌ و قَمَريّةٌ.

١١. ما هي الحروف الشّمسيّةُ؟

الْحُروفُ الشَّمسِيَّةُ هِيَ الَّتي لا نَلْفُظ مَعَها لام «أل» فَنُعَوِّضُ عَنْها بِتَشْدِيدِ الْحَرْفِ: نَكْتُب: الشَّمْس وَ نَلْفَظ: ا(ل)شَّمْس.

> الحروفُ الشمسيَّةُ ١٤ حرفاً:
> ت، ث، د، ذ، ر، ز، س، ش، ص، ض، ط، ظ، ل، ن

١٢. ما هي الحروفُ القمريّة؟

الْحُروفُ القَمَريَّةُ هِيَ الَّتي نَلْفُظ مَعَها لام «أل»: نَكْتُب: اَلْقَمَر وَ نَلْفُظ: اَلْقَمَر.

> الحروفُ القَمَريَّةُ ١٤ حرفاً:
> ا، ب، ج، ح، خ، ع، غ، ف، ق، ك، م، ه، و، ي

تمرين٥. اِنسَخ و اجْمع الحروف الشمسيّة على حدةٍ و القمريّة على حدةٍ:

س، ش، ص، ج، ض، ح، ت، ع، ث، غ، ذ، ف، ر،
ق، ز، ك، ظ، ل، م، ن، ه، ط، و، ا، ب، خ، د، ي.

تمرين٦. أدخل «أل» على الكلمات القرآنية التابعة مشدّداً الحرف الشمسي:

أَمر، مَلِك، عِظام، كِتاب، يَوْم، نَصْر، صُدُور، وَكِيل، طَيِّب، غُرور،
فَضْـل، سَلَم، حِكْمة، رُسُـل، قِسْط، جُرُوح، خَلْق، بَحْر، ظالِمـينَ،
هُدْهُد، ثُلْث، تَوْبة، درك، ذُكُور، زَكاة، شمس، ضَرَر، لَطِيف.

المدّة و الشدّة و الهمزة

١٣. ما هي الضَّوابط؟

الضَّوابِطُ عَلاماتٌ تُرافِقُ أَحْياناً الحَرْفَ وَ تَدُلُّ على طَريقَةِ لَفْظِهِ وَ هِيَ أَرْبَعَةٌ:

* الشَّدَّةُ (ـّ)

* وَالمَدَّةُ (آ)

* وَهَمْزَةُ الوَصْلِ (ٱ)

* وَهَمْزَةُ القَطْعِ (أ إ)

١٤. على أي شيء تدلّ الشدّة؟

تَدُلُّ الشَّدَّةُ على أَنَّ الحَرْفَ حَرْفانِ، نَحو: مَدَّ ← مَدَدَ = مَدَّ.

١٥. على أي شيء تدلّ المدّة؟

تَدُلُّ المَدَّةُ على أَنَّ الأَلِفَ أَلِفانِ، نَحو: آب ← أَأْب = آب.

١٦. ما هي همزةُ القطع؟

هَمزَةُ القَطع هَمزَةٌ تُلْفَظُ أَيْنَما وَقعتْ، أَيْ:

* في أَوَّلِ الكَلامِ، نحو: أَبي فَرِحَ.

* أو في نِصْفِ الكَلام، نحو: فَرِحَ أَبي.

١٧. ما هي همزةُ الوصل؟

هَمزَةُ الوَصلِ هَمزَةٌ تُلْفَظُ فَقَطْ في أَوَّلِ الكَلامِ وَ لا تُلْفَظُ أَبداً في نِصْفِه، نَحو:

«اُدْرُسْ يا صَغيرُ» لكِنَّنا نَقولُ: يا صَغيرُ(ا) دْرُسْ.

تمرين ٧. اِقرأ النصوص التالية، قراءةً صحيحةً:

١. القرآن الكريم: إِذَا جَاءَ نَصْرُ اللهِ وَ الْفَتْحُ ۞ وَ رَأَيْتَ النَّاسَ يَدْخُلُونَ فِي دِينِ اللهِ أَفْوَاجاً ۞ فَسَبِّحْ بِحَمْدِ رَبِّكَ وَ اسْتَغْفِرْهُ إِنَّهُ كَانَ تَوَّاباً.[1]

٢. القرآن الكريم: قُلْ هُوَ اللهُ أَحَدٌ ۞ اللهُ الصَّمَدُ ۞ لَمْ يَلِدْ وَ لَمْ يُولَدْ ۞ وَ لَمْ يَكُنْ لَهُ كُفُواً أَحَدٌ.[2]

٣. الإمام عليٌّ عليه السلام: الْحِلْمُ غِطَاءٌ سَاتِرٌ وَ الْعَقْلُ حُسَامٌ قَاطِعٌ، فَاسْتُرْ خَلَلَ خُلُقِكَ بِحِلْمِكَ وَ قَاتِلْ هَوَاكَ بِعَقْلِكَ.[3]

تمرين ٨. أُرسم الضوابط و الحركات على الكلمات التابعة:

الأمثلة		الكلمات
إِكْرَام	:	اعلان، اسلام، اسرار، امهال.
مَدَّ	:	شد، لم، زل، مل.
مَدَّدَ	:	شدد، حدد، عرض، بجل.
اِجْلِسْ	:	احسب، اضرب، اهلك، احرس.
مُمَهِّدٍ	:	مسدد، مكرم، محول، مشدد.
آدَاباً	:	ابار، امالا، اجالا، ابالا.

١. سورة النصر / الآيات ١ ‑ ٣.

٢. سورة الإخلاص / الآيات ١ ‑ ٤.

٣. نهج البلاغة / الحكمة ٤١٦.

– ٦ –

أنواع الكلمة

١٨. ما هي أنواع الكلمة؟

تكونُ الكَلِمَةُ فِعْلاً أَوِ اسْماً أَوْ حَرْفاً.

١٩. ما هو الفعل؟

اَلفِعْلُ كَلِمَةٌ تَدُلُّ على حالةٍ أَوْ عَمَلٍ في زَمَنٍ ماضٍ أَوْ حاضِرٍ أَوْ مُسْتَقْبِلٍ،

نَحو: لَعِبَ سَميرٌ فَجاعَ. يَلْعَبُ سَميرٌ فَيَجوعُ. اِلْعَبْ يا سَميرُ وَجُعْ.

٢٠. ما هو الاسم؟

اَلاسْمُ كَلِمَةٌ تَدُلُّ على شَخْصٍ أَوْ على حَيَوانٍ أَوْ على شَيءٍ أَوْ على صِفَةٍ، نَحو: سَميرٌ

يَرْكَبُ حِماراً و بِيَدِهِ دَفْتَرٌ أَزْرَقُ.

٢١. ما هو الحرف؟

اَلحَرْفُ كَلِمَةٌ لا يَتِمُّ مَعْناها إلّا إذا جاءَ بَعْدَها اسْمٌ أَوْ فِعْلٌ، نَحو: عَلى، حَتّى. فَلا يَتِمُّ

مَعْناهُما إلّا مَعَ اسْمٍ أَوْ فِعْلٍ:

وَقَفَ عَلى الرَّصيفِ حَتّى مَرَّتِ السَّيّاراتُ.

تمرين ٩. عيّن الفعل و الاسم و الحرف في الكلمات التي تحتها الخط:

١. القرآن الكريم: قَالَ رَبِّ إِنِّي ظَلَمْتُ نَفِسِى فَاغْفِرْلِى فَغَفَرَلَهُ.[1]

٢. القرآن الكريم: قَدْ أَفْلَحَ مَن تَزَكَّى ۞ وَ ذَكَرَاسْمَ رَبِّهِ فَصَلَّى.[2]

٣. القرآن الكريم: تَبَّتْ يَدا أَبِى لَهَبٍ وَ تَبَّ ۞ مَا أَغْنَى عَنْهُ مَالُهُ وَ مَا كَسَبَ.[3]

٤. القرآن الكريم: إِنَّ اللهَ يَأْمُرُكُمْ أَن تُؤَدُّوا الأَمَانَاتِ إِلَى أَهْلِهَا.[4]

٥. الإمام عليّ عليه‌السلام: رَحِمَ اللهُ امْرَءً عَرَفَ قَدْرَه وَ لَمْ يَتَعَدَّ طَوْرَه.[5]

٦. الإمام الصادق عليه‌السلام: مَن مَلَكَ نَفْسَهُ إِذا رَغِبَ وَ إِذا رَهِبَ وَ إِذا اشْتَهَى وَ إِذا
غَضِبَ وَ إِذا رَضِيَ حَرَّمَ اللهُ جَسَدَه عَلَى النّارِ.[6]

تمرين ١٠. عيّن الاسم الدال على شخص أو على حيوان أو شيء أو صفة:

عَسَـل، حُلْو، لَـوز، بَغـل، حِصـان، إِسكَنْدَر، سَلِيم، ثَمَر
ظَرِيـف، عـالٍ، خَلِيـل، غَـزال، كَرِيم، فَرخ، دَجاجَة، أَسَد
قلَم، سَيّارة، دَرّاجَة، بَطَل، سَمِيح، سَموح، كُرسِيّ، سُلَّم.

---

١. سورة القصص / الآية ١٦.

٢. سورة الأعلى / الآيتان ١٤ و ١٥.

٣. سورة المسد / الآيتان ١ و ٢.

٤. سورة النساء / الآية ٥٨.

٥. ميزان الحكمة، ج ٤، ص ٧٨.

٦. بحارالأنوار ج ١٧، ص ٣٨٣.

$$- \ \text{٧} \ -$$

الفعل الماضي و الضمير المنفصل

٢٢. على أي شيء يدل الفعل الماضي؟

يَدُلُّ الفِعْلُ الماضي على حالَةٍ أَوْ عَمَلٍ وَقَعا في زَمانٍ سابِقٍ، نحو:
مَرِضَ جَميلٌ (البارِحَة). أَكَلْتُ تُفاحَةً (هذا الصَّباح).

٢٣. ما هو الضمير؟

الضَّميرُ كَلِمَةٌ تُسْتَعْمَلُ لِلدَّلالَةِ على شَخْصٍ غائِبٍ أَوْ شَخْصٍ مُخاطَبٍ أَوْ
شَخْصٍ مُتَكَلِّمٍ، نحو: «هُوَ» لِشَخْصٍ غائِبٍ. «أَنْتَ» لِشَخْصٍ مُخاطَبٍ. «أَنا»
لِشَخْصٍ مُتَكَلِّمٍ.

تصريف الفعل المضارع مع الضمائر			
هُمْ دَرَسوا	هُما دَرَسا	هوَ دَرَسَ	الغائب
هُنَّ دَرَسْنَ	هُما دَرَسَتا	هيَ دَرَسَتْ	الغائبة
أَنْتُم دَرَسْتُمْ	أَنْتُما دَرَسْتُما	أَنْتَ دَرَسْتَ	المخاطب
أَنْتُنَّ دَرَسْتُنَّ	أَنْتُما دَرَسْتُما	أَنْتِ دَرَسْتِ	المخاطبة
نَحْنُ دَرَسْنا	نَحْنُ دَرَسْنا	أَنا دَرَسْتُ	المُتَكلِّم

٢٤. كيف تسمّى الضمائر الّتي تسبق الفعل في هذا الجدول؟

هي الضَّمائِرُ المُنْفَصِلَةُ الَّتي تُسْتَعْمَلُ أَيْضاً وَحْدَها مُنْفَصِلَةً عَنِ الفِعْلِ:

	أَنْتَ أَنْتُما أَنْتُمْ	هُوَ هُما هُمْ
أَنا نَحْنُ	أَنْتِ أَنْتُما أَنْتُنَّ	هيَ هُما هُنَّ

تمرين ١١. أُكتب الأفعال المناسبةَ محلَّ الفراغ:

(خَرَجَ، رَأَى، قال، مَشىٰ، قَرُبَ، رَجَعَ، بَعُدَ، غابَتْ، تَقَلَّبَ)

.... السِّنْدبادُ مِنْ ذَلِكَ المَكانِ و .... في الجَزيرَةِ حَتَّى ....

عَنِ المَغارَةِ. وَ .... رَجُلاً راعِياً جالِساً عَلىٰ شَيءٍ مُرْتَفِعٍ. وَ لَمَّا ....

السِّنْدباد مِنهُ .... لَهُ الرّجُلُ: «ارْجَعْ إلى خَلْفِكَ وَ امْشِ في الطَّريقِ

الَّذي عَلىٰ يَمينِكَ» .... السِّنْدبادُ إلى خَلْفِهِ وَ مَشىٰ حَتَّى ....

الشَّمْسُ فَلَمْ يأْتِهِ في تِلْكَ اللَّيْلَةِ نَوْمٌ مِنْ شِدَّةِ الخَوْفِ. لٰكِنَّهُ .... في

فِراشِهِ حَتَّى الصَّباحِ.

تمرين ١٢. أُكتب محلَّ الفراغ فِعلاً أو ضميراً حسب المعنى:

هُو ....،   أنتِّ ....   أنتِ ....   أنتم ....

هِي ....،   نَحن ....   أنتما ....،   أنتَ ....

.... لَعِبوا،   ...... فَرِحْنا،   .... غَسلَتُ،   ...... دَرَسْتَ

.... وَقَعْتُ،   ...... ضَربْتُمْ،   ....قَرُبَ،   .....ذهبتما

تمرين ١٣. عيّن الأفعال الماضية في العبارات التابعة:

١. القرآن الكريم: قَالَ رَبِّ إِنِّي ظَلَمْتُ نَفْسِي فَاغْفِرْلِي فَغَفَرَلَهُ.[1]

٢. القرآن الكريم: وَ وَهَبْنَا لَهُ إِسْحَاقَ وَ يَعْقُوبَ نافِلَةً وَ كُلّاً جَعَلْنَا صَالِحِينَ.[2]

٣. القرآن الكريم: وَعَدَ اللهُ الَّذينَ آمَنُوا وَ عَمِلُوا الصَّالِحَاتِ لَهُمْ مَغْفِرَةٌ وَ أَجْرٌ عَظيمٌ.[3]

---

١. سورة القصص / الآية ١٦.

٢. سورة الأنبياء / الآية ٧٢.

٣. سورة المائدة / الآية ٩.

٤. الإمام عليٌّ ﷺ: مَن كَرُمَت عَلَيه نَفسُه، هانَت عَليهِ شَهواتُه.[1]

٥. الإمام عليٌّ ﷺ: النّاسُ أعداءُ ما جَهِلُوا.[2]

٦. الإمام الهادي ﷺ: الدُّنيا سُوقٌ رَبِحَ فِيها قَومٌ و خَسِرَ الآخرونَ.[3]

١. نهج البلاغة / الحكمة ٤٤١.

٢. نهج البلاغة / الحكمة ٤٣٠.

٣. ميزان الحكمة، ج ٣ / ص ٢٩٢.

الفعل المضارع

٢٥. على أي شيء يدلّ الفعل المضارع؟

يَدُلُّ الفِعْلُ المُضارِعُ عَلَى حَالَةٍ أَوْ عَمَلٍ يَقَعانِ في زَمَنٍ حاضِرٍ أَوْ مُسْتَقْبَلٍ، نَحْوَ:
يَجْتَهِدُ رِياضٌ في الْمَدْرَسَةِ فَيَنْجَحُ في الامْتِحانِ.

❊ فَإِنَّهُ يَجْتَهِدُ الْيَوْمَ (وَ هُوَ زَمَنٌ حاضِرٌ).

❊ وَيَنْجَحُ بَعْدَ مُدَّةٍ (أَي في زَمَنِ الْمُسْتَقْبَلِ).

٢٦. من أين يؤخذ الفعل المضارع؟

يُؤْخَذُ الفِعْلُ المُضارِعُ مِنَ الفِعْلِ الماضي بِزِيادَةِ أَحَدِ أَحْرُفِ المُضارَعَةِ في أَوَّلِهِ،
نَحْوَ:

يَدْرُسُ سَميرٌ وَيَنالُ الْعَلاماتِ الْمُمْتازَةَ.

أَحْرُفُ المُضارَعَةِ الَّتي تُزادُ في أَوَّلِ الماضي			
تَ	يَ	نَ	أَ
تُ	يُ	نُ	أُ

٢٧. ما هي حركة أحرف المضارعة؟

تَكونُ أَحْرُفُ المُضارِعَةِ:

❈ مَضْمومَةً مَعَ الماضي الرُّباعي «أي المُرَكَّبِ مِنْ أَرْبَعَةِ أَحْرُفٍ»، نحو:

أَكْرَمَ ← يُكْرِمُ   وَسْوَسَ ← يُوَسْوِسُ

❈ و مَفْتُوحَةً مَعَ غَيْرِهِ، نحو: دَرَسَ ← يَدْرُسُ. اشْتَغَلَ ← يَشْتَغِلُ.

تصريف الفعل المضارع مع الضمائر			
هُمْ يَدْرُسُونَ	هُما يَدْرُسانِ	هوَ يَدْرُسُ	الغائب
هُنَّ يَدْرُسْنَ	هُما تَدْرُسانِ	هِيَ تَدْرُسُ	الغائبة
أَنْتُم تَدْرُسونَ	أَنْتُما تَدْرُسانِ	أَنْتَ تَدرُسُ	المخاطب
أَنْتُنَّ تَدْرُسْنَ	أنتما تَدْرُسانِ	أَنْتِ تَدْرُسينَ	المخاطبة
نَحْنُ نَدْرُسُ	نَحْنُ نَدْرُسُ	أَنا أَدْرُسُ	المُتَكَلِّم

تمرين ١٤. صُغِ المضارع من الأفعال الآتية:

لَعِبَ، سَكَتَ، أَكَلَ، شَرِبَ، جَلَسَ، كَتَبَ، فَهِمَ، اِسْتَفْهَمَ، أَدَّبَ، مَرَّنَ، هَاجَرَ، سَمِعَ، خَبَّرَ، تَقَدَّمَ، رَقَصَ، قَرُبَ، ضَرَبَ، تَرَحَّمَ.

تمرين ١٥. أُكتب هذه الجمل في صيغة الماضي:

١. أَحفَظُ الدَّرسَ.

٢. نَفهَمُ المعنى.

٣. يَطمَئِنُّ البالُ.

٤. هذا التّلميذُ يَربَحُ الجائِزَةَ.

٥. الحِصانُ يَجُرُّ العَجَلاتِ.

٦. الكلبُ يَحرِسُ الدُّورَ.

٧. يَأكُلُ الخروفُ عُشْباً.

٨. الحِمارُ يَصبِرُ عَلى التَّعَبِ.

٩. يَصيحُ الدِّيكُ طُلوعَ الفجرِ.

تمرين ١٦. أُكتب الأفعال المناسبة في محل الفراغ:

مثلاً: [خَرَجَ] يَخْرُجُ السِّندباد مِن ذلكَ المَكان ....

أَشارَ، خَرَجَ، أَرادَ، رأى، قال، أَقبَل، مَشى، جَلَس، قَرُب، رَجَع، بَعُدَ، غابَتْ، تَقَلَّبَ.

ثُمَّ ..... السِّنْدباد مِنْ ذَلِكَ المَكانِ و ..... في الجَزيرَةِ حَتَّى ...... عَنِ المَغارَةِ. وَ ...... رَجُلاً جالِساً عَلى شَيءٍ مُرْتَفِعٍ. وَلَمّا ...... السِّنْدباد مِنهُ ..... لَهُ الرّجُلُ: «ارْجَعْ إلى خَلْفِكَ وَ امشِ في الطَّريقِ الّذي عَلى يَمينِكَ»

..... السِّنْدباذُ إلى خَلْفِهِ كَما .... الرَّجُلُ وَمَشىٰ حَتّى ..... الشَّمْسُ وَ ...... الظَّلامُ. ثُمَّ ..... و ..... النَّوْمَ ، فَلَمْ يَأْتِهِ في تِلْكَ اللَّيْلَةِ نَوْمٌ مِنْ شِدَّةِ الخَوْفِ وَ الجُوعِ وَ التَّعَبِ. لكِنَّهُ ...... في فراشِه حتَّى الصّباحِ.

تمرين ١٧. عين الأفعال المضارعة في المحل التالية:

١. القرآن الكريم: إنَّ الله يَعلَمُ ما تَفعلُونَ.[١]

٢. القرآن الكريم: وَ لَقَدْ نَعلَمُ أنَّكَ يَضيقُ صَدرُكَ بِما يَقُولُونَ.[٢]

٣. القرآن الكريم: يَعلَمُ سِرَّكُم و جَهْرَكُم وَ يعلَمُ ما تَكسِبُونَ.[٣]

٤. الإمام عليٌّ عليه‌السلام: النّفاقُ يُفسِدُ الإيمانَ.[٤]

٥. الإمام عليٌّ عليه‌السلام: بالعَفوِ تَنزِلُ الرّحمةُ.[٥]

---

١. سورة النحل / الآية ٩١.

٢. سورة الحجر / الآية ٩٧.

٣. سورة الأنعام / الآية ٦.

٤. ميزان الحكمة، ج ١٠ / ص ١٢٥.

٥. غرر الحكم، ج ١ / ص ٣٣٦.

- ٩ -

فعل الأمر

٢٨ . على أي شيء يدل فعل الأمر؟

يَدُلُّ فِعْلُ الأَمْرِ عَلَى طَلَبِ حالَةٍ أو طَلَبِ وُقوعِ عَمَلٍ، نَحو:

كُنْ مُجْتَهِداً. اِلْعَبْ مَعَ رِفاقِكَ .

٢٩ . من أين يُؤخذ فعل الأمر؟

يُؤخَذُ فِعْلُ الأَمْرِ مِنَ الفِعْلِ المُضارِعِ.

٣٠ . كيف يُؤخذ الأمر من المضارع؟

يُحْذَفُ مِنْ أَوَّلِ المُضارِعِ حَرْفُ المُضارَعَةِ ويُزادُ هَمْزَةٌ على المَبْدوءِ بِحَرْفٍ ساكِنٍ، نَحو:

يَلْعَبُ ← (يَ)لْعَبُ ← اِلْعَبُ،

ثُمَّ يُرْسَمُ سكونٌ في آخِرِ الفِعْلِ: اِلْعَبُ ← اِلْعَبْ.

تصريف فعل الأمر مع الضمائر			
أَنْتُم آدْرُسوا	أَنْتُما آدْرُسا	أَنْتَ آدْرُسْ	المخاطب
أَنْتُنَّ آدْرُسْنَ	أَنْتُما آدْرُسا	أَنْتِ آدْرُسي	المخاطبة

تمرين ١٨. حوّل الأفعال المضارعة إلى أمر:

يَتَحَرَّكُ، يَتَنازَلُ، يَتَرَحَّمُ، يَخْبِرُ يَلْعَبُ، يُفَصِّلُ، يَتَكَلَّمُ، يَسْتَحْضِرُ، يُحْسِنُ، يَرْتَفِعُ، يَشْرَبُ، يَسْقُطُ، يَنْزِلُ، يَصْعَدُ، يُكْرِمُ.

تمرين ١٩. رُدّ أفعال الأمر إلى أفعالٍ مضارعةٍ ثُمّ إلى ماضية:

أُنْظُرْ، أَخْبِرْ، اِنْصَرِفْ، اِسْمَعْ، أَنْصِتْ، سَلِّمْ، وَدِّعْ، كَلِّمْ اِشْرَبْ، سافِرْ، اِلْعَبْ، أُدْرُسْ، ضَيِّعْ، مَلِّقْ، عَجِّلْ، أُرْكُضْ .

تمرين ٢٠. ضع محل الفراغ الفعل المناسب بصيغة الأمر:

نَهَضَ، خافَ، شَكَرَ، رَجَعَ، وَقَفَ، تابَعَ، اِسْتراحَ، مَشى، نَامَ، شَرِبَ.
قالَ الرّجُلُ لِلسِّنْدباد: ..... إلى خَلْفِكَ و ...... في الطّريقِ الّذى عَلى يَمينِكَ. لا ..... حَتّى تَغيبَ الشّمسُ ثُمّ ...... و .... بِهناءٍ ولا ..... أبداً في اللّيلِ. وعِندَ الصّباح ...... سَريعاً و ...... مِن نَبع الماءِ القَريبِ. و هُناكَ تَجِدُ رَجُلاً يَدُلُّكَ عَلى طريقِ المدِينةِ فَ...... و ..... سَفَرَكَ.

تمرين ٢١. ضع الضمائر الموافقة محل الفراغ لكلمات القرآنية:

......اِحْمِلْ، اخْشَوْا......، أَخْلِصُوا......، أُدْخُلا......، أُسْجُدى........

الفعل الصحيح و الفعل المعتل

٣١. ما هو الفعل الصحيح؟

الفِعْلُ الصَّحيحُ هُوَ الَّذي لَيسَ في أَصْلِهِ حَرْفُ عِلَّةٍ، نَحو: يَنْبَحُ الكَلْبُ.

٣٢. ما هو الفعل المعتل الآخر؟

اَلفِعْلُ المُعْتَلُّ الآخِرِ هُوَ ما انْتَهى أَصْلُهُ بِحَرْفٍ مِنْ حُروفِ العِلَّةِ، نَحو:

رَمى الوَلَدُ العَصا.

يَدْعُو الأُسْتاذُ التِّلْميذَ (و ماضي يَدْعو: دَعا).

يَمشي سامي تَحْتَ المَطَرِ (وَ ماضي يَمْشي: مَشىٰ).

٣٣. هل ينتهي الفعل أحياناً بحرف علّة هو ضمير؟

نَعَمْ يَنْتَهي الفِعْلُ أَحْياناً بِحَرْفِ عِلَّةٍ هُوَ ضَميرٌ، نَحو:

هِنْدُ وَ رامِزٌ تَنَزَّها في البَرِّيَّة (مفرد تَنَزَّها: تَنَزَّهَ).

٣٤. كَيفَ نُسَمّي هذا الضمير؟

نُسَمّي الضَّميرَ المتَّصِلَ لأَنَّهُ لا يَأْتي أَبَداً مُنْفَصِلاً عَنِ الفِعْلِ، نَحو:

هُما شَرِبا.

فَإِنَّ «هُما» تُسْتَعْمَلُ أَحْياناً وَحْدَها وَلَكِنَّ «الألِف» لا تُسْتَعْمَلُ أَبَداً وَحْدَها.

٣٥. هل تُكتب «الواو» وحدها في آخر الفعل إذا كانت ضميراً؟

لاتُكْتَب «الـواو» وَحْدَها في آخِرِ الفِعْـلِ إذا كانَتْ ضَميراً بَلْ يُـزادُ عَلَيْها «ألِف» تُكْتَبُ وَ لا تُلْفَظُ:

تَكْتُبُ «دَرَسوا» وَ تَلْفَظُ «دَرَسُو».

			تَصْريفُ الفِعْلِ الماضي مَعَ الضَّمائِرِ المُتَّصِلَةِ
هُمْ دَرَسوا	هُما دَرَسا	هوَ دَرَسَ	الغائب
هُنَّ دَرَسْنَ	هُما دَرَستا	هيَ دَرَسَتْ	الغائبة
أَنْتُم دَرَسْتُمْ	أَنْتُما دَرَسْتُما	أنتَ دَرَسْتَ	المخاطب
أَنْتُنَّ دَرَسْتُنَّ	أَنْتُما دَرَسْتُما	أَنتِ دَرَسْتِ	المخاطبة
نَحْنُ دَرَسْنا	نَحْنُ دَرَسْنا	أنا دَرَسْتُ	المُتَكَلِّم

تمرين ٢٢ . ميّز من الأفعال القرآنية التالية الفعل الصحيح من الفعل المعتل بالألف أو بالواو أو بالياء:

تَخشىٰ، يَخفٰ، تَذكُر، تَنهىٰ، يَذهَب، يَرزُقُ، يُحمى، يُحي يَرغبُ، تَزكّى، تَستَوِى، يَصلىٰ، تَذهَلُ، نَجزِى، يَعصِمُ.

تمرين ٢٣ . دلَّ في آخر الأفعال على حرف العلّة و على الضمير المتصل في الجمل التالية:

١. القرآن الكريم: و يَحْيٰ مَن حَيَّ عَن بَيّنَةٍ.[١]

٢. القرآن الكريم: فَسَوْفَ يَدعُوا ثُبُوراً ❊ و يَصْلىٰ سَعِيراً.[٢]

٣. القرآن الكريم: و مَنْ تَزَكّى فَإنّما يَتَزَكّى لِنَفْسِهِ وَ إلَى اللهِ المَصِيرُ.[٣]

٤. الإمام عليٌّ ﷺ: مَن قَضىٰ حَقَّ مَن لايَقْضِي حَقَّه فَقد عَبَده.[٤]

٥. الإمام عليٌّ ﷺ: [الله] يَقضِي بِعلْمٍ و يَعفو بِحلْمٍ.[٥]

٦. الإمام عليٌّ ﷺ: مَن كَساهُ الحَياءُ ثَوبُه لَم يَرَ النّاسُ عَيبهُ.[٦]

تمرين ٢٤ . كمّل تصريف الأفعال مع الضمائر المتصلة و المنفصلة:

اَلأَرضُ اَرتَجَّتْ و الوَلَدانِ فَزِعـ .... و َهَربـ .... و نَحنُ هَربـ ....
فَصاحَ رَجُلٌ مِن بَعِيدٍ: «يا أولادُ إلى أيـنَ .... هَربتُم؟ اِبقُوا هُنا و لا تَخاف
.... الأَرضُ ثابِتةٌ و .... اَرتَجَّت لِأنَّ شـاحِنةً مُحَمَّلَةً حمولةً ثقيلةً مَرَّت
عَلى الطّريقِ». فارتاح بالُ الوَلَدَينِ و رَجَعـ .... و .... رَجَعْنا مَعَهُما.

---

١. سورة الأنفال / الآية ٤٢.

٢. سورة الانشقاق / الآيتان ١١ و ١٢.

٣. سورة فاطر / الآية ١٨.

٤. نهج البلاغة / الحكمة ١٦٤.

٥. نهج البلاغة / الخطبة ١٦٠.

٦. نهج البلاغة / الحكمة ٢٢٣.

- ١١ -

الفعل اللازم

٣٦. متى يكون الفعل لازماً؟

يَكونُ الفِعْلُ لازِماً إذا تَمَّ مَعْناهُ بِذِكْرِ فاعِلِه، نحو:
قامَ أمينٌ. فَرِحَتْ ساميَةٌ.

٣٧. ما هو الفاعل؟

الفاعِلُ اسْمٌ يَقَعُ بَعْدَ الفِعْلِ وَ يَدُلُّ عَلى مَنْ فَعَلَهُ، نحو:
قامَ أمينٌ.

فَكَلِمَةُ «أمين» وَقَعَتْ بَعْدَ الفِعْلِ وَ دَلَّتْ عَلى مَن قامَ.

تمرين ٢٥. دلَّ على الفعل اللازم:

١. اِرْتَجَّتِ الأَرْضُ مِن تَحْتِنا.

٢. وَ سَمِعْنا دَوِيّاً مِنَ الجَوِّ.

٣. وَ قَد نَزَلَ عَلَينا مِنْ أَعلَى القَصرِ شَخصٌ عَظيمٌ في هَيئَةِ إنسَانٍ.

٤. فَلَمَّا نَظَرناهُ عَلى هذِهِ الحالَةِ، قَوِيَ خَوفُنا، و اشتَدَّ فَزَعُنا، و صِرْنا مِثلَ المَوتى مِنَ الخَوفِ.

تمرين ٢٦. ضع الفاعل الموافق محل الفراغ:

لَحْم، الغُول، شَحْم، رَئيس

وَجَدَ ...... أَنَّ السِّنْدبادَ ضَعيفٌ فَرَماهُ بَعيداً عَنهُ. و أَخَذ يُقَلِّبُ الرِّجالَ واحِداً حَتَّى اهتَدَى إلى رَئيسِ المَرَكبِ. و كانَ ...... المَرَكبِ سَميناً فَذَبَحَهُ و أَوقَدَ النَّارَ و صارَ يُقَلِّبُه عَلى الجَمْرِ حَتَّى نَضَج ......ه و سَالَ ......ه.

الفعل المتعدي

٣٨. متى يكون الفعل متعدّياً؟

يَكونُ الفِعْلُ مُتَعَدِّياً إِذا لَمْ يَتِمَّ مَعْناهُ بِذِكْرِ الفاعِلِ بَلْ يَطْلُبُ مَعَهُ مَفْعولاً بِه، نَحْو:
كَتَبَ أَمينٌ فَرْضَهُ.

(فَلايَتِمُّ المَعْنى إِلّا إِذا ذَكَرْنا ما كَتَبَ أَمين: أَفَرْضَهُ أَمْ قِصاصَهُ أَمْ غَيْرَذَلِكَ.)

٣٩. ما هو المفعول به؟

المَفْعُولُ بِهِ اسْمٌ يَدُلُّ عَلى ما وَقَعَ عَلَيْهِ فِعْلُ الفاعِلِ وَ يَتِمُّ بِهِ مَعْنى الفِعْلِ، نَحْو:
كَتَبَ أَمينٌ فَرْضَهُ.

فَكَلِمَةُ «فَرْض» تَدُلُّ عَلى ما فَعَلَهُ أَمين فَيَتِمُّ بِها مَعْنى الفِعْلِ.

تمرين ٢٧ . اِجمع الأفعال المتعدية و زد عليها مفعولاً:

ضَحِكَ، قَعَدَ، هَرَبَ، اِبتَدأ، اِخْضَرَّ، أَكَلَ، أَبْغَضَ، رَبِحَ طَلَعَ، بَارَكَ، رَقَدَ، شَرِبَ، كَذَبَ، صَدَقَ، صَدَّقَ، وَدَّعَ.

تمرين ٢٨ . ضع محل الفراغ المفعول به الموافق للمعنى:

(صَفحات، آذان، أَرجُل، تمتمات، وَشوَشات، أَيدِي، كِتاباً.)

كانَ بَيتُ الأقزامِ في الغابةِ فَقَرُبْتُ مَنهُ و سَمِعتُ ..... وَ ..... و رَأيتُ فَإذا البَعضُ يَرفعونَ ..... هُم و ..... هُم مِن الفَرحِ.

تمرين ٢٩ . عين الأفعال اللازم من المتعدي في العبارات التابعة:

١. القرآن الكريم: لَقَد خَلَقْنا الإنْسانَ في كَبدٍ.[١]

٢. القرآن الكريم: يَومَ يَفِرُّ المَرءُ مِن أَخِيهِ ٭ و أُمِّهِ و أَبِيهِ.[٢]

٣. القرآن الكريم: أَلَم نَجْعَلِ الأرضَ مِهاداً.[٣]

٤. القرآن الكريم: سَبِّح اسمَ رَبِّكَ الأَعْلَى.[٤]

٥. القرآن الكريم: يَخْرُجُ مِن بَينِ الصُّلبِ و التَّرائِبِ.[٥]

٦. الإمام عليٌّ عليه السلام: إنَّما يَنظُرُ المُؤمِنُ إلى الدُّنيا بِعَينِ الِاعتِبارِ.[٦]

٧. الإمام عليٌّ عليه السلام: مَن حَاسَبَ نَفسَهُ رَبِحَ و مَن غَفَلَ عَنْها خَسِرَ.[٧]

١. سورة البلد / الآية ٤.

٢. سورة عبس / الآيتان ٣٤ و ٣٥.

٣. سورة النبأ / الآية ٦.

٤. سورة الأعلى / الآية ١.

٥. سورة الطارق / الآية ٧.

٦. نهج البلاغة / الحكمة ٣٦٧.

٧. نهج البلاغة / الحكمة ٢٠٨.

الفعل المعلوم و الفعل المجهول

٤٠ . متى يكون الفعل معلوماً؟

يَكُونُ الفِعْلُ مَعْلوماً مَتى عَرَفْنا فاعِلَهُ، نَحو:

قَطَفَ سَميرٌ التُّفّاحَةَ وَقَدَّمَها لأُمِّهِ .

فاعِلُ «قَطَفَ» مَذْكورٌ وَهو «سَمير». و فاعِلُ «قَدَّمها» غَيْرُ مَذْكورٍ (مُسْتَتِر) لٰكِنَّهُ مَعْروفٌ وَ هو كَذلك «سَمير».

٤١ . متى يكون الفعل مجهولاً؟

يَكُونُ الفِعْلُ مَجْهولاً إنْ لَمْ نَعْرِفْ فاعِلَهُ وَ جَعَلْنا مَحَلَّهُ نائِبَ الفاعِلِ، نَحو:

قُطِفَتِ التُّفّاحَةُ.

فَكَلِمَةُ «قُطِفَتْ» فِعْلٌ مَجْهولٌ لأَنَّنا لا نَعْرِفُ أَبداً مَنْ قَطَفَ التُّفّاحَةَ، أَهو سَميرٌ أَم هِنْدُ أَمْ أَحَدُ المارَّةِ.

٤٢. من أين نأخذ نائب الفاعل إذا كان الفعل مجهولاً؟

إذا كانَ الفِعلُ مَجهولاً نَأْخُذُ المَفْعُولَ به وَ نَجْعَلُهُ نائبَ فاعِلٍ:

﷽ قَطَفَ سَميرٌ التُّفَّاحَةَ: الفِعْلُ مَعْلُومٌ وَ الفاعِلُ مَعْروفٌ.

﷽ قُطِفَتِ التُّفَّاحَةُ: الفِعْلُ مَجْهُولٌ لِأَنَّ الفاعِلَ مَجْهُولٌ مِثْلَهُ فَتصيرُ كَلِمَةُ «التُّفَّاحَةُ» نائِبَ الفاعِلِ.

٤٣. كيف يصير الفعل الماضي مجهولاً؟

يَصيرُ الفِعْلُ الماضي مَجْهولاً بِكَسْرِ ما قَبْلَ آخِرِهِ وَضَمِّ كُلِّ حَرْفٍ مُتَحَرِّكٍ قَبْلَهُ، نَحو:

حُفِظَ ← حَفَظَ   اِجْتَهَدَ ← اُجْتُهِدَ.

٤٤. كيف يصير الفعل المضارع مجهولاً؟

يَصيرُ الفِعْلُ المُضارِعُ مَجْهولاً بِضَمِّ أَوَّلِه وَ فَتْحِ ما قَبْلَ آخِرِهِ، نَحو:

يُحْفَظُ ← يَحْفَظُ   يَجْتَهِدُ ← يُجْتَهَدُ

الصيغ	تصريف الماضي المجهول	تصريف المضارع المجهول
الغائب	قُطِفَ قُطِفا قُطِفُوا	يُقْطَفُ يُقْطَفانِ يُقْطَفُونَ
الغائبة	قُطِفَتْ قُطِفَتا قُطِفْنَ	تُقْطَفُ تُقْطَفانِ يُقْطَفْنَ
المخاطب	قُطِفْتَ قُطِفْتُما قُطِفْتُم	تُقْطَفُ تُقْطَفانِ تُقْطَفُونَ
المخاطبة	قُطِفْتِ قُطِفْتُما قُطِفْتُنَّ	تُقْطَفِينَ تُقْطَفانِ تُقْطَفْنَ
المُتَكلِّم	قُطِفْتُ قُطِفْنا قُطِفْنا	أُقْطَفُ نُقْطَفُ نُقْطَفُ

تمرين ٣٠. اِبن المجهول من الأفعال التابعة:

جَرَحَ، يَجْرَحُ، وَدَّعَ، نُوَدِّعُ، هَيَّأَ، أَكَّدَ، كَرَّمَ، يُحِبُّ،
يَعْرِفُ، يَسْأَلُ، تَسْأَلِينَ، تَسْمَعَانِ، نَظَرَ، يَنْظُرُ، أَنْظُرُ،
اِسْتَكْثَرَ، يَسْتَكْثِرُ، سَلَّمَ، يُعَاتِبُ، أُعَاتِبُ.

تمرين ٣١. رُدَّ الأفعال المجهولة إلى صيغة المعلوم:

يُكْرَمُونَ، تُكْرَمُ، أُكْرَمُ، تُعَاتَبِينَ، أُعَاتَبُ، حُمِدَ، يُحْمَدُ،
شُكِرُوا، يُشْكَرُونَ، صُدِّقَ، صُدِّقُوا، تُصَدَّقُونَ، تُصَدَّقِينَ،
أُبْعِدَ، أُبْعِدَا، يُفْهَمُ، يُقْرَأُ، يُنْتَقَدُ، يُسْتَخْرَجُ، أُسْتُخْرِجَ.

تمرين ٣٢. دل على الأفعال المجهولة و على الأفعال المعلومة في العبارات التابعة:

١. القرآن الكريم: عَلِمَتْ نَفْسٌ مَا قَدَّمَتْ وَ أَخَّرَتْ.[١]

٢. القرآن الكريم: قُتِلَ أَصْحابُ الأُخْدُودِ.[٢]

٣. القرآن الكريم: لَايُسْئَلُ عَمّا يَفْعَلُ و هُمْ يُسْئَلُونَ.[٣]

٤. القرآن الكريم: لَقَدْ خَلقْنَا ٱلإِنْسَانَ فِي أَحْسَنِ تَقْوِيمٍ.[٤]

٥. القرآن الكريم: و فُتِحَتِ السَّماءُ فَكانَتْ أبواباً.[٥]

٦. القرآن الكريم: وَ رَأَيْتَ النَّاسَ يَدْخُلُونَ فِي دِينِ اللهِ أفواجاً.[٦]

---

١. سورة الانفطار / الآية ٥.

٢. سورة البروج / الآية ٤.

٣. سورة الأنبياء / الآية ٢٣.

٤. سورةالتين / الآية ٤.

٥. سورة النبأ / الآية ١٩.

٦. سورة النصر / الآية ٣.

٧. الرّسول الأعظمﷺ: مَن لايَرْحَم لا يُرْحَم.[١]

٨. الإمام عليٌّؑ: الدُّنيا خُلِقَتْ لِغَيرِها وَلَم تُخْلَق لِنَفسِها.[٢]

١. ميزان الحكمة، ج ٤ / ص ٦٩.

٢. ميزان الحكمة، ج ٣ / ص ٢٨٦.

$$-\ ١٤\ -$$

الفعل المبني و المعرب

٤٥. هل يتغيّر أحياناً آخر الفعل الماضي؟

كلَّا . إنَّ آخِرَ الفِعْلِ الماضي لا يَتَغَيَّرُ أَبَدًا مَهما تَقَدَّمَهُ مِنَ الكَلِماتِ بَلْ يُلازِمُ صورةً واحِدَةً وَ لِذٰلِكَ نَقولُ إِنَّ الماضي مَبْنِيٌّ، نحو:

لَعِبوا و مالَعِبوا   فَرِحَ و مافَرِحَ .

فَإِنَّ «لَعِبوا» و «فَرِحَ» لا تَتَغَيَّرانِ مَهما تَقَدَّمَهُما مِنَ الكَلِماتِ .

٤٦. هل يتغيّر أحياناً آخر الفعل الأمر؟

كلَّا . إنَّ آخِرَ الْفِعْلِ الأَمْرِ لا يَتَغَيَّرُ أَبَداً مَهما تَقَدَّمَهُ مِنَ الكَلِماتِ بَلْ يُلازِمُ صورةً واحِدَةً وَ لِذٰلِكَ نَقولُ إِنَّ الأَمْرَ مَبْنِيٌّ، نحو: اِجْتَهِدْ

فَكَلِمَةُ «اِجْتَهِدْ» لاتَتَغَيَّرُ مَهما تَقَدَّمَها مِنَ الكَلِمات .

٤٧. هل يتغيّر أحياناً آخر الفعل المضارع؟

نَعَم إنَّ آخِرَ الْفِعْلِ الْمُضارعِ يَتَغَيَّرُ أَحياناً إذا تَقَدَّمَتْهُ بَعْضُ الْحُروفِ وَلِذلِكَ نَقولُ إِنَّ الْمُضارعَ مُعْرَبٌ، نحو:

يَعيشُ السَّمَكُ في آلْماءِ وَلَنْ يَعيشَ خارِجَهُ.

٤٨. ما هي أنواع إعراب الفعل المضارع؟

أَنْواعُ إِعْرابِ آلْفِعْلِ الْمُضارعِ ثلاثَةٌ:

الرَّفْعُ (ـُ) وآلنَّصْبُ (ـَ) وآلْجَزْمُ (ـْ)، نحو:

يَسْبَحُ ـ لَنْ يَسْبَحَ ـ لَم يَسْبَحْ.

تمرين ٣٣. أُرسُـم جـدولاً لِلأفعـال المضارعـة وجـدولاً للأفعـال الماضيـة وجـدولاً لأفعال الأمر مع تصريفها:

١. طَلَعَ الصَّباحُ.

٢. اَلسّمكُ يَعيشُ في الماءِ.

٣. يَدُورُ الدُّولابُ.

٤. مَن حَسَدَ النّاسَ بَدَأَ بِمَضَرَّةِ نَفسِهِ.

٥. اَلمَطَرُ يُروِي الأرضَ.

٦. اِقتَنِع بِما عِندَكَ فتعيشُ سعيداً.

٧. اَلخَمرُ تَسلُبُ العَقلَ.

٨. أَطعِم و أَشبِع و اَضرِب و أَوجِع.

تمرين ٣٤. عين الأفعال المبنيّة و الأفعال المعربة في العبارات التابعة:

١. القرآن الكريم: تَبارَكَ الَّذى نَزَّلَ الفُرقانَ عَلى عَبدِهِ لِيَكُونَ لِلعَالَمِينَ نَذيراً.[١]

٢. القرآن الكريم: وَ يَـومَ يَحشُـرُهُمْ وَ مَـا يَعبُـدُونَ مِـن دُونِ الله فَيَقُولُ أَأنتُمْ أَضلَلتُمْ عِبَادى هؤُلاءِ أَم هُم ضَلُّوا السَّبِيلَ.[٢]

٣. القرآن الكريم: وَ مَن تَابَ وَ عَمِلَ صَالِحاً فَإِنَّهُ يَتُوبُ إِلَى اللهِ مَتَاباً.[٣]

٤. القرآن الكريم: رَبِّ هَب لِى حُكماً وَ أَلحِقنِى بِالصَّالِحِينَ.[٤]

---

١. سورة الفرقان / الآية ١.

٢. سورة الفرقان / الآية ١٧.

٣. سورة الفرقان / الآية ٧١.

٤. سورة الشعراء / الآية ٨٣.

٥. الإمام عليٌّ ﷺ: مَنْ مَلَكَ ٱسْتَأْثَرَ.[1]

٦. الإمام عليٌّ ﷺ: هَلَكَ ٱمْرُؤٌ لَمْ يَعرِفْ قَدْرَهُ.[2]

٧. الإمام عليٌّ ﷺ: يَنْزِلُ الصَّبرُ عَلىٰ قَدرِ المُصِيبَةِ.[3]

---

١. نهج البلاغة / الحكمة ١٦٠.

٢. نهج البلاغة / الحكمة ١٤٩.

٣. نهج البلاغة / الحكمة ١٤٤.

المضارع المرفوع

٤٩. متى يُرفع الفعل المضارع؟

يُرفَعُ الفِعْلُ الْمُضارِعُ إِنْ لَمْ يَتَقَدَّمْهُ أَحَدُ الْحُروفِ النَّاصِبَةِ أَوِ الجازِمَةِ كَما سَنَذْكُرُ فيما بَعْد.

٥٠. كيف يرفع الفعل المضارع في العموم؟

يُرفَعُ اَلْفِعْلُ اَلْمُضارِعُ في اَلْعُمومِ بِالضَّمَّةِ، نَحو:

يَلْعَبُ الْوَلَدُ وَقْتَ النُّزْهَةِ وَ يَدْرُسُ وَقْتَ الدَّرْس.

٥١. كيف ترفع الأفعال الخمسة؟

تُرفَعُ الأَفْعالُ الْخَمْسَةُ بِالنُّونِ في آخِرِها، نَحو:

اَلأَوْلادُ يَلْعَبونَ عَلى الشَّاطِئِ ثُمَّ يَسْتَحِمُّونَ في الْبَحْرِ.

اَلأَفْعالُ الْخَمْسَةُ هِيَ كُلُّ مُضارِعٍ اتَّصَلَتْ بِهِ «أَلِف» اثْنَيْنِ أو «واو» الجَماعَةِ أو «ياء» الْمُخاطَبَةِ:

يَدْرُسانَ   تَدْرُسانَ   يَدْرُسونَ   تَدْرُسونَ   تَدْرُسينَ

تمرين ٣٥. أَرسُم علامةَ الرفع في آخِر الأفعالِ المضارعةِ الموضوعةِ بينَ هِلالين:

١. (يَحْمِل) بَهيجٌ إزْميلَهُ و (يَحفِر) في الصَّخْرَةِ الحُروفَ الجَميلةَ. اَلأولادُ (يَمُرُّوا) مَن هُنـاكَ و (يَهتِفوا): «يا صَخْرَةُ ألا (تَشعُري) بالوَجَعِ؟» كَلَّا، إنَّني لا (أشعُرُ) بِهِ لكِنَّني (أُسَرّ) لأنَّ النَّحَّاتَ (يَحفِر) فِيَّ الحُروفَ الجَميلةَ.

٢. لا شَكَّ في أنَّ التَّجارِبَ و الحوادِث (تكونوا) مَحَكَّ الصداقةِ الحقيقي إذ لا (يُعرف) الصَّديقُ إلّا عِندَ الشِّدَّةِ الّتي (يَقع) فيها صَديقُه. ألا مَا أقَلَّ اَلأصدقاءَ الحقيقيّينَ اَلذينَ (يُصادقوا)كَ لِذاتِكَ أو حُبّاً بكَ، و (يُقدِموا) على رَفع شِدَّتِك.

تمرين ٣٦. عيّن علامات رفعِ الأفعال المضارعة في العباراتِ التابعةِ:

١.القرآن الكريم: يَغفِرُ لِمَن يَشاءُ و يُعَذِّبُ مَن يَشاءُ.[١]

٢.القرآن الكريم: و اَلذينَ كَفَروا يَتَمَتَّعُونَ و يَأكُلونَ كَما تَأكُلُ الأَنعامُ.[٢]

٣.القرآن الكريم: قُضِيَ اَلأَمْرُ اَلذى فيهِ تَسْتَفْتِيانِ.[٣]

٤.الإمام الكاظم عليه‌السلام: كُلَّما أحْدَثَ اَلنّاسُ مِنَ اَلذُّنوبِ مَا لَم يَكُونُوا يَعمَلُونَ أحْدَثَ اللهُ لَهُم مِن اَلبَلاءِ ما لَم يَكُونُوا يَعُدُّونَ.[٤]

٥.الإمام عليٌّ عليه‌السلام: مَنهومانِ لَايَشْبَعانِ: طالِبُ عِلمٍ و طالِبُ دُنيا.[٥]

٦.الإمام عليٌّ عليه‌السلام: الحِلمُ و اَلأَناةُ تَوأمانِ يُنتِجُهُما عُلُوُّ اَلهِمَّةِ.[٦]

٧. قال المسيح عليه‌السلام: يا عَبيدَ السُّوءِ! تلُومُونَ اَلنّاسَ عَلى اَلظنِّ و لا تَلُومُونَ أنفُسَكُم عَلى اَليَقينِ.[٧]

---

١. سورة الفتح / الآية ١٤.

٢. سورة محمد / الآية ١٢.

٣. سورة يوسف / الآية ٤١.

٤. تحف العقول / ص ٤١٠.

٥. نهج‌البلاغة / الحكمة ٤٥٧.

٦. نهج‌البلاغة / الحكمة ٤٦٠.

المضارع المنصوب

٥٢. متى ينصب الفعل المضارع؟

يُنْصَبُ الفِعْلُ المُضارعُ إذا تَقَدَّمَهُ أَحَدُ الأَحْرُفِ النَّاصِبَةِ وَ هِيَ أَرْبَعَةٌ:
أَنْ، لَنْ، إذَنْ، كَيْ

٥٣. كيف ينصب الفعل المضارع في العموم؟

يُنْصَبُ الفِعْلُ المُضارعُ في العُموم بِالفَتْحَةِ في آخِرِه، نَحوُ:
تَدْرُسُ أُمْثولَتَك: أُريدُ أَنْ تَدْرُسَ أُمْثولَتَك.

٥٤. كيف تنصب الأفعال الخمسة؟

تُنْصَبُ الأَفْعالُ الخَمْسَةُ بِحَذْفِ النُّونِ مِنْ آخِرِها، نَحوُ:
تَدْرُسونَ أُمْثولَتَكُمْ: أُريدُ أَنْ تَدْرُسوا أُمْثولَتَكُمْ.

			تصريف المضارع المنصوب
لَنْ يَدْرُسوا	لَنْ يَدْرُسا	لَنْ يَدْرُسَ	الغائب
لَنْ يَدْرُسْنَ	لَنْ تَدْرُسا	لَنْ تَدْرُسَ	الغائبة
لَنْ تَدْرُسوا	لَنْ تَدْرُسا	لَنْ تَدْرُسَ	المخاطب
لَنْ تَدْرُسْنَ	لَنْ تَدْرُسا	لَنْ تَدْرُسي	المخاطبة
لَنْ نَدْرُسَ	لَنْ نَدْرُسَ	لَنْ أَدْرُسَ	المُتَكلِّم

تمرين ٣٧ . أَعطِ ٱلأفعالَ التابعةَ علامةَ النصبِ بدلاً من علامةِ الرّفعِ:

يَدْرُسُ، يَدْرُسَانِ، يَدْرُسونَ، تَذْهَبُ، تَذْهَبانِ، تَذْهَبُونَ
تَذْهَبينَ، يَعْلَمانِ، تَعْلَمينَ، نُطِيعُ، نَصْبِرُ، تَخْدمانِ، أَخْدِمُ.

تمرين ٣٨ . ضَعْ علامةَ النصبِ على كلّ فعلٍ واقعٍ بعد أداةٍ ناصبةٍ:

١. لَن يَنْجَح مَن يَكسَلُ .

٢. يَجِبُ عَلى ٱلوَلَدِ أَن يَلعَب في وَقتِ ٱللّعبِ و أَن يَدرُس في وَقتِ ٱلدَّرسِ.

٣. اِتْعَبْ أَيُّها ٱلوَلَدُ في حَداثَتِكَ كَي تَفُوز بِٱلرّاحةِ في كِبَرِك.

٤. إن تَكسَلْ إذَنْ تَخسَر مُستَقبَلَكَ .

تمرين ٣٩ . ضَعْ تحتَ الفعلِ المنصوب بالفتحةِ خطّاً و تحتَ الفعلِ المنصوب بحذف النونِ خطّينِ:

١. القرآن الكريم: إنّا نَطْمَعُ أَن يَغفِر لَنا رَبُّنا خَطايانا.[1]

٢. القرآن الكريم: فَرَدَدْناهُ إلَى أُمِّهِ كَى تَقَرّ عَينُها.[2]

٣. القرآن الكريم: لَن يَستَنكِف ٱلمَسِيحُ أَن يَكُونِ عَبداً لِّلهِ.[3]

٤. الإمام الباقرؑ: إنّ اللهَ جَلَّ ذِكرُه يُحِبُّ أَن يُسأَل و يُطلَب عِنْدَهُ.[4]

٥. الإمام الصّادقؑ: لَن تَكُونُوا مُؤمِنينَ حَتّى تَعُدُّوا ٱلبَلاءَ نِعْمَةً و ٱلرَّخاءَ مُصِيبَةً.[5]

٦. يُحِبّانِ أَن يَكتُبا.

٧. لَن تَنال نَجاحاً إلّا بِٱلاجتِهادِ.

---

١. سورة الشعراء / الآية ٥١.

٢. سورة القصص / الآية ١٣.

٣. سورة النساء / الآية ١٧٢.

٤. تحف العقول / ص ٢٩٣.

٥. تحف العقول / ص ٣٧٧.

– ١٧ –

المضارع المجزوم

٥٥. متى يجزم الفعل المضارع؟

يُجْزَمُ الفِعْلُ المُضارعُ إذا تَقَدَّمَتْهُ إحدى الأدوات الجازِمَة.

وَ هِيَ قِسْمان: قِسْمٌ يَجْزِمُ فِعْلاً واحِداً وَ قِسْمٌ يَجْزِمُ فِعْلَيْنِ.

الأدوات الجازمة فِعلاً واحِداً أربعٌ:
لَمْ، لمّا، لامُ الأَمْرِ، لا النّاهِيَة.

الأدوات الجازمة فِعْلَين اثنتا عَشْـرَةَ:
إنْ، إذما، مَنْ، ما، مَهْما، أيّ
كَيْفَما، مَتى، أيْنما، أيّانَ، أنَّى، حَيْثُما

٥٦. كيف يجزم الفعل المضارع في العموم؟

يُجْزَمُ الفِعْلُ المُضارِعُ في العُمومِ بالسُّكونِ في آخِرِهِ، نحو:

تَدْرُسُ أُمْثولَتَكَ ← لا تَدْرُسْ أُمْثولَتَكَ.

٥٧. كيف تجزم الأفعال الخمسة؟

تُجْزَمُ الأَفْعالُ الخَمْسَةُ بِحَذْفِ النُّونِ مِنْ آخِرِها، نَحو:

تَدْرُسونَ أُمْثولَتَكُم ← لا تَدْرُسوا أُمْثولَتَكُم.

٥٨. كيف يجزم المعتل الآخر؟

يُجْزَمُ المُعْتَلُّ الآخِرِ بِحَذْفِ حَرْفِ العِلَّةِ مِنْ آخِرِهِ وَيُعَوَّضُ عَنْ حَرْفِ العِلَّةِ بِالْحَرَكَةِ المُناسِبَةِ لَهُ، نَحو:

يَرْمي العَصا ← لَمْ يَرْمِ العَصا.

تصريف المضارع المجزوم			
لَمْ يَرْموا	لَمْ يَرْميا	لَمْ يَرْمِ	الغائب
لَمْ يَرْمينَ	لَمْ تَرْميا	لَمْ تَرْمِ	الغائبة
لَمْ تَرْموا	لَمْ تَرْميا	لَمْ تَرْمِ	المخاطب
لَمْ تَرْمينَ	لَمْ تَرْميا	لَمْ تَرْمي	المخاطبة
لَمْ نَرْمِ	لَمْ نَرْمِ	لَمْ أَرْمِ	المُتَكَلِّم

تمرين ٤٠ . ضع الأفعال التالية في حالة الجزم بالأدوات الجازمة:

يَنْدَمُ، أُسَلِّمُ، يَدعُو، يَرتَقي، نَرمي، يَنَدَمُونَ، يَرتَقيانِ، تَدعِينَ، تَتَعَلَّمُ، تَتَعَلَّمانِ، تُفتَحُ، يَنْجَحُونَ، تُسافِرينَ.

تمرين ٤١. ضَع الأفعالَ في حالةِ الجزم:

١. مَن يَعمَلْ سُوءاً يُجْزَىٰ به.

٢. مَهما تَرغَبْ يُقضَىٰ لَكَ.

٣. لَم يَدعُوا أصحابَهُ إلَى ٱلوَليمَةِ.

٤. لِيُنفِقْ صَاحِبُ ٱلغِنَىٰ مِنْ غِناهُ.

٥. أَيُّ كِتابٍ تَقَرَأُهُ تَنتَفِعْ مِنْهُ.

٦. لَا تَلعَبْ أَلعاباً عَنيفَةً.

تمرين ٤٢. عَيِّن الأفعالَ المجزومةَ و عاملها في العبارات التابعة:

١. القرآن الكريم: إنْ يَشَأْ يُذْهِبْكُم.[1]

٢. القرآن الكريم: أَلَمْ نَشْرَحْ لَكَ صَدْرَك.[2]

٣. القرآن الكريم: رَبَّنَا و لَاتَحْمِلْ عَلَيْنا إصْراً.[3]

٤. القرآن الكريم: مَن يَعمَلْ سُوءاً يُجْزَ بِهِ.[4]

٥. القرآن الكريم: أَيَنَما تَكُونوا يُدرِكْكُمُ ٱلمَوتُ.[5]

---

١. سورة الأنعام / الآية ١٣٣.

٢. سورة الشرح / الآية ١.

٣. سورة البقرة / الآية ٢٨٦.

٤. سورة النساء / الآية ١٢٣.

٥. سورة النساء / الآية ٧٨.

٦. الإمام عليٌّ عليه السلام: مَنْ لَم يُهَذِّبْ نَفسَهُ لَم يَنتَفِعْ بِالعَقلِ.[1]

٧. الإمام عليٌّ عليه السلام: مَن يَكُن ٱللهُ نَصيرَهُ يَغلِبْ خَصمَهُ وَيَكُونُ لَه حَرباً.[2]

٨. مَهمَا تُبطِنْ تُظهِرْهُ ٱلأَيَّامُ.

---

١. ميزان الحكمة، ج ١٠ / ص ١٤٥.

٢. غرر الحكم / ص ٦٨٥.

المذكر و المؤنث

٥٩. ما هو المذكر؟

المُذَكَّرُ هُوَ ما دَلَّ على الذُّكورِ مِنَ النَّاسِ أَوِ الحَيواناتِ، نَحو:
جاءَ النَّجَّارُ مَعَ كَلْبِهِ بارود.

٦٠. ما هو المؤنث؟

المُؤَنَّثُ هُوَ ما دَلَّ على الإناثِ مِنَ النَّاسِ وَ الحَيواناتِ، نَحو:
هَذِهِ بائِعَةُ الحَليبِ بِقَرَتُها.

علامات الاسم المؤنَّث		
أَلتاء المَربوطة:	ريشَة	نَجْمَة
أَلألِفُ المَقْصورَة:	كُبْرى	حُلْوى
أَلألِفُ بَعْدَها هَمْزَة:	حَسْناء	وَزْقاء

٦١. هل أسماء الأشياء مذكرة أم مؤنثة؟

إِنَّ أَسْماءَ الأَشْياءِ بَعْضُها مُذَكَّرٌ وَبَعْضُها مُؤَنَّثٌ حَسَبَ الاتِّفاقِ، نَحو:

قَمَر وَسَيْف وَمَرْكَب، فَهِيَ مُذَكَّرَة

شَمْس وَنَجْمَة وَريشَة، فَهِيَ مُؤَنَّثة

٦٢. كيف نحوّل الأسماء المذكّرة إلى أسماء مؤنثة في الغالب؟

إِنَّنا نُحَوِّلُ الأَسْماءَ المُذَكَّرَةَ إِلى أَسْماءٍ مُؤَنَّثَةٍ في الغالبِ بِزيادَةِ «تاءٍ مَرْبوطَةٍ» في آخِرِ المُذَكَّرِ، نَحو:

فَلَّاح ← فَلَّاحَة

تمرين ٤٣. اِصنع جدولاً لِلأسماء المذكّرة و جدولاً لِلأسماء المؤنثة:

دِيك، دَجاجَة، خَرُوف، شاة، كَلبَة، كَلب، عُصفُور،
نَمِرَة، ذِئب، حِمار، خَلِيل، أدماء، سُعدىٰ، حَنَّة،
يُوسُفِيّة، عَليَاء، فَريدة، سَعيد، عَبدُالله، عَليّ، حَميدة.

تمرين ٤٤. حوّل المذكر إلى مؤنث و المؤنث إلى مذكر:

تِلميذ، هِرّة، طَبّاخ، خادِم، عُصفُورَة، نَمِرَة، ذِئب، كَلب،
حِمارَة، بائِع، كَرّام، كاتِب، مُعَلِّمَة، حميد، صُغرىٰ.

تمرين ٤٥. عين أسماء التي تحتها خطّ مذكرة أم مؤنثة:

١. القرآن الكريم: فَإِذا جَاءَتِ ٱلطَّامَّةُ ٱلكُبرىٰ ۞ يَومَ يَتَذَكَّرُ ٱلإنسَانُ مَا سَعىٰ.[١]

٢. القرآن الكريم: قَالَت نَملَةٌ يا أَيُّها ٱلنَّملُ ٱدخُلوا مَساكِنَكُم.[٢]

٣. القرآن الكريم: إنَّما ٱلمَسيحُ عِيسَى ٱبنُ مَريَم.[٣]

٤. القرآن الكريم: وَ قَالَتِ ٱليَهُودُ عُزَيرٌ ٱبنُ ٱللهِ وَ قَالَتِ ٱلنصارىٰ ٱلمَسيحُ ٱبنُ ٱللهِ.[٤]

٥. الإمام عليّ عليه‌السلام: اَلمَالُ عَارِيَةٌ.[٥]

٦. الإمام عليّ عليه‌السلام: حُسنُ ٱلخُلقِ يُورِثُ ٱلمَحَبَّةَ وَ يُؤَكِّدُ ٱلمَوَدَّةَ.[٦]

---

١. سورة النازعات / الآيتان ٣٤ و ٣٥.

٢. سورة النّمل / الآية ١٨.

٣. سورة آل عمران / الآية ١٧١.

٤. سورة التوبة / الآية ٣٠.

٥. الحياة، ج ٣ / ص ٦٧.

٦. غرر الحكم / ص ٣٨٠.

المفرد والمثنى

٦٣. ما هو المفرد؟

الْمُفْرَدُ هُوَ ما دَلَّ على شَخْصٍ واحِدٍ أَوْ حَيَوانٍ واحِدٍ أَوْ شيءٍ واحِدٍ، نَحو:

كلْبُ الرَّاعي نائِمٌ تَحْتَ ٱلشَّجَرَةِ.

٦٤. ما هو المثنى؟

الْمُثَنَّى هو ما دَلَّ على ٱثْنَيْنِ مِنَ الأشْخاصِ أَوِ الْحَيَواناتِ أَوِ الأشْياءِ، نَحو:

لي عَيْنانِ وأُذُنانِ.

٦٥. كيف يثنى الاسم؟

يُثَنَّى الاسمُ بِأَنْ يُفْتَحَ آخِرُهُ وَيُزادَ عَلَيْهِ «أَلِفٌ وَنونٌ» أو «ياءٌ وَنونٌ»، نَحو:

حَلَّقَتِ الطَّائِرَتانِ في ٱلْجَوِّ.   رَأَيْتُ الطَّائِرَتَينِ في المَطارِ.

٦٦. متى يُزاد ألف ونون؟

يُزادُ «أَلِفٌ وَنونٌ» إذا كانَ في آخِرِ الاسمِ المُفْرَدِ ضَمَّةٌ، نَحو:

حَلَّقَتِ الطَّائِرَةُ ← حَلَّقَتِ الطَّائِرَتانِ

٦٧. متى يُزاد ياء و نون؟

يُزادُ «ياءٌ و نونٌ» إِذا كانَ في آخِرِ الاسمِ المُفْرَدِ فَتْحَةٌ أَوْ كَسْرَةٌ، نحو:

رَأَيْتُ الطَّائِرَةَ ← رَأَيْتُ الطَّائِرَتَيْنِ

قَرُبْتُ مِنَ الطَّائِرَةُ ← قَرُبْتُ مِنَ الطَّائِرَتَيْنِ.

تمرين ٤٦. اُكتب التمرين الآتي بالمثنى:

هِرَّةٌ اصْطَادَتْ فَأْرَةً و بَيْنَما هِيَ تُلاعِبُها قَبْلَ افْتِراسِها هَرَبَتْ و اخْتَبَأَتْ تَحْتَ الصُّنْدُوقِ و الهِرَّةُ حاوَلَتْ أنْ تَصِلَ إلَيْها فَلَمْ تَقدِرْ.

تمرين ٤٧. رُدّ المثنى إلى مفرد:

١. لَعِبَ الوَلَدانِ.

٢. التِلِميذانِ مُجتَهِدانِ.

٣. قُفلا البابَينِ.

٤. عَقرَبا السّاعَةِ.

٥. دُولابا السَّيّارَةِ.

٦. السَّفينَتانِ في البَحرِ.

تمرين ٤٨. ميز المفرد من المثنى و عين علامة المثنى في الجمل التابعة:

١. القرآن الكريم: وَ إنْ طائِفَتانِ مِنَ المُؤمِنينَ اقتَتَلوا فَأصلِحُوا بَيْنَهُما.[١]

٢. القرآن الكريم: مَرَجَ البَحرَينِ يَلتَقِيانِ.[٢]

٣. الإمام عليٌّ عليه السلام: السَّهَرُ إحْدَى الحَياتَيْنِ.[٣]

٤. الإمام عليٌّ عليه السلام: الإيمانُ و العَمَلُ أخَوانِ تَوأَمانِ و رَفيقانِ لا يَفتَرِقانِ.[٤]

٥. الإمام عليٌّ عليه السلام: إنَّ مَعَ كُلِّ إنسانٍ مَلَكَيْنِ يَحْفَظانِهِ.[٥]

---

١. سورة الحجرات / الآية ٩.

٢. سورة الرحمن / الآية ١٩.

٣. غرر الحكم / ص ٦٦.

٤. غرر الحكم / ص ٧١.

٥. غرر الحكم / ص ٢٣٥.

أنواع الجمع

٦٨. ما هو الجمع؟

اَلْجَمْعُ هُوَ ما دَلَّ عَلَى أَكْثَرَ مِنْ شَخْصَيْنِ أَوْ حَيَوانَيْنِ أَوْ شَيْئَيْنِ، نَحْو: اَلأَوْلادُ يَتَسابَقُونَ عَلَى الدَّرَاجاتِ.

٦٩. ما هو جمع المذكر السالم؟

جَمْعُ الْمُذَكَّرِ السَّالِمِ جَمْعٌ يُصاغُ مِنَ الْمُفْرَدِ بِزِيادَةِ «واوٍ وَ نونٍ» أَوْ «ياءٍ وَ نونٍ»، نَحْو: فَلَّاح ← فَلَّاحُونَ ← فَلَّاحِينَ.

٧٠. متى يزاد واو و نون؟

يُزادُ «واوٌ و نونٌ» إِذا كانَ في آخِرِ الاسْمِ الْمُفْرَدِ ضَمَّةٌ، نَحْو: الفَلَّاحُ يَزْرَعُ الأَرْضَ ← الفَلَّاحُونَ يَزْرعونَ الأَرْضَ.

٧١. متى يزاد ياء و نون؟

يُزادُ «ياءٌ و نونٌ» إِذا كانَ في آخِرِ الاسْمِ الْمُفْرَدِ فَتْحَةٌ أَوْ كَسْرَةٌ، نَحْو: رَأَيْتُ البَوَّابَ ← رَأَيْتُ البَوَّابِينَ. مَررتُ بِمُؤْمِنٍ ← مَررتُ بِمُؤْمِنينَ.

٧٢. ما هو جمع المؤنث السالم؟

جَمْعُ المُؤَنَّثِ السَّالِمِ جَمْعٌ يُصاغُ بِزِيادَةِ «أَلِفٍ وَتاءٍ طَويلَةٍ» بَعْدَ حَذْفِ تاءِ المُفْرَدِ، نَحو:

طائِرَة ← طائِرَ(ة) ← طائِرات.

٧٣. ما هو جمع التكسير؟

جَمْعُ التَّكْسيرِ جَمْعٌ يُصاغُ مِنَ الاسْمِ المُفْرَدِ بِتَغْييرِ صورَةِ مفرده، نَحو:

رَجُل ← رِجال   بَيْت ← بُيوت   وَرَقة ← أَوْراق .

تمرين ٤٩. ميّز جمعَ المذكّر السالمَ من جمعِ المؤنّث السالم و جمع التكسير:
أَطْفـال، مَدارِس، مُعلِّمـونَ، أبـواب، كَراسيّ، سَـالِمُونَ، غَانِمِينَ، سَاعَات، مُعَلِّمات، سُيُوف، دُور، رَاجِعِينَ، كُتُب، وَرَقات، قانِتِينَ.

تمرين ٥٠. ردّ الجموع الآتية إلى مفرداتها:
١. لُعَبُ ٱلأَولادِ.

٢. تَلامِيذُ ٱلمَدارِسِ.

٣. شُروحُ ٱلمُعلِّمِينَ.

٤. أقفالُ ٱلأبوابِ.

٥. كَراسيُّ ٱلدُّورِ.

٦. عَقارِبُ ٱلسّاعاتِ.

٧. سُيُوفُ ٱلعَساكِرِ.

تمرين ٥١. ما هي جموع الألفاظ التابعة:
١. ضَيْفُ ٱلجارِ.

٢. أَسَدُ ٱلغابةِ.

٣. مِنْقارُ ٱلطّائرِ.

٤. فَأرَةُ ٱلحَقْلِ.

٥. فَرَسُ ٱلمُسافِرِ.

٦. صُورَةُ ٱلوَلَدِ.

٧. عَصا ٱلشّيخِ.

٨. قَدُّومُ ٱلنَّجَّارِ.

٩. إِبرَةُ ٱلخِيَّاطَةِ.

١٠.عَبدُ ٱلمُؤمِنِ.

تمرين ٥٢. عيّن المفرد و المثنى و الجمع و نوع الجمع في العبارات التابعة:

١. القرآن الكريم: و بَشِّرِ المُؤمِنِينَ.[١]

٢. القرآن الكريم: وَ السَّابِقُونَ السَّابِقُونَ ٭ أُولئِكَ المُقَرَّبُونَ ٭ فِي جَنَّاتِ النَّعِيمِ.[٢]

٣. القرآن الكريم: وَ هُوَ الَّذِى مَرَجَ البَحرَينِ هٰذا عَذبٌ فُراتٌ وَ هٰذا مِلحٌ أُجاجٌ.[٣]

٤.الإمام عليٌّ عليه السلام: الصِّحَّةُ وَ الفَراغُ نِعمَتانِ مَكفُورَتانِ.[٤]

٥.الإمام الصادق عليه السلام: إنَّ فِي السَّماءِ مَلَكَينِ مُوكَّلَينِ بِالعِبادِ، فَمَن تَواضَعَ لِلّهِ رَفَعاهُ، وَ مَن تَكَبَّرَ وَضَعاهُ.[٥]

١. سورة التوبة / الآية ١١٢.

٢. سورة الواقعة / الآيات ١٠ – ١٢.

٣. سورة الفرقان / الآية ٥٣.

٤. ميزان الحكمة، ج ١٠ / ص ١٠٦.

٥. ميزان الحكمة، ج ١٠ / ص ٥١٠.

اسم الفاعل و اسم المفعول

٧٤. ما هو اسم الفاعل؟

اِسْمُ الفَاعِلِ كَلِمَةٌ عَلَى وَزْنِ «فَاعِل» تَدُلُّ عَلَى مَنْ فَعَلَ الفِعْلَ، نَحو:
هَذا الوَلَدُ الشَّارِبُ الماءَ.

٧٥. ما هو اسم المفعول؟

اِسْمُ المَفْعُولِ كَلِمَةٌ عَلَى وَزْنِ «مَفْعول» تَدُلُّ عَلَى ما وَقَعَ عَلَيْهِ الفِعْلُ، نَحو:
هَذا الماءُ المَشْروبُ.

تمرين ٥٣. اِبنِ اسم الفاعل أولاً ثمّ اسم المفعول من الأفعال التابعة:

مَنَعَ ، شَرِبَ ، سَمِعَ ، عَلِمَ ، صَنَعَ ، جَمَعَ ، دَفَعَ ، حَلَبَ

مَضَغَ ، ذَكَرَ ، كَتَبَ ، فَهِمَ ، فَتَحَ ، عَمِلَ ، حَزَمَ

تمرين ٥٤. دلَّ على اسم الفاعل و على اسم المفعول:

سَالِم ، مَأْمُور ، ذَاهِب ، مَلْطُوم ، مَخْبُوز ، سَاقِط ، مَانِع ، مَمْنُوع

رَاحِم ، مَرْفُوع ، حَاضِر ، مَحْمُول ، جَالِس ، مَأْكُول ، مَذمُوم

تمرين ٥٥. عين الاسم الفاعل و المفعول في العبارات التابعة:

١. القرآن الكريم: إنَّهُم لَهُمُ ٱلمَنْصُورُونَ.[١]

٢. القرآن الكريم: وَ إنَّ جُنْدَنا لَهُمُ ٱلغَالِبُونَ.[٢]

٣. القرآن الكريم: يَعْلَمُ خَائِنَةَ ٱلأَعْيُنِ وَ مَا تُخْفِي ٱلصُّدورُ.[٣]

٤. القرآن الكريم: إنَّكُمْ عَائِدُونَ.[٤]

٥. الإمام عليٌّ عليه‌السلام: وَ كُونا لِلظَّالِمِ خَصْماً ، وَ لِلمَظْلُومِ عَوناً.[٥]

٦. الإمام الصادق عليه‌السلام: اَلنَّاسُ ثَلاثَةٌ: جَاهِلٌ يَأْتِي أَنْ يَتَعَلَّمَ ، وَ عَالِمٌ قَدْ شَفَّهَ عِلْمه ، وَ عَاقِلٌ يَعملُ لِدُنياهُ و آخِرَتِهِ.[٦]

---

١. سورة الصافات / الآية ١٧٢.

٢. سورة الصافات / الآية ١٧٣.

٣. سورة غافر / الآية ١٩.

٤. سورة الدّخان / الآية ١٥.

٥. نهج البلاغة / الكتاب ٤٧.

٦. ميزان الحكمة ، ج ١٠ / ص ٢٤٨.

النكرة و المعرفة

٧٦. ما هي النكرة؟
اَلنَّكِرَةُ كُلُّ اسْمٍ لايَدُلُّ على مُعَيَّنٍ، نَحو: قَلمٌ.
فَكَلِمَةُ قَلم لا تَعْني قَلَماً مُعَيَّناً، كَما لَوْ قُلْنا: اَلقَلَمُ الأَحْمَرُ.

٧٧. ما هي المعرفة؟
اَلْمَعْرِفَةُ كُلُّ اسْمٍ يَدُلُّ على مُعَيَّنٍ، نَحو: اَلْقَلَمُ الأَحْمَرُ.

إليك أنواع المعرفة:

اِسْمُ العَلَمِ. اَلضَّمير. اِسْمُ الإِشارَة. اِسْمُ المَوْصول.
اَلمُعَرَّفُ بِأَلْ. اَلمُضاف إلى مَعْرِفَة.

تمرين ٥٦. ضع خطّاً تَحت الأسماء التي تدل على معيَّن:

في غُرفَةِ المَؤُنَةِ خابِيَةٌ كَبِيرَةٌ لِلزَّيتِ وَ عَلىٰ فَمِها مِكْيالٌ أَسْوَدُ. وَ هُنـاكَ أَيضاً خَوابٍ لِلزَّيتُونِ و الْخَلِّ. و بُرنِيَّةٌ ضَخمَةٌ يَضَعُونَ فِيها سَمناً ذَهَبِيًّا و في الزّاوِيَةِ يَضَعُونَ قُفَفاً وَ أَكياساً.

اسم العلم والضمير

٧٨. ما هو اسم العلم؟

اِسْمُ العَلَمِ ٱسْمٌ نُعَيِّنُ بِهِ شَخْصاً أَو حَيَواناً أَو شَيئاً بِاسْمِهِ الخاصّ، نَحو:

تَنَزَّهَ فَرِيدٌ قُرْبَ دَجْلَةَ راكِباً بَرْقاً.

فَكَلِمَةُ ((فَرِيدٌ)) اِسْمُ عَلَمٍ لِشَخْصٍ وَ ((دَجْلَة)) لِنَهْرٍ و ((بَرْق)) لِحِصانٍ.

٧٩. ما هو الضمير؟

(اطلب الدرس ٧ و الدرس ١٠).

٨٠. ما هي الضمائر المنفصلة للرفع؟

(اطلب الدرس ٧، السؤال ٣).

٨١. ما هي الضمائر المنفصلة للنصب؟

إِيَّاهُمْ – إِيَّاهُمَا – إِيَّاهُ   إِيَّاها – إِيَّاهُما – إِيَّاهُنَّ

إِيَّاكُمْ –إِيَّاكُمَا–إِيَّاكَ   إِيَّاكِ – إِيَّاكُما – إِيَّاكُنَّ

إِيَّايَ – إِيَّانا

٨٢. متى تُستعمل الضمائر المنفصلة للنصب؟

تُستَعْمَلُ الضَّمائِرُ المُنْفَصِلَةُ لِلنَّصْبِ إِذا كانَتْ في مَحَلِّ المَفْعولِ بِهِ، نَحو:

إِيَّاكَ نَعْبُدُ

٨٣. ما هي الضمائر المتّصلة؟

للمفرد   :   هُ، ها، تَ، تِ، تُ، كَ، كِ، ي.

للمثنى   :   ا، هُما، تُما، كُما، نا.

للجمع   :   و، هُمْ، هُنَّ، تُمْ، كُمْ، تُنَّ، كُنَّ، نا.

نحو: كَتَبْتُ ، حَفِظَهُ ، شَرَّفْتُمْ ، فَهِمْنا.

تمرين ٥٧. أُكتب عشرة أسماء علم للأشخاص و عشرة للحيوانات و عشرة للأمكنة.

تمرين ٥٨. أُذكر الضمائر المتصلة في هذا التمرين:

يَشْتَرِيانِ ، يَبِيعانِ ، مَشَوْا ، سافَرْتا ، يَجْتَهِدْنَ ، نَجَحْتُ ، تَقُصِّينَ ، يُغَنُّونَ.

تمرين ٥٩. أُكتب في محل الفراغ الضمير الموافق:

١. هٰذِهِ بُيُوتُ ٱلْقَرْيَةِ بَدَأَ ..... أَبوابُ...... تُفتَحُ.

٢. رَجُلٌ شَيخٌ يَخْرُجُ مِنَ ٱلْبَيتِ ...... يَحْمِلُ مِجْرَفَةً عَلى كَتِفِ...... و بِيَدِ ..... سَلَّةٌ.

٣. فَيَرمي بِهِ...... عَلى التُّرابِ ثُمَّ يَجْلِسُ بِقُرْبِ......

تمرين ٦٠. أُكتب الضمائر في المثنى:

بَيتُهُ ، دارُها ، مِكْنَسَتي ، سَيّارَتُهُ ، إِبْرَتُكِ ، طائِرَتُكَ ، قَميصُهُمْ ، وَلَدُها.

تمرين ٦١. أُكتب هذه الجمل في المفرد:

١. تَعالَوا يا أولادي!

٢. نَحْنُ رِجالُ ٱلْغَدِ.

٣. أنتُما تُغَنِّيانِ بِصَوتٍ نائِمٍ.

٤. بِيَدِكُم دَفاتِرُكُمُ ٱلْجَديدَةُ.

٥. لَكُمْ أَقُولُ: إِيّاكُم و ٱلْكَسَلَ!

تمرين ٦٢. عيّن اسم العلم أو الضمير في العبارات التابعة:

١. القرآن الكريم: اللهُ لا إِلهَ إِلَّا هُوَ ٱلْحَيُّ ٱلْقَيُّومُ.[1]

٢. القرآن الكريم: نَحنُ نَقُصُّ عَليكَ أَحسَنَ ٱلْقَصَصِ.[2]

٣. القرآن الكريم: لَقَد كانَ فِي يُوسُفَ وَ إِخْوَتِه آياتٌ لِلسّائِلينَ.[3]

٤. الإمام عليٌّ عليه السلام: أَمّا بَعْدُ فَإِنِّي قَدْ وَلَّيتُ ٱلنُّعمانَ بنَ عَجلانَ الزُّرَقِيَّ عَلَى البَحرَينِ ....[4]

٥. الإمامُ الكاظم عليه السلام: يا هشامُ! إِنَّ ٱلعاقِلَ لَايكذِبُ ....[5]

٦. أَيُّها ٱلشُّبانُ! أَنْتُم رِجالُ ٱلمُستقبلِ.

٧. عليٌّ هُوَ ٱلنّاجِحُ هذا ٱلطِّفْل.

١. سورة آل عمران/ الآية ٢.

٢. سورة يوسف / الآية ٣.

٣. سورة يوسف / الآية ٧.

٤. نهج البلاغة / الكتاب ٤٢.

٥. تحف العقول / ص ٣٩١.

- ٢٤ -

اسم الإشارة

٨٤. ما هو اسم الإشارة؟

اِسْمُ الإِشارَةِ لَفْظَةٌ تَدُلُّ عَلَى مُعَيَّنٍ بِإِشارَةٍ حِسِّيَّةٍ، نَحو:

كِتاب ← هذا الكِتاب، كَأَنَّنا نَدُلُّ عَلَيْهِ بالإِصْبَع.

٨٥. ما هي أهمُّ ألفاظ اسم الإشارة؟

إِلَيْكَ أَهَمَّ أَلْفاظِ آسْمِ الإِشارَةِ:

للمذكر   :   هٰذا، هٰذانِ هٰذَيْنِ، هٰؤُلاءِ

للمؤنث   :   هٰذِهِ، هاتانِ هاتَيْنِ، هٰؤُلاءِ

تمرين ٦٣ . قدّم الأسماء التالية باسم إشارة يطابقها:

الكُرسِيّ، اَلحَمامَة، اَلحَرُوف، اَلثَّورَينِ، اَلمَريضَتانِ، اَلمَريضَتَينِ اَلأَسماك، اَلأَبواب، إِصْبعانِ، خَبّازَينِ، كاتِبانِ، اَلتِّلمِيذَينِ، وَرقة

تمرين ٦٤ . ضع محل الفراغ الاسم الموافق لاسم الإشارة:

(الهديّة، المَساء، الزّوّار، النّهار، التّلميذانِ، الغُرفة، الكتب، الولدين)

دَرَسَ هـٰذانِ .... جَيّداً هـٰذا .... فَسَّرَ الأُستاذُ وقَدَّمَ لَهُما هـٰذِهِ .... المُصَوَّرة. و لمّا رأَتِ الأُمُّ هـٰذِهِ .... الجَمِيلَةِ هَنَّأَت هـٰذَينِ .... النَّشِيطَينِ. وَصَلَ هـٰذا .... أَصدِقاءُ مِنَ الجَبَلِ فأَضَفْنا هـٰؤُلاءِ .... في هـٰذِهِ .... الفَسِيحَةِ.

تمرين ٦٥ . عيّن أسماء الإشارة في العبارات التابعة:

١. القرآن الكريم: إِنْ هـٰذا إِلَّا سِحْرٌ مُبِينٌ.[1]

٢. القرآن الكريم: هـا أَنتُمْ هـٰؤُلاءِ جادَلْتُمْ عَنْهُمْ فِي الحَياةِ الدُّنيا.[2]

٣. القرآن الكريم: ذٰلِكُما مِمّا عَلَّمَنِي رَبِّي.[3]

٤. القرآن الكريم: أُولئِكَ هُمُ المُؤمِنُونَ حَقّاً.[4]

٥. الإمام عليّ عليه‌السلام: إِنَّ هـٰذِهِ القُلُوبَ تَمَلُّ كَما تَمَلُّ الأَبدانُ.[5]

٦. ذانِ تِلميذانِ مُجتهِدانِ.

٧. اِنْتَقَلْنا مِن هُنا إلى هُناكَ.

---

١. سورة الأنعام / الآية ٧.

٢. سورة النساء / الآية ١٠٩.

٣. سورة يوسف / الآية ٣٧.

٤. سورة الأنفال / الآية ٤.

٥. نهج البلاغة / الحكمة ٩١.

اسم الموصول

٨٦. ما هو اسم الموصول؟

اِسْمُ المَوْصولِ اسْمٌ يَدُلُّ عَلَى مُعَيَّنٍ لا بِإِشارَةٍ حِسِّيَّةٍ لكِنْ بِواسِطَةِ جُمْلَةٍ تَأْتي بَعْدَهُ، نَحْو:

ما أَجْمَلَ الأُغْنِيَّةَ الَّتي سَمِعْناها، فَالجُمْلَةُ بَعْدَ «الَّتي» تُعَيِّنُ الأُغْنِيَّةَ.

٨٧. ما هي ألفاظ اسم الموصول؟

إِلَيكَ أَلْفاظُ اسْمِ المَوْصول:

للمذكر : اَلَّذي ، اَللَّذانِ اَللَّذَيْنِ ، اَلَّذينَ

للمؤنث : اَلَّتي ، اَللَّتانِ اَللَّتَيْنِ ، اَللَّواتي

تمرين ٦٦. ضع اسم الموصول محل الفراغ:

١. اَلْحَجَلُ ...... أَصْطَدْناه.

٢. اَلْخَروفانِ ...... اَشْتَرَيْناهُما.

٣. اَلْغُرْفَةُ .... في وَسَطِ اَلْبَيتِ.

٤. صَادَفْتُ اَلْأَولادَ ...... غَنُّوا اَلْأَلْحانَ اَلْجَميلَةَ.

تمرين ٦٧. ضع اسمي الإشارة والموصول قبل الجمل التابعة:

(هٰكذا: هٰذا اَلَّذى عَلَّمَ أَوْلادَكُم.)

١. .... عَلَّمَ أَوْلادَكُم.

٢. .... خَيَّطَتِ اَلأثوابَ.

٣. .... يُكْرِمْنَ اَلزَّائِرَ.

٤. .... يَبُشُّونَ في وَجْهِ اَلضَّيْفِ.

٥. .... هُمُ اَلطَّلبةُ اَلمجتَهِدُونَ.

٦. .... تَجيئانِ كُلَّ سَنةٍ مِنْ مِصْرَ لِزيارَةِ اَلأَهْلِ.

تمرين ٦٨. ميز اسمي الإشارة والموصول في الجمل التابعة:

١. القرآن الكريم: اَلحَمدُللهِ اَلَّذى خَلَقَ اَلسَّماواتِ واَلأَرْضَ.[١]

٢. القرآن الكريم: وَ قَالَ اَلَّذينَ كَفَرُوا لَاتَسْمَعُوا لِهٰذا اَلْقُرآنِ وَ اَلْغَوْا فيه لَعَلَّكُم تَغْلِبُونَ.[٢]

٣. القرآن الكريم: هٰذِهِ جَهَنَّمُ اَلَّتى يُكَذِّبُ بِها اَلْمُجرِمُونَ.[٣]

---

١. سورة الأنعام / الآية ١.

٢. سورة فصلت / الآية ٢٦.

٣. سورة الرحمن / الآية ٤٣.

٤. القرآن الكريم: تِلْكَ آياتُ ٱللهِ نَتْلُوها عَليك بِٱلْحَقِّ.[1]

٥. القرآن الكريم: أَهٰذا ٱلَّذى بَعَثَ ٱللهُ رَسُولاً؟[2]

٦. الإمام عليٌّ عليه‌السلام: المُتَّقِي مَنِ ٱتَّقَى ٱلذُّنوبَ.[3]

٧. الإمام عليٌّ عليه‌السلام: أُوصيكُم بِتَقْوى ٱللهِ ٱلَّذي أعذَرَ و أَنْذَرَ.[4]

٨. الإمـام عليٌّ عليه‌السلام: اِعلَمُوا أَنَّه لَيسَ لِهٰذا ٱلجِلدِ ٱلرَّقيقِ صَبرٌ عَلى ٱلنّارِ فَٱرْحَمُوا نُفوسَكُم.[5]

---

١. سورة آل عمران / الآية ١٠٨.

٢. سورة الفرقان / الآية ٤١.

٣. ميزان الحكمة، ج ١/ص ٦٤٢.

٤. ميزان الحكمة، ج ١٠ / ص ٦٢٢.

٥. ميزان الحكمة، ج ٢ / ص ١٦٤.

المعرف بأل و المضاف إلى معرفة

٨٨. ما هو المعرف بأل؟

اَلْمُعَرَّفُ بِأَلْ هُوَ كُلُّ اَسْمٍ نَكِرَةٍ تَقَدَّمَتْهُ لَفْظَةُ «أَلْ»، نحو:

سَيْفٌ قاطِعٌ ← اَلسَّيْفُ القاطِعُ.

٨٩. ما هو المضاف إلى معرفة؟

اَلْمُضافُ إلى مَعْرِفَةٍ هُوَ كُلُّ اسْمٍ نَكِرَةٍ جاءَ بَعْدَهُ:

﹡ ضَميرٌ، نحو: دَفْتَري.   ﹡ اِسْمُ عَلَمٍ، نحو: دَفْتَرُ سَميرٍ.

﹡ اِسْمُ إشارَةٍ، نحو: دَفْتَرُ هَذا.   ﹡ مُعَرَّفٌ بِأَلْ، نحو: دَفْتَرُ الوَلَدِ.

﹡ اِسْمُ مَوْصولٍ، نحو: الأبُ الّذي يُكرِمُ وَلَدَهُ.

٩٠. هل يدخل التنوين على المعرف بأل أو المضاف إلى معرفة؟

كَلَّا، إِنَّ التَّنْوينَ لا يَدْخُلُ أَبَداً عَلى المُعَرَّفِ بِأَلْ أَوِ المُضافِ إلى مَعْرِفَةٍ. فَلانَقُولُ أَبَداً: ريشَةٌ التِّلْميذِ، بَلْ: ريشَةُ التِّلْميذِ.

تمرين ٦٩ . خذ هٰذه النكرات واجعلها معرفات:

شَمْس ، سَماء ، نِسَاء ، عَيْن ، طَريق ، بَيْت
شَيْخ ، اِمرَأَة ، مَصْطَبَة ، خَرُوف ، أَرْض ، شَحْم.

تمرين ٧٠ . ميز الأسماء المعرفة بأل أو بالإضافة:

١. القرآن الكريم: وَ جَعَلْنا مِنَ ٱلْماءِ كُلَّ شَيْءٍ حَيٍّ.[١]

٢. القرآن الكريم: ٱلْيَوْمَ أَكْمَلْتُ لَكُمْ دِينَكُمْ.[٢]

٣. القرآن الكريم: فَتَمَّ مِيقاتُ رَبِّهِ أَرْبَعِينَ لَيْلَةً.[٣]

٤. القرآن الكريم: إِنَّ ٱلْإِنْسَانَ لَفِي خُسْرٍ.[٤]

٥. الإمام عليٌّ عليه‌السلام: مَن أَحْسَنَ ٱلْكِفايَةَ ٱسْتَحَقَّ ٱلْوِلايَةَ.[٥]

٦. الإمام عليٌّ عليه‌السلام: مَنِ ٱسْتَوْطَأَ مَرْكَبَ ٱلصَّبْرِ ظَفَرَ.[٦]

٧. شَوارِعُ ٱلْمَدينَةِ واسِعَةٌ.

٨. ٱلسَّيّارَةُ أَسْرَعُ مِنَ ٱلْقِطارِ.

---

١. سورة الأنبياء / الآية ٣٠.

٢. سورة المائدة / الآية ٣.

٣. سورة الأعراف / الآية ١٤٢.

٤. سورة العصر / الآية ٢.

٥. غرر الحكم / ص ٦٧٤.

٦. غرر الحكم / ص ٧٢٣.

الاسم المبني والمعرب

٩١. هل تتغير حركة آخر الاسم؟

نَعَمْ؛ إِنَّ حَرَكَةَ آخِرِ الاسْمِ تَتَغَيَّرُ غالباً حَسَبَ وَظيفَةِ الاسْمِ في الجُمْلَةِ. وَلِذٰلِكَ نَقولُ إِنَّ الاسْمَ مُعْرَبٌ، نَحو:

الْوَلَد ← جاءَ الْوَلَدُ الصَّغيرُ مَعَ الْوَلَدِ الْكَبيرِ.

٩٢. ما هي الأسماء التي لا يتغير آخرها؟

إِنَّ الأسماءَ التي لا يَتَغَيَّرُ أَبَداً آخِرُها هِيَ الأَسْماءُ المَبْنِيَّةُ وَمِنْها: الضَّمائِرُ، أَسْماءُ الإِشارَةِ، أَسْماءُ المَوْصولِ، أَسْماءُ الشَّرْطِ وَالاسْتِفْهامِ وَالأَعْدادُ المُرَكَّبَةُ.

أسماء الإستفهام:	مَنْ، ما، مَتىٰ، أَينَ، كَيفَ، كَمْ
أسماء الشرط :	مَهْما، أَيّ
ألأعداد المركبة :	أَحَدَ عَشَرَ، ثَلاثَةَ عَشَرَ، تِسعَةَ عَشَرَ

٩٣. ما هي أنواع إعراب الاسم؟

أَنْواعُ إِعْرابِ الاسْمِ ثَلاثَةٌ: الرَّفْعُ (ُ) وَالنَّصْبُ (َ) وَالجَرُّ (ِ)، نَحو:

اَللُّعْبَةُ، اَللُّعْبَةَ، اَللُّعْبَةِ ـ سَعيدٌ، سَعيداً، سَعيدِ

كيف يرفع الاسم

٩٤. ما هي علامة رفع الاسم في العموم؟

عَلَامَةُ رَفْعِ الاسْمِ في العمومِ هِيَ «الضَّمَّةُ» في آخِرِهِ، نحو:

اَلْوَلَدُ ← اَلْوَلَدُ   وَلَدٌ ← وَلَدٌ

٩٥. ما هي علامة رفع الاسم المثنى؟

عَلَامَةُ رَفْعِ الاسْمِ المُثَنَّى «الأَلِفُ وَ النُّون»، نَحو:

الْوَلَدانِ يَلْعَبانِ ← الْوَلَدُ يَلْعَبُ

٩٦. ما هي علامة رفع الجمع المذكر السالم؟

عَلَامَةُ رَفْعِ الجَمْعِ المُذَكَّرِ السَّالِمِ «الوَاوُ وَ النُّون»، نحو:

الفَلَّاحُونَ يَزْرَعُونَ ← الفَلَّاحُ يَزْرَعُ

٩٧. ما هي علامة الرفع في الأسماء الخمسة؟

عَلَامَةُ الرَّفْعِ في الأَسْماءِ الْخَمْسَةِ «الواوُ» فَلِانَكْتُبُ:

جاءَ أَبُ سَميرٍ، بَل: جاءَ أبو سَميرٍ.

الأسماء الخمسة في حالة الرفع:
أَبو، أَخو، حَمو، فو، ذُو

٩٨. متى يكون الاسم مرفوعاً؟

يَكونُ الاسْمُ مَرْفوعاً إِذا كان:

❈ أَوْ خَبَراً للمبتدأ	❈ فاعِلاً
❈ أَوِ اسْماً لِكانَ وَ أَخَواتِها	❈ أَوْ نائِبَ فاعِلٍ
❈ أَوْ خَبَراً لإِنَّ وَ أَخَواتِها.	❈ أَوْ مُبْتَدأً

تمرين ٧١. ارفع هذه الأسماء مستعملاً التنوين عند الضرورة:

أب ، رِجال ، كَلِمات ، اَلْكُتُب ، قادِر ، اَلقادِر ، أخ ، صَدِيق.

تمرين ٧٢. اِنسخ هذا التمرين بالمثنّى:

١. اَلبِنْتُ اَلصَّغِيرَةُ تَلْعَبُ فِي حَدِيقَةِ مَنزِلِها.

٢. هٰذِهِ حَبَّةُ لُوبياءَ حَمْراءَ تَزرَعُها اَلبِنْتُ.

٣. حَبَّةُ اَللُّوبِياءِ تَنْبُتُ بِسُرعَةٍ.

تمرين ٧٣. اُكتب هذه التعابير بالجمع و حرّك آخر الأسماء المرفوعة:

١. وَلَدٌ يَلْعَبُ ..... يَلعَبُونَ.

٢. مِسْطَرَةٌ مِن حَدِيدٍ .... مِنْ حَدِيدٍ.

٣. اِشْتَرَيْتُ اَلعَلَمَ اَلأَسْوَدَ. اِشْتَرَينا الـ ...... الـ ....

٤. اَلوَلَدُ يَلعَبُ. اَلأَولادُ ....

تمرين ٧٤. عين علامة الرفع في الأسماء التي تحتها خطّ:

١. القرآن الكريم: و اَلْآخِرَةُ خَيْرٌ وَ أَبقَىٰ.[١]

٢. القرآن الكريم: وَ دَخَلَ مَعَهُ اَلسِّجْنَ فَتَيانِ.[٢]

٣. القرآن الكريم: قَدْ أَفلَحَ اَلمُؤمِنُونَ.[٣]

٤. الرسول الأعظم ﷺ: اَلمُسلِمونَ شُرَكاءُ فِي ثلاثٍ: فِي اَلماءِ و اَلكَلاءِ و

---

١. سورة الأعلى / الآية ١٧.

٢. سورة يوسف / الآية ٣٦.

٣. سورة المؤمنون / الآية ١.

النّارِ.[1]

٥.الرسول الأعظم ﷺ: رَكعَتانِ خَفيفَتانِ في تَفكُّرٍ خَيرٌ مِن قِيامِ لَيلَةٍ.[2]

٦.الإمام عليٌّ ؏: اَلرِّزقُ رِزقانِ طَالِبٌ و مَطلُوبٌ.[3]

٧. اَلمُتفوِّقُونَ هُمُ اَلأَفضَلُونَ.

---

١. ميزان الحكمة، ج ٥ / ص ٦٨.

٢. ميزان الحكمة، ج ٥ / ص ٣٩١.

٣. نهج‌البلاغة / الحكمة ٤٣١.

الفاعل و نائب الفاعل

٩٩. ما هو الفاعل؟

اَلْفاعِلُ اسْمٌ يَقَعُ بَعْدَ الفِعْلِ المَعْلومِ وَ يَدُلُّ عَلَى مَنْ فَعَلَهُ، نَحو:
قامَ أَمينٌ وَ قَطَفَ التُّفّاحَةَ.

١٠٠. ما هو نائب الفاعل؟

نائِبُ الفاعِلِ اسْمٌ يَقَعُ بَعْدَ الفِعْلِ المَجهولِ مَحَلَّ الفاعِلِ المَحْذُوفِ، نَحو:
قُطِفَتِ التُّفّاحَةُ.

تمرين ٧٥ . دلّ على الفاعل في الجمل التابعة:

عِنْدَ مَا يَحِلُّ الصَّيْفُ يَذْهَبُ أَهْلُ السَّواحِلِ إِلَى الجِبالِ، وَفي أَواسِطِ الخَريفِ يَعودونَ إِلَى مَنازِلِهِمْ إِذْ يَكونُ قَدْ تَرَطَّبَ الجَوُّ وَ حَلَتِ الإِقامَةُ.

تمرين ٧٦ . دلّ على نائب الفاعل في العبارات التالية:

١. نُصِرَ المُجاهِدونَ.

٢. يُؤكَلُ السَّمَكُ مَسلُوقاً وَ مَشوِياً وَ مَقلِياً.

٣. يُزرَعُ الباذِنجانُ في السَّواحِلِ في الرَّبيعِ و يُقطَفُ ثَمَرُهُ في أَوائِلِ الصَّيفِ.

تمرين ٧٧ . ميز الفاعل من نائب الفاعل و الفعل المجهول من المعلوم:

١. القرآن الكريم: خُلِقَ الإِنْسانُ ضَعيفاً.[١]

٢. القرآن الكريم: وَ جَعَلْنا السَّماءَ سَقْفاً مَحْفوظاً.[٢]

٣. القرآن الكريم: اِقْتَرَبَتِ السّاعَةُ و أَنشَقَّ القَمَرُ.[٣]

٤. القرآن الكريم: فَتَبارَكَ اللهُ أَحسنُ الخالِقينَ.[٤]

٥. القرآن الكريم: وَ جُمِعَ الشَّمسُ و القَمَرُ.[٥]

٦. الإمام عليّ ﷺ: إذا تَمَّ العَقْلُ نَقَصَ الكَلامُ.[٦]

٧. الإمام عليّ ﷺ: لَو خَلَصَتِ النِّيّاتُ لَزَكَّتِ الأَعمالُ.[٧]

٨. يُسمَعُ صَوتُ المُؤَذِّنِ مِنْ بَعيدٍ.

٩. شُرِحَتِ المَسأَلَةُ شَرحاً وافِياً.

---

١. سورة النساء / الآية ٢٨.

٢. سورة الأنبياء / الآية ٣٢.

٣. سورة القمر / الآية ١.

٤. سورة المؤمنون / الآية ١٤.

٥. سورة القيامة / الآية ٩.

٦. نهج البلاغة / الحكمة ٧١.

٧. غرر الحكم / ص ٦٠٣.

المبتدأ والخبر

١٠١. كيف تتركب الجملة في العموم؟

تَتَرَكَّبُ الجُمْلَةُ في العُمومِ مِنْ فِعْلٍ وَ عِدَّةِ أَسْماءٍ وَ تُسَمَّى «الجُمْلَةَ الفِعْلِيَّةَ»، نحو: وَقَفَ سَميرٌ في الشَّارِع.

١٠٢. هل تتركب الجملة أحياناً من اسمين بدون فعل؟

نَعَم. إِنَّ الجُمْلَةَ تَتَرَكَّبُ أَحياناً مِنِ اسْمَيْنِ بدونِ فِعْلٍ وَ تُسَمَّى «الجُمْلَةَ الاسْمِيَّةَ»، نحو: سَميرٌ واقِفٌ.

١٠٣. ما اسم الاسمين في الجملة الاسمية؟

إِنَّ الاسْمَيْنِ في الجُمْلَةِ الاسْمِيَّةِ هُما المبتدأ (وَ هو الاسْمُ الأَوَّلُ) و الخَبَرُ (وَ هو الثَّاني)، نحو: سَميرٌ واقِفٌ.

فَكَلِمَةُ «سَمير» مُبْتَدأٌ وَ كَلِمَةُ «واقِف» خَبَرٌ.

تمرين ٧٨. ميّز المبتدأ من الخبر:

١. القرآن الكريم: مُحَمَّدٌ رَسُولُ اللهِ.[1]

٢. القرآن الكريم: إِلهُكُمْ إِلهٌ واحِدٌ.[2]

٣. القرآن الكريم: وَ اللهُ رَءُوفٌ بِالعِبادِ.[3]

٤. القرآن الكريم: وَ الآخِرَةُ خَيرٌ وَ أَبقى.[4]

٥. الإمام عليٌّ عليه‌السلام: اَلغِيبَةُ جُهدُ العاجِزِ.[5]

٦. الإمام عليٌّ عليه‌السلام: اَلحِلمُ غِطاءٌ سَاتِرٌ.[6]

٧. اَلعَقْلُ نورٌ.

٨. اَلنّظافَةُ ضَرُورِيَّةٌ.

٩. تَركِيبُ الإنسانِ عَجيبٌ.

١٠. اَلوَلَدُ المُهَذَّبُ مَحبوبٌ.

تمرين ٧٩. ركّب جملاً صغيرةً تجيء فيها الألفاظ التابعة مبتداءاتٍ:
اَلشَّمسُ ، اَلقَمَرُ، اَلوالِدانِ ، اَلبَناتُ ، اَلبَردُ ، اَلألعابُ ، اَلدّراجاتُ.

---

١. سورة الفتح / الآية ٢٩.

٢. سورة البقرة / الآية ١٦٣.

٣. سورة آل عمران / الآية ٣٠.

٤. سورة الأعلى / الآية ١٧.

٥. نهج‌البلاغة / الحكمة ٤٦١.

٦. نهج‌البلاغة / الحكمة ٤٢٤.

اسم كان وخبرها

١٠٤. ما هي كان؟

«كانَ» فِعْلٌ يَدْخُلُ عَلَى المُبْتَدَإِ وَ الخَبَرِ فَيَرْفَعُ المُبْتَدَأَ وَيُسَمَّى «اسْمَهُ» وَيَنْصُبُ الخَبَرَ وَيُسَمَّى «خَبَرَهُ»، نَحْو:

سَميرٌ مُجْتَهِدٌ ← كانَ سَميرٌ مُجْتَهِداً.

١٠٥. هل لكان أخوات؟

نَعَمْ. لِكانَ أَخَواتٌ وَهِيَ أَفْعالٌ تَعْمَلُ عَمَلَها، نَحْو:

اَلنَّهارُ جَميلٌ ← أَصْبَحَ النَّهارُ جَميلاً.

اَلشَّمْسُ مُنيرَةٌ ← لَيْسَتِ الشَّمْسُ مُنيرَةً.

أخوات كان:

أَصْبَحَ ، أَضْحىٰ ، ظَلَّ ، أَمْسىٰ ، مازالَ ، ما بَرِحَ
ما انْفَكَّ ، ما فَتِئَ ، مادامَ ، صارَ ، لَيْسَ

تمرين ٨٠. أدخل على الجمل التابعة كان وأخواتها بالتعاقب واضبط أواخر الكلم بالحركات:

١. اَلجوُّ معتدِلٌ. ٦. اَلفُرصَةُ قَريبةٌ.

٢. اَلطِّينُ إبريقٌ. ٧. اَلتَّلامِذةُ فَرحونَ.

٣. اَلقانِعُ شَاكِرٌ. ٨. اَلحاسِدُ مَغمومٌ.

٤. اَلحَربُ ناشِبةٌ. ٩. اَلدَّرَّاجَةُ سريعةٌ.

٥. اَلكَريمُ محبوبٌ. ١٠. اَلمواصَلاتُ قَريبةٌ.

تمرين ٨١. عين الأفعال الناقصة مع اسمها وخبرها:

١. القرآن الكريم: وَ كانَ اللهُ سَميعاً بَصيراً.[١]

٢. القرآن الكريم: أَلَيسَ اللهُ بِأَحكَمِ الحاكِمينَ.[٢]

٣. القرآن الكريم: لَيسُوا سَواءً.[٣]

٤. القرآن الكريم: فَأَصبَحَ فى المَدينةِ خائفاً يَتَرقَّبُ.[٤]

٥. القرآن الكريم: وَ إذا بُشِّرَ أَحَدُهُم بِالأُنثى ظَلَّ وَجهُهُ مُسوَدًّا.[٥]

٦. الإمام علي عليه السلام: لَيسَتِ الرَّويَّةُ كَالمُعايَنةِ مَعَ الإبصارِ.[٦]

٧. الإمام علي عليه السلام: لايَكونُ الصَّديقُ صَديقاً حَتّى يَحفَظَ أخاهُ فِي ثلاثٍ: فِي نَكبَتِهِ، وَ غَيبَتِهِ، وَ وَفاتِهِ.[٧]

---

١. سورة النساء / الآية ١٣٤.

٢. سورة التين / الآية ٨.

٣. سورة آل عمران / الآية ١١٣.

٤. سورة القصص / الآية ١٨.

٥. سورة النحل / الآية ٥٨.

٦. نهج البلاغة / الحكمة ٢٨١.

٧. نهج البلاغة / الحكمة ١٣٤.

خبر إنّ واسمها

١٠٦. ما هي إنّ؟

«إنّ» حَرْفٌ يَدْخُلُ على المُبْتَدَإِ والْخَبَرِ فَيَنْصِبُ المُبْتَدَأَ وَيُسَمَّى «اسْمَهُ» وَيَرْفَعُ الْخَبَرَ وَيُسَمَّى «خَبَرَهُ»، نَحْو:

سَميرٌ مُجْتَهِدٌ ← إنَّ سَميراً مُجْتَهِدٌ.

١٠٧. هل لـ«إنّ» أخوات؟

نَعَمْ. لـ«إنّ» أَخَواتٌ وهيَ حُروفٌ تَعْمَلُ عَمَلَها، نَحْو:

اَلنَّهارُ جَميلٌ ← إنَّ النَّهارَ جَميلٌ.
اَلشَّمْسُ مُنيرَةٌ ← لَيْتَ الشَّمْسَ مُنيرَةٌ.

أخوات إنَّ:
أنَّ، كَأَنَّ، لَيْتَ، لَعَلَّ

تمرين ٨٢. أَدخِل إنّ و أخواتها بالتعاقب على الأمثلة التابعة:

١. اَلزِّيادةُ عَيبٌ.

٢. اَلنَّقْصُ عَجزٌ.

٣. اَلغائِبُ قادِمٌ.

٤. اَلفواكِهُ طَيِّبةٌ.

٥. أَرضُ مِصرَ مُخصِبةٌ.

٦. إيطاليةُ شِبْهُ جَزيرةٍ.

٧. اَلمُعلِّمُونَ و اَلمتعلِّمُونَ شُرَكاءُ في اَلْخَيرِ.

تمرين ٨٣. ضَع «كان» ثمّ «إنّ» محل الفراغ:

١. .... البَيْت جميل.

٢. .... السَّيّارة رَمادِيَّة.

٣. .... الطّائِرة عالية في السَّماء.

٤. .... الطّائِرتانِ لامِعَتانِ.

٥. .... الدُّمْيَة مَكسُورة.

٦. .... المدينة مُتَّسِعة.

تمرين ٨٤. عين إنّ و أخواتها مع اسمها و خبرها:

١. القرآن الكريم: وَ لكِنَّ اَلله اَلَّفَ بَينَهُمْ.[١]

٢. القرآن الكريم: لَعَلَّ اَلسّاعةَ قَريبٌ.[٢]

---

١. سورة الأنفال / الآية ٦٣.

٢. سورة الشورى / الآية ١٧.

٣. القرآن الكريم: إنَّ إِلهَكُمْ لَواحِدٌ.[1]

٤. القرآن الكريم: ذٰلِكَ بِأَنَّ اللهَ هُوَ الحَقُّ.[2]

٥. لَيْتَ ٱلشَّبابَ يَعودُ.

٦. كَأَنَّ زَيداً قائِمٌ.

---

[1]. سورة الصافات / الآية ٤.

[2]. سورة الحج / الآية ٦٢.

‒ ٣٣ ‒

كيف ينصب الاسم

١٠٨. ما هي علامة نصب الاسم في العموم؟

عَلَامَةُ نَصْبِ الاسمِ في العُموم هي ((الفَتْحَةُ)) في آخِرِهِ، نَحو:
رَكِبَ سَميرٌ السَّيَّارَةَ.

١٠٩. ما هي علامة نصب الاسم المثنى؟

عَلَامَةُ نَصْبِ الاسمِ المُثنَّى ((اليَاءُ قَبلَها فَتْحَةٌ وَ النُّون))، نَحو:
أَوْقَفَ الشُّرطِيُّ السَّيَّارَتَيْنِ.

١١٠. ما هي علامة نصب الجمع المذكر السالم؟

عَلَامَةُ نَصْبِ الجَمْعِ المُذَكَّرِ السَّالِمِ ((اليَاءُ وَ النُّون))، نَحو:
رَأَيْتُ الحَطَّابِينَ في ٱلغابَةِ.

١١١. ما هي علامة النصب في الأسماء الخمسة؟

عَلامَةُ النَّصْبِ في الأَسماءِ الخَمْسَةِ «الأَلِفُ»، فَلا نَكْتُبُ:

رَأَيْتَ أَبَ سَميرٍ، بَلْ: رَأَيْتُ أَبا سَميرٍ.

١١٢. متى يكون الاسم منصوباً؟

يَكُونُ الاسمُ مَنْصوباً إِذا كانَ:

<table>
<tr><td>* أَوْ حالاً</td><td>* مَفْعولاً بِهِ</td></tr>
<tr><td>* أَوْ تَمييزاً</td><td>* أَوْ مَفْعولاً مُطْلَقاً</td></tr>
<tr><td>* أَوْ خَبَراً لِكانَ</td><td>* أَوْ مَفْعولاً لأَجْلِهِ</td></tr>
<tr><td>* أَوِ اسْماً لإِنَّ.</td><td>* أَوْ مَفْعولاً فيهِ</td></tr>
</table>

المفعول به و المفعول المطلق

١١٣. ما هو المفعول به؟

اَلْمَفْعولُ بِهِ اسْمٌ يَدُلُّ على ما وَقَعَ عَلَيْهِ فِعْلُ الفاعِلِ وَ يَتِمُّ بِهِ مَعْنى الفِعْلِ، نَحو: كَتَبَ أَمينٌ فَرْضَهُ.

١١٤. ما هو المفعول المطلق؟

اَلْمَفْعولُ المُطْلَقُ اسْمٌ يُذْكَرُ بَعْدَ الفِعْلِ لِتَأْكيدِهِ وَ يَكونُ غالِباً مِنْ لَفْظِ هذا الفِعْلِ، نَحو: رَكَضَ أَمينٌ رَكْضاً (فَكانَ الأَوَّلَ في السِّباقِ).

تمرين ٨٥. اُكتب بالمثنَّى المفعول به و الأفعال التي بين هلالين:

١. وَقَفَ الأولادُ عَلَى ٱلنَّافِذَةِ فَرَأَوْا (بَقَرَةً تَرعىٰ)

٢. سَمِعتُ (ٱلطائِرةَ ٱلمُحَلِّقَةَ) في ٱلفَضاءِ.

٣. فَتَحَ (الكِتابَ) عِندَ ٱلصّفحاتِ ٱلمُلوَّنَةِ.

٤. قَرأْتُ (ٱلمَقالةَ) و نَقَدْتُ (هُ).

تمرين ٨٦. أين المفعول به و المفعول المطلق في الجمل الآتية:

١. القرآن الكريم: ٱلَّذى أَنقَضَ ظَهْرَكَ.[١]

٢. القرآن الكريم: وَ سَلِّمُوا تَسلِيماً.[٢]

٣. القرآن الكريم: وَ لاَتَجْعَل يَدَكَ مَغْلُولَةً إلى عُنُقِكَ.[٣]

٤. القرآن الكريم: وَلا تُبَذِّرْ تَبْذِيراً.[٤]

٥. القرآن الكريم: قُلِ ٱدعُوا ٱللهَ أوِ ٱدعُوا ٱلرّحمٰنَ أيّاً مَا تَدعُوا فَلَه ٱلأَسْماءُ ٱلحُسنىٰ.[٥]

---

١. سورة الشرح / الآية ٣.

٢. سورة الأحزاب / الآية ٥٦.

٣. سورة الإسراء / الآية ٢٩.

٤. سورة الإسراء / الآية ٢٦.

٥. سورة الإسراء / الآية ١١٠.

المفعول لأجله و المفعول فيه

١١٥. ما هو المفعول لأجله؟

اَلْمَفْعُولُ لِأَجْلِهِ اسْمٌ يُذْكَرُ بَعْدَ الْفِعْلِ لِبَيانِ سَبَبِهِ، نَحو:

دَرَسْتُ إِكْراماً لِأَبي وَأُمّي

وَهُوَ جَوابٌ لِمَنْ سَأَلَ: «لِماذا دَرَسْتَ»؟

١١٦. ما هو المفعول فيه؟

اَلْمَفْعُولُ فيهِ اسْمٌ يُبَيِّنُ زَمانَ أَوْ مَكانَ الْفِعْلِ، نَحو:

أُمَشِّطُ شَعْري صَباحاً أَمامَ الْمِرآةِ.

وَهُوَ جَوابٌ لِمَنْ سَأَلَ: «أَيْنَ مَشَّطْتَ وَمَتى»؟

١١٧. كيف نُسمّي أيضاً المفعول فيه؟

نُسَمِّيهِ أَيْضاً «ظَرْفَ زَمانٍ» وَ «ظَرْفَ مَكانٍ».

تمرين ٨٧. بيّن المفاعيل الموضوعة بين هلالين:

١. القرآن الكريم: وَ جَعَلُوا (ٱلْمَلَائِكَةَ) ٱلَّذِينَ هُم عِبادُ ٱلرّحمٰنِ إناثاً.[1]

٢. القرآن الكريم: يا أَيُّها ٱلنّاسُ ٱعبُدُوا (رَبَّكُمْ).[2]

٣. القرآن الكريم: و كَلَّمَ ٱللهُ مُوسىٰ (تَكْلِيماً).[3]

٤. القرآن الكريم: وَ نَبلُوكُمْ بِالشَّرِّ و ٱلخَيرِ (فِتْنةً).[4]

٥. القرآن الكريم: وَ إنَّما تُوَفَّوْنَ أُجُورَكُم (يَومَ) ٱلقِيامةِ.[5]

٦. القرآن الكريم: وَ لا تَقتلوا (أولادَكم) (خَشْيَةَ) إملاقٍ.[6]

٧. الرسول الأعظم ﷺ: مَنْ قَرَأَ «قُلْ هُوَ ٱللهُ أَحَدٌ» (حِينَ) يأخُذُ مَضْجَعَه
غَفَرَ ٱللهُ لَهُ ذُنوبَ خَمسِينَ سَنةً.[7]

٨. يَصُومُ ٱلأتْقِياءُ و يَصنَعُونَ (ٱلصَّدَقاتِ) (مَرْضاةً) للهِ.

٩. زَارَنَا (يَوماً) شَيخٌ جَلِيلٌ.

تمرين ٨٨. ركّب جملاً تدخل فيها هذه الكلمات مفعولاً فيه:
يَميناً ، شمالاً ، نَهاراً ، لَيلاً ، دَقيقةً ، قَبلَ ، تَحتَ ، وَراءَ.

---

١. سورة الزخرف / الآية ١٩.

٢. سورة البقرة / الآية ٢١.

٣. سورة النساء / الآية ١٦٤.

٤. سورة الأنبياء / الآية ٣٥.

٥. سورة آل عمران / الآية ١٨٥.

٦. سورة الإسراء / الآية ٣١.

٧. ميزان الحكمة، ج ١٠ / ص ٢٦٥.

الحال و التمييز

١١٨. ما هو الحال؟

اَلحالُ اَسمٌ يُبَيِّنُ هَيئَةَ الفاعِلِ أَوِ المَفْعولِ وَقْتَ وُقوعِ الفِعْلِ، نَحو:
عادَ فَريقُ اللَّعِبِ مُنْتَصِراً.

وَ هُوَ جَوابٌ لِمَنْ يَسأَلُ: «كَيْفَ عادَ الفَريقُ»؟

١١٩. ما هو التمييز؟

اَلتَّمييزُ اَسمٌ يُبَيِّنُ المُرادَ مِنْ كَلِمَةٍ سابِقَةٍ غَيْرِ واضِحَةٍ، نَحو:
اِشْتَرَيْتُ رَطْلاً زَيْتاً.

وَ هُوَ جَوابٌ لِمَنْ سَأَلَ: «رَطْلَ ما اشْتَرَيْت».

تمرين ٨٩. قل أين يبين الحال هيئة الفاعل و أين يبين هيئة المفعول:

١. قُرِئَ ٱلْكِتَابُ (فصيحاً).

٢. دَخَلَ ٱلْعَدُوُّ إلى ٱلْمَدِينَةِ (مُتَنكِّراً).

٣. اَلْبَحرِيَّةُ يُجَذِّفُونَ (قياماً) في وَسَطِ ٱلْمَرْكَبِ.

٤. يَدخُلُونَ ٱلْمَعابِدَ (سَاجِدينَ).

٥. لا تَتناوَلُوا ٱلطَّعامَ (سُخْناً).

تمرين ٩٠. دلّ على الحال و التمييز في الجمل التابعة:

١. القرآن الكريم: خُلِقَ ٱلإِنْسانُ (ضَعيفاً).[١]

٢. القرآن الكريم: إِنِّى رَأَيتُ أَحَدَ عَشَرَ (كَوكَباً).[٢]

٣. القرآن الكريم: هٰذِه ناقةُ ٱللهِ لَكُم (آيةً).[٣]

٤. القرآن الكريم: أَفَغيرَ ٱللهِ أَبتَغِى (حَكَماً).[٤]

٥. القرآن الكريم: وَ ادعُوهُ (خَوفاً) و (طَمَعاً).[٥]

٦. الإمام عليٌّ عليه‌السلام: كَفى بِٱليَقينِ (عِبادَةً).[٦]

٧. اَلبُرتقالُ يُؤكَلُ (فَجّاً) و (ناضِجاً).

---

١. سورة النساء / الآية ٢٨.

٢. سورة يوسف / الآية ٤.

٣. سورة الأعراف / الآية ٧٣.

٤. سورة الأنعام / الآية ١١٤.

٥. سورة الأعراف / الآية ٥٦.

٦. غررالحكم / ص ٥٨٨.

المنادى

١٢٠. ما هو المنادى؟

اَلمُنادَى كُلُّ اَسمٍ يَقَعُ بَعْدَ «يا» النِّداءِ، نَحو: يا سَلْمى!

١٢١. متى يكون المنادى منصوباً؟

يَكونُ المُنادى مَنْصوباً بِالفَتْحَةِ أَوْ ما يُقابِلُها في المثَنَّى و الجَمْع:

٭ إذا كانَ مُضافاً، نَحو: يا عَبْدَ اللهِ.

٭ إذا كانَ نَكِرَةً غَيْرَ مَقْصودَةٍ، نَحو: يا رَجُلاً (لا أَراهُ و لا أَعْرِفُ مَنْ هُوَ).

١٢٢. متى يكون المنادى مرفوعاً؟

يَكونُ المُنادى مَرْفوعاً بِالضَّمَّةِ (بدونِ تَنْوينٍ) أَو ما يُقابِلُها:

٭ إذا كانَ اَسمَ عَلَمٍ، نَحو: يا سَميرُ.

٭ إذا كانَ نَكِرَةً مَقْصودَةً، نَحو: يا رَجُلُ (أَراهُ لكِنَّني لا أَعْرِفُ مَنْ هُوَ).

تمرين ٩١. ضع حرف النداء قبل الألفاظ التالية، و ضع على آخر المنادى الحركة التي يستحقُّها:

١. ...... عَبْد ٱلخالِقِ.

٦. ...... يُوسُف.

٢. ...... زَين ٱلمَجالِسِ.

٧. ...... حَسُود.

٣. ...... ضُيُوف ٱلأمير.

٨. ...... تِلميذانِ.

٤. ...... قاهِر الأبطال.

٩. ...... رَجُل.

٥. ...... رَجُل خُذْ بِيَدِي.

١٠. ...... تَلامِيذ.

تمرين ٩٢. عين المنادىٰ و نوعها في العبارات التابعة:

١. القرآن الكريم: يَا أَهْلَ ٱلكِتابِ لا تَغلُوا في دِينكُمْ.[1]

٢. القرآن الكريم: يَا حَسرَةً عَلَى ٱلعِبادِ.[2]

٣. الإمام عليٌّ عليه‌السلام: يا أَهْلَ ٱلغُرورِ مَا أَلهَجَكُم بِدارٍ خَيرُها زَهيدٌ وَ شَرُّها عَتِيدٌ.[3]

٤. الإمام الكاظم عليه‌السلام: يا هُشامُ لَا دِينَ لِمَنْ لا مروّةَ لَه، ولا مروّة لِمَن لاعَقلَ لَه.[4]

٥. يا أَهلَ ٱلكِبرِياءِ و ٱلعَظمةِ.

١. سورة النساء / الآية ١٧١.

٢. سورة يس / الآية ٣٠.

٣. غررالحكم / ص ٨٧١.

٤. ميزان الحكمة، ج ١٠ / ص ٥٧٥.

كيف يجر الاسم

۱۲۳. ما هي علامة جر الاسم في العموم؟

عَلَامَةُ جَرِّ الاسْمِ في العُمومِ هِيَ «الكَسْرَةُ» في آخِرِهِ، نَحو:

اَلوَلَدِ ← اَلوَلَدُ   وَلَدٍ ← وَلَدٌ.

۱۲٤. ما هي علامة جر الاسم المثنى؟

عَلَامَةُ جَرِّ الاسْمِ المُثَنَّى «الياءُ قَبلَها فَتْحَةٌ وَ النُّون»، نَحو:

وَقَفَ عَلى حَجَرَيْنِ.

۱۲٥. ما هي علامة جر الجمع المذكر السالم؟

عَلَامَةُ جَرِّ الجَمْعِ المُذَكَّرِ السَّالِمِ «الياءُ وَ النُّون»، نَحو:

أَنا بَيْنَ آلفائِزِينَ.

۱۲٦. ما هي علامة الجر في الأسماء الخمسة؟

عَلَامَةُ الجَرِّ في الأسماءِ الخَمْسَةِ «الياءُ» فَلَانَكْتُبُ:

تَحَدَّثْتُ مَعَ أَبِ سَميرٍ، بَلْ: تَحَدَّثْتُ مَعَ أَبي سَميرٍ.

١٢٧. متى يكون الاسم مجروراً؟

يَكُونُ ٱلاِسْمُ مَجْرُوراً إِذَا تَقَدَّمَهُ حَرْفُ جَرٍّ أَوْ كَانَ مُضَافاً إِلَيْهِ.

١٢٨. ما هي حروف الجرّ؟

حُرُوفُ الجَرِّ حُرُوفٌ تَتَقَدَّمُ الاسْمَ فَتَجُرُّهُ، نَحْو:

خَرَجْتُ مِنَ ٱلْمَدْرَسَةِ إِلَى الشَّارِعِ بِإِذْنِ الأُسْتَاذِ.

حروف الجرّ:

مِن ، إلى ، عَنْ ، عَلىٰ ، في ، رُبَّ ، الباء ، الكاف ، اللَّام ،
«واو» القَسَم ، «تاء» القَسَم

١٢٩. ما هو المضاف إليه؟

المُضَافُ إِلَيْهِ ٱسْمٌ يُنْسَبُ إِلَيْهِ ٱسْمٌ يَسْبِقُهُ، نَحْو:

اَلتِّلْميذُ ← كِتابُ   التِّلميذِ.
المضاف إليه   المضاف

نَسَبْنا إِلى التِّلْميذ كَلِمَةَ الكِتابِ الَّتي تَسْبِقُهُ.

تمرين ٩٣. أُكتب محل الفراغ حرف الجر المناسب للمعنى:

١. خرجت .... رِفاقي .... صباحَ ٱلأَحَدِ وَكُنّا نَرُكُضُ .... ٱلشارع رَكُضاً كَيْ نَصِلَ .... سُرْعَةٍ .... ساحَةِ القَريةِ قَبْلَ سَيّارَةِ ٱلبَريدِ.

٢. اِستَدعَى ٱلمَنْصُورُ يَوماً ٱلإمامَ ٱلصّادِقَ عليه‌السلام وقال ....ـه: لِمَ لا تأتينا كما يأتينا النّاسُ؟ أجابه ٱلصّادِقُ عليه‌السلام: ليس ..... نا .... أمرِ الدُّنيا ما نُخافُكَ ....ـه، ولا عندكَ .... أمرِ ٱلآخرةِ ما نَرجُوا ....ـكَ وَلَا أَنْتَ ....نعمةٍ نُهَنّئُكَ ......ـها. ولا .... نِقمَةٍ فَنُعَزّيكَ!

تمرين ٩٤. أُكتب هذه الكلمات بالمثنى ثم بالجمع:

١. في ٱلدّارِ.   ٤. إلى ٱلوادِي.

٢. تَحْتَ ٱلغُصْنِ.   ٥. مَعَ ٱلصّغيرَةِ.

٣. مِنَ ٱلفَلّاحِ.   ٦. بِٱلعالَمِ.

تمرين ٩٥. عين الحروف الجرّ في العبارات التابعة:

١. القرآن الكريم: قُلْ أَعُوذُ بِرَبِّ ٱلفَلَقِ.[1]

٢. القرآن الكريم: و عَلَيْها و عَلَى ٱلفُلْكِ تُحْمَلُونَ.[2]

٣. القرآن الكريم: سَبَّحَ لِلّهِ ما فِي ٱلسَّماواتِ و ما فِي ٱلأَرضِ.[3]

٤. القرآن الكريم: سُبْحانَ ٱلّذى أَسرىٰ بِعَبْدِه لَيلاً مِن ٱلمَسجِدِ ٱلحَرامِ إلى

---

١. سورة الفلق / الآية ١.

٢. سورة غافر / الآية ٨٠.

٣. سورة الحشر / الآية ١.

ٱلمَسجِدِ ٱلأَقْصىٰ.[1]

٥. القرآن الكريم: مَا يَنطِقُ عَنِ ٱلهَوىٰ.[2]

٦. القرآن الكريم: وَيَومَ نَبعَثُ فِي كُلِّ أُمَّةٍ شَهيداً عَلَيْهِمْ مِنْ أَنفُسِهِمْ.[3]

٧. الإمام عليٌّ عليه‌السلام: مِن فَضِيلَةِ ٱلنَّفْسِ ٱلمُسارَعةُ إلى ٱلطّاعَةِ.[4]

٨. الإمام عليٌّ عليه‌السلام: لَو عَمِلَ ٱللهُ فِي خَلْقِه بِعِلْمِه ما ٱحتجَّ عَلَيهِمْ بِٱلرُّسُلِ.[5]

---

١. سورة الإسراء / الآية ١.

٢. سورة النجم / الآية ٣.

٣. سورة النحل / الآية ٨٩.

٤. غررالحكم / ص ٧٣٦.

٥. غررالحكم / ص ٦٠٨.

النعت و العطف

١٣٠. ما هو النعت؟

اَلنَّعتُ اسْمٌ يَدُلُّ على صِفَةٍ مَوْجودَةٍ في اسْمٍ آخَرَ قَبْلَهُ يُسَمّى اَلْمَنْعوتَ، نَحو:

كِتابٌ جَميلٌ

فَـ «جَميلٌ» النَّعْت و «كِتاب» المَنْعوت.

١٣١. ما هي حركة النعت؟

إنَّ حَرَكَةَ النَّعْتِ هي عَيْنُ حَرَكَةِ الْمَنْعُوتِ، نَحو:

كِتابٌ جَميلٌ.　　أَهْداني كِتاباً جَميلاً.　　قَرَأْتُ في كِتابٍ جَميلٍ.

تمرين ٩٦. دلّ على النعت و اضبط آخره بالحركة التي يستحقّها:

١. إنَّ ٱلتِّلْمِيذَ ٱلمَمْدُوح هُوَ مَن يَقُومُ بِواجباتِه.

٢. أَكْلُ ٱلأَثْمَارِ ٱلفَجَّة مُضِرٌّ.

٣. اَلعَقلُ ٱلسَّلِيم فِي ٱلجِسْمِ ٱلسَّلِيم.

٤. سَافَرنا مَع شابٍّ ظَرِيف فَقَطَعْنا ٱلمَسافَةَ ٱلطَّويلَة و لَمْ نَشعُرْ بِمُرورِ ٱلوَقْتِ ٱلطَّويل لِأَنَّهُ قَصَّ عَلَينا ٱلأَخبارَ ٱللَّذِيذَة.

تمرين ٩٧. ضع النعت و المنعوت في المثنى ثم في الجمع:

١. كتابٌ جَمِيلٌ.

٢. إلَى ٱلنُّزهَةِ ٱلبَعِيدَةِ.

٣. مِنَ ٱليَومِ ٱلقَصيرِ إلى ٱليَومِ ٱلطَّويلِ.

تمرين ٩٨. عين النعت و المنعوت في العبارات التابعة:

١. القرآن الكريم: و يُنْشِئُ ٱلسَّحابَ ٱلثِّقالَ.[١]

٢. القرآن الكريم: فِيهِما عَيْنانِ نَضَّاخَتانِ.[٢]

٣. القرآن الكريم: فإذا نُفِخَ فِي ٱلصُّور نَفخَةٌ واحِدَةٌ.[٣]

٤. القرآن الكريم: و نِساءٌ مُؤْمِناتٌ.[٤]

٥. الإمام عليّ عليه‌السلام: مَا أَقبَحَ بِٱلإنسانِ باطِناً عَلِيلاً و ظاهِراً جَمِيلاً.[٥]

---

١. سورة الرعد / الآية ١٢.

٢. سورة الرحمن / الآية ٦٦.

٣. سورة الحاقة / الآية ١٣.

٤. سورة الفتح / الآية ٢٥.

٥. غرر الحكم / ص ٧٤٩.

٦. الإمام عليٌّ عليه‌السلام: مَوْتٌ وَحِيٌّ خَيْرٌ مَنْ عَيْشٍ شَقِيٍّ.[1]

٧. الإمام عليٌّ عليه‌السلام: سَبْعٌ أكولٌ حَطُومٌ خَيْرٌ مِن والٍ ظَلُومٍ غَشُومٍ.[2]

---

١. غرر الحكم / ص ٧٥٩.

٢. غرر الحكم / ص ٧٣٥.

‑ ٤٥ ‑

العطف و البدل

١٣٢. ما هو العطف؟

اَلْعَطْفُ كَلِمَةٌ يَرْبِطُها بِكَلِمَةٍ قَبْلَها أَحَدُ حُروفِ العَطْفِ، نَحْو:

عِنْدي دَرَّاجَةٌ وَ دَوَّامَةٌ.

> حروف العطف:
> الواو ، الفاء ، ثُمَّ ، أَوْ ، أَمْ ، لْكِنْ ، بَلْ

١٣٣. ما هو إعراب العطف؟

إِعْرابُ العَطْفِ مَثْلُ إِعْرابِ ما قَبْلَهُ، نَحْو:

عِنْدي دَرَّاجَةٌ وَ دَوَّامَةٌ.

رافَقْتُ سَميراً وَ خَليلاً إِلى المَدْرَسَةِ وَ التَّزْهَةِ.

١٣٤. ما هو البدل؟

اَلْبَدَلُ كَلِمَةٌ تَتْبَعُ كَلِمَةً أُخْرى فَتَقَعُ بَدَلاً عَنْها أَوْ بَدَلاً عَنْ جُزْءٍ مِنْها وَ تُعْرَبُ إِعْرابَها، نَحْو:

ذَهَبْنا إِلى التَّزْهَةِ مَعَ أَمينٍ صَديقِنا وَ أَكَلْنا الزَّوَّادَةَ نِصْفَها.

«صَديقِنا» بَدَلٌ عَنْ أَمينٍ وَ «نِصْفَها» عَنِ الزَّوَّادَةِ.

تمرين ٩٩. دلَّ على العطف ثم ميّزبين بَدل الكل و بدل الجزء:

١. القرآن الكريم: و مِنْكَ و مِن نُوحٍ و إبراهيمَ و مُوسىٰ و عِيسَى ٱبْنِ مَرْيَمَ.[١]

٢. القرآن الكريم: قَدْ أَنْزَلَ ٱللهُ إِلَيْكُمْ ذِكْراً ۞ رَسُولاً.[٢]

٣. القرآن الكريم: فَوَكَزَهُ مُوسىٰ فَقَضىٰ عَلَيْهِ.[٣]

٤. القرآن الكريم: أَأَنْتُمْ أَشَدُّ خَلْقاً أَمِ ٱلسَّماءُ.[٤]

٥. القرآن الكريم: قُتِلَ أَصْحَابُ ٱلْأُخْدُودِ ۞ ٱلنَّارِ ذَاتِ ٱلْوَقُودِ.[٥]

٦. القرآن الكريم: اِهْدِنا ٱلصِّراطَ ٱلْمُستقِيمَ ۞ صِراطَ ٱلَّذينَ أنعَمْتَ عَلَيْهِم.[٦]

٧. مَزَّقْتُ ٱلثَّوبَ كُمَّيْهِ و صَدرَهُ.

٨. كُسِفَتِ ٱلشَّمْسُ رُبعُها و خُسِفَ ٱلْقَمَرُ نِصْفُه.

٩. بَنَيْنا ٱلْبَيْتَ وَ ٱلْغُرْفَةَ أَساسَهُما.

---

١. سورة الأحزاب / الآية ٧.

٢. سورة الطلاق / الآيتان ١٠ و ١١.

٣. سورة القصص / الآية ١٥.

٤. سورة النازعات / الآية ٢٧.

٥. سورة البروج / الآيتان ٤ و ٥.

٦. سورة الفاتحة / الآيتان ٦ و ٧.

التوكيد

١٣٥. لماذا نستعمل «نفس» و«عين» و«كل» و«جميع» بعد الاسم أحياناً؟

نَسْتَعْمِلُ «نَفْس» و«عَيْن» و«كُلّ» و«جَمِيع» بَعْدَ الاِسْمِ أَحْياناً لِتَوْكيدِهِ، نَحْو:

٭ زارَنا الأُسْتاذُ عَيْنُهُ؛ فَنُؤَكِّدُ أَنَّ الأُسْتاذَ زارَنا هُوَ لا غَيْرُهُ.

٭ مَشَيْتُ النَّهارَ كُلَّهُ؛ فَنُؤَكِّدُ أَنَّنا مَشَيْنا النَّهارَ مِنْ أَوَّلِهِ إلى آخِرِهِ.

٭ نَجَحَ التَّلامِذَةُ جَمِيعُهُمْ؛ فَنُؤَكِّدُ نَجاحَ التَّلامِذَةِ كُلِّهِمْ.

١٣٦. ما هي حركة المؤكِّد؟

حَرَكَةُ المُؤَكِّدِ هِيَ عَيْنُ حَرَكَةِ المُؤَكَّدِ، نَحْو:
وَقَعَ سَميرٌ نَفْسُهُ.
وَدَّعْنا سَميراً نَفْسَه.

تمرين ١٠٠ ـ عين المؤكِّد و المؤكَّد في العبارات التابعة:

١. القرآن الكريم: إِنَّ ٱلْأَمْرَ كُلَّهُ لِلهِ.[١]

٢. القرآن الكريم: فَلَوْ شَاءَ لَهَداكُمْ أَجْمَعينَ.[٢]

٣. القرآن الكريم: و جَاءَ رَبُّكَ وَ ٱلْمَلَكُ صَفّاً صَفّاً.[٣]

٤. القرآن الكريم: ٱلْقَارِعَةُ ٭ مَا ٱلْقَارِعَةُ.[٤]

٥. الرسول الأعظم ﷺ: هَدايا ٱلْعُمّالِ حَرامٌ كُلُّها.[٥]

٦. الرسول الأعظم ﷺ: ٱلْعِدَةُ دَينٌ، وَيْلٌ لِمَنْ وَعَدَ ثُمَّ أَخْلَفَ وَيْلٌ لِمَنْ وَعَدَ ثُمَّ أَخْلَفَ، ويْلٌ لِمَن وَعَدَ ثُمَّ أَخْلَفَ.[٦]

٧. الإمام عليّ ﷻ: ٱلْعَمَلَ ٱلْعَمَلَ، ثُمَّ ٱلنِّهايَةَ ٱلنِّهايَةَ، و ٱلِاسْتِقامَةَ ٱلِاسْتِقامَةَ ثُمَّ ٱلصَّبْرَ ٱلصَّبْرَ، و ٱلْوَرَعَ ٱلْوَرَعَ.[٧]

٨. حَضَرَ ٱلْأَميرانِ نَفْسُهُما.

٩. اِنْصِبِ ٱلْمَفاعيلَ جَميعَها.

١٠. زَارَنا ٱلْأَميرُ عَيْنُهُ.

---

١. سورة آل عمران / الآية ١٥٤.

٢. سورة الأنعام / الآية ١٤٩.

٣. سورة الفجر / الآية ٢٢.

٤. سورة القارعة / الآيتان ١ و ٢.

٥. ميزان الحكمة، ج ١٠ / ص ٣٣٧.

٦. ميزان الحكمة، ج ١٠ / ص ٥٣١.

٧. نهج البلاغة / الخطبة ١٧٦.

أمثلة على الإعراب

فارَقَ الرّجلُ أَوْطانَهُ

فارَقَ : فعلٌ ماضٍ صحيح الآخِر مُتَعَدٍّ معلومٌ مبنيٌّ على الفتح الظاهر.

الرجلُ : اسمٌ مفردٌ مُذكَّرٌ مُعَرَّفٌ بأَلْ فاعِلُ «فارَقَ» مرفوعٌ بضمَّةٍ ظاهرةٍ في آخره.

أوطانَه : أوطانَ: اسمٌ جمعٌ مُكسَّرٌ مُفردُه وَطنٌ مذكَّر، مُعَرَّفٌ بالإضافة إلى الضمير مفعولٌ به من فارَقَ منصوبٌ بفتْحَةٍ ظاهرةٍ وهو مضافٌ والهاء: ضميرٌ مُتَّصلٌ للمذكر الغائب مبنيٌّ على الضمّ في محلِّ جرّ بالإضافة.

فازَ المجتهدُونَ على أخيكَ الجاهلِ

فازَ : فعلٌ ماضٍ صحيحُ الآخر لازمٌ مبنيٌّ على الفتح الظاهر.

المجتهدونَ: اسمُ جمعٍ مذكرٍ سالمٌ مُفردُه مُجتهدٌ مُعرَّفٌ بألْ، فاعلُ فازَ مرفوعٌ بالواو.

على : حرف جرٍّ مبنيٌّ على السكون.

أخيكَ : أخ: اسمٌ مُفردٌ مذكرٌ مُعرَّفٌ بالإضافة مجرورٌ بـ«على». و علامةُ جرِّه الياء لأنَّهُ من الأسماء الخمسة و الكاف: ضميرٌ متَّصِلٌ للمُذكر المُخاطَبِ مبنيٌّ على الفتح في محلّ جرٍّ بإضافة أخٍ إليه.

الجاهلِ : اسمُ فاعلٍ مُفردٌ مُذكرٌ مُعرَّفٌ بألْ نَعْتُ أخٍ مجرورٌ بكسرةٍ ظاهرةٍ.

قَدْ أَفْلَحَ مَنْ تَزَكَّىٰ ۞ وَ ذَكَرَ ٱسْمَ رَبِّهِ فَصَلَّىٰ[1]

قَدْ : حَرْفُ تحقيقٍ مَبنيٌّ عَلَى السكونِ.

أَفْلَحَ : فعلٌ ماضٍ مبنيٌّ عَلَى الفتح و فاعِلُه ((مَنْ)).

مَنْ : اسمُ موصولٍ مبنيٌّ على السكونِ في محلِّ رفعٍ، فاعلٌ.

تَزَكَّىٰ : فِعلٌ ماضٍ مبنيٌّ على الفتح المقدّر على الألفِ و فاعلُه ضَميرٌ مُستترٌ تقديرهُ ((هُوَ)).

جملةُ ((تَزَكَّىٰ)) فعليةٌ صِلَةُ ((مَنْ)) و لَا مَحَلَّ لها من الإعراب لأنَّ صِلَةَ الموصول لا يكونُ لَها محلٌّ مِن الإعراب.

وَ : حرفُ عطفٍ، مبنيٌّ عَلَى الفتح.

ذَكَرَ : فعلٌ ماضٍ، مبنيٌّ على الفتح، و فاعِله ضميرٌ مستترٌ تقديرهُ ((هُوَ)).

اِسْمَ : اسم معربٌ منصوبٌ و علامةُ نصبِه الفتحةُ و هو مفعولٌ به لـ (ذَكَرَ).

رَبِّهِ : رَبِّ: اسم معربٌ مجرورٌ و علامةُ جرِّه الكسرةُ و هو مضافٌ إليه لـ (اسمَ) و هو أيضاً مضافٌ. الهاء: ضمير متصلٌ في محلِّ جرٍّ مضافٌ إليه لـ (رَبِّ).

فَصَلَّى : الفاء: حرفُ عطفٍ، مبنيٌّ عَلَى الفتح. صَلَّى: فعلُ ماضٍ مبنيٌّ على الفتح المقدَّرِ على الألف و فاعِله ضميرٌ مستترٌ تقديره ((هو)) الراجعة لـ (مَنْ)، مفعوله محذوفٌ، و تقديره: فَ (مَنْ) صَلَّى ٱلصَّلَوَاتِ ٱلْخَمْسَ.

الرسول الأعظم ﷺ:

ثَلاثُ خِصالٍ مِنْ صِفَةِ أَولياءِ اللهِ: اَلثِّقَةُ بِٱللهِ في كُلِّ شَيْءٍ
و ٱلْغِناءُ بِه عَن كُلِّ شَيْءٍ، و ٱلٱفْتِقارُ إلَيهِ فِي كُلِّ شَيْءٍ.[١]

ثَلاثُ : اسم عددٍ معربٌ مرفوعٌ و عَلَامَةُ رَفعِهِ الضَّمَّةُ، و هو مبتدأٌ.

خِصالٍ : اسمٌ مجرورٌ و علامة جرِّهِ الكسرةُ، و هو مضافٌ إليه و تمييزٌ لِلْعَددِ.

مِنْ صِفَةِ : مِنْ: حرفُ جرٍّ مبنيٌّ عَلَى السّكونِ. صِفَةِ: اسمٌ مجرورٌ و علامةُ جرِّهِ الكسرة.

أَولياءِ اللهِ : أَولياءِ: اسمٌ مجرورٌ و علامةُ جرِّهِ الكسرةُ، و هو مضافٌ إليه، و أيضاً مضافٌ. اللهِ: اسمُ الجلالة، مجرورٌ و علامة جرّه الكسرةُ و هو مضافٌ إليه لـ (أولياءِ).

اَلثِّقَةُ : اسم مرفوعٌ و علامة رفعه الضّمةُ. و هو بدلٌ مِن (ثلاثُ) و أيضاً مبتدأٌ.

بِاللهِ : الباء: حرفُ جرٍّ مبنيٌّ عَلَى الكسرِ. اللهِ: اسمُ الجلالة، مجرورٌ بالباء و علامةُ

---

١. ميزان الحكمة، ج ١٠ / ص ٧٥٤.

جَرِّه الكسرةُ. و الجار و المجرور، متعلقان بـ(الثقة).

في كُلّ : في: حَرفُ جَرٍّ، مبنيٌّ على السكون المقدّر على الياء. كُلّ: اسم مجرورٌ بـ(في)،
و علامةُ جَرِّه الكسرةُ، وهو أيضاً مضاف والجار والمجرور، متعلقان بـ(الثقة).

شيءٍ : اسمٌ مجرورٌ و علامةُ جرّه الكسرةُ. و هو مضاف إليه.

وَالغِناءُ : الواو: حرفُ عَطفٍ، مبنيٌّ على الفتح. الغِناءُ: اسمٌ مرفوعٌ و علامة رفعه
الضَّمّةُ و هو عطفٌ عَلى الثقة، بَدلٌ مِنْ ثلاثٍ، و هو أيضاً مبتدأٌ.

بِهِ : الباءُ: حرفُ جرٍّ مبنيٌّ على الكسر. الهاءُ: ضميرٌ متصلٌ في محلّ جرٍّ
بـ(الباء).

عَن كُلِّ : عَنْ: حَرفُ جَرٍّ، مبنيٌّ عَلى السكونِ. كُلِّ: اسمٌ مجرورٌ بـ(عن) و علامةُ جَرِّه
الكسرةُ، و هو مضافٌ لِـ(شَيْءٍ). و الجارّ و المجرور متعلقان بـ(الغناء).

شَيْءٍ : اسمٌ مجرورٌ و علامةُ جرّه الكسرةُ و هو مضاف إليه.

وَالاِفتقارُ : الواو: حرفُ عَطفٍ، مبنيٌّ على الفتح. الاِفتقارُ: اسمٌ مرفوعٌ و علامة رفعه
الضَّمّةُ و هو عطفٌ عَلى الثقة، بَدلٌ مِنْ ثلاثٍ، و هو أيضاً مبتدأٌ.

إِلَيهِ : إلَى: حرفُ جَرٍّ، مبنيٌّ عَلى السكون المقدَّر على الألف. الهاءُ: ضميرٌ متصلٌ
في محلّ جرٍّ.

في كُلِّ : في: حَرفُ جَرٍّ، مبنيٌّ على السكون المقدّرِ على الياء. كُلِّ: اسمٌ مجرورٌ بـ(في)، وعلامةُ جَرِّهِ الكسرةُ. وهو أيضاً مضاف.

شَيْءٍ : اسمٌ مجرورٌ وعلامة جرّه الكسرةُ وهو مضافٌ إليه.

الإمام عليّ عليه السلام:

«غُرورُ الأَمَلِ يُفْسِدُ العَمَلَ.[١]»

غُرورُ : اسمٌ مرفوعٌ وعلامةُ رفعه الضّمّةُ، وهو مُبتدأ ومضاف.

الأَمَلِ : اسمٌ مجرورٌ وعلامةُ جَرِّهِ الكسرةُ وهُو مُضافٌ إليه.

يُفْسِدُ : فعلٌ مضارعٌ مرفوعٌ معربٌ وعلامةُ رفعه الضّمّةُ وفاعِلُه ضميرٌ مستترٌ فيه، تقديرهُ «هُو» الراجعةُ بـ(غُرورُ).

العَمَلَ : اسم منصوبٌ وعلامةُ نَصْبِه الفتحةُ، وهو مفعولٌ به لـ(يُفْسِدُ). وجملةُ
o جملةُ «يُفْسِدُ العَمَلَ»: في محلِّ رَفعٍ خبرٌ لمبتدإٍ أي غرورُ الأَمَلِ.

تمرين ١٠١. أعرب الجمل التابعة:

١. القرآن الكريم: إِنَّا نَحْنُ نَزَّلْنا عَلَيْكَ ٱلْقُرآنَ تَنْزِيلاً.[1]

٢. الرسول الأعظم ﷺ: مَنْ يَشْفَع شـفاعَةً حَسَنَةً أو أَمَرَ بِمَعروفٍ أو نَهىٰ عَن مُنكَرٍ أو دَلَّ عَلى خَيرٍ أو أشارَ بِه فَهُو شَريكٌ.[2]

٣. الإمام عليّ ؏: عُقولُ ٱلْفُضَلاءِ في أطرافِ أقلَامِها.[3]

---

١. سورة الدهر / الآية ٢٣.

٢. ميزان الحكمة، ج ١٠ / ص ٣٢٦.

٣. غرر الحكم / ص ٥٠٢.

فهرس المجلد التمهيدي

مبادئ العربية

المجلد الأول

للمعلم رشيد الشرتوني

تنقيح و إعداد

حميد المحمدي

بِسْمِ ٱللهِ ٱلرَّحْمٰنِ ٱلرَّحِيمِ

الحمدُ للهِ على ما أنعمَ و الشُّكرُله على ما أولى و ٱلصَّلاةُ و ٱلسَّلامُ
على ٱلهادي إلى ٱلرشاد و أفصح مَن نَطَق بٱلضّاد سيّدنا و نَبِيّنا
أبي ٱلقاسم محمّدٍ و آلهِ ٱلطّاهرينَ و صحبه ٱلمنتجبينَ.

قال ٱلله تعالى في محكم كتابه:
«إنَّا أنزلناهُ قُرآناً عَربِيّاً لَعلَّكُمْ تَعْقِلُونَ»

كانت اللغةُ العربيةُ و ما زالت و ستبق مفتاحَ كنوزِ التراثِ الإسلامي النفيس و المدخلَ إلى
العلوم الإسلامية الغنيّة؛ فهي الأداةُ للنفاذ إلى حقائق القرآن و أسراره و السبيلُ للاطلاع على
معاني السنّة الشريفة و أغوارها، و طريق معرفة الأدب العربي و آفاقه.

مـن هـذا المنطلق دَأَبَ السَّلـفُ و الخلفُ عـلى حفظ و تدويـن تلك الأمانةِ العظيمةِ، و
تسابقوا مُخلصين في تأسيس علومها من النحو والصرف و البلاغة و في جمع آثارها شعراً و نثراً،
كي يبقى بنيانها رصيناً، شـامخاً، راسـخاً، وطيدَ الدّعامة، مكينَ الأسـاسِ؛ و استحقّوا مِنّا على
جهودهم الهائلة عظيمَ التّقديرو الثّناء، و من الله جزيلَ الثّواب و العطاء.

لقد انبرى العلماءُ المتقدّمون لتدويـن الكتب اللّغوية «كالكافية و شروح الألفيّة و مغني
اللّبيب في النحو، والشافية و شـرح النظام في الصرف، وأسـاس البلاغة والمطوّل في البلاغة»
بأساليب متنوّعة و مناهج مختلفة فجمعُوا القواعدَ في علم مستقل وفق ترتيب خاص؛ وهكذا
امتاز علمُ النّحو عن علمِ الصرف وامتاز كلاهما عن البلاغة.

و هذه الكتبُ أدّت دوراً كبيراً في الحياة العلميّة بالرغم من كونها فاقدة للمواصفات التي يجب أن تتوفّر في الكتاب الدِّراسي. والسببُ هو أنّ مؤلفيها لم يُدوّنوها لغرض التدريس بل لعرض المطالب والبحوث وما جادت به عبقريّتهم من آراء جديدة و من ثمّ اعتمدها الخلف كتباً دراسيّة، بعد أن وجدها متناً علميّاً قابلاً للبحث و التحقيق.

وفي الآونة الأخيرة دُوّنت كتبٌ دراسيةٌ لغوّية لهدف التدريس و كان من أفضلها كتاب «مبادئ العربية» بأجزائه الأربعة، لأنّه جاء مراعياً المنهج التعليمي الحديث و حاوياً لمزايا جليلة، منها:

١. المرحليّة والتدرّج في عرض المطالب.

٢. تهيئة الأرضيّة اللازمة في ذهن الطالب لتعلّم المسألة وذلك من خلال تصدير الدرس بمجموعة من الأسئلة التي تُثير ذهنَ الطالب لمعرفة واستنباط الجواب؛ علماً أنّ هذا التصدير والتقديم لم يؤدِّ إلى انقطاع في التسلسل المطلوب بحيث يكون الطالب قادراً على استيعاب و فهم المطالب من خلال مراجعة الأجوبة دون الأسئلة.

٣. استعمال الأساليب الحديثة في تنظيم و تنسيق المطالب، و هذا الأمر يؤدي إلى السهولة في التعليم و التعلم و إلى ترسيخ المطالب في الذهن.

٤. منح كل مسألة ما تستحقه من الأهمية فلذا تلاحظ أنّه ذكر في الجزء الثالث والرابع بعض المسائل التي ليس لها أهمية كبيرة تحت عنوان «فائدة» أو «فوائد» بالإضافة إلى أنّه أعرض عن المسائل التي لا ثمرة لها.

٥. تذييل أكثر الدروس بالتمارين المناسبة.

كلُّ هذه المزايا الجليلة جعلت من الكتاب متناً دراسياً معتمداً من قبل المراكز التعليمية في بعض البلدان.

ولكن هذه التجربة لم تسلم من بعض الشوائب التي شوّهت جماله و أضعفت شأنه وجودته، فأصبح رفع تلك الشوائب أمنية في نفوس كثير من الأساتذة و هدفاً لدى بعض المراكز التعليمية و بعد الحث الأكيد والإصرار الشديد لتلك المراكز و الأساتذة الكرام مددتُ يدي لهذه المهمة وأردتُ تحقيقَ هدفين:

أ.   نزع الشوائب ليستريح منها المعلم و المتعلم.

ب. منح الكتاب مزايا أُخرى تجعل منه كتاباً دراسياً نموذجياً.

و من خلال عرض الملاحظات المذكورة أدناه سيتبين لك شوائب الكتاب و كيفية علاجها والمزايا التي أُضيفت إليه.

١.   في أغلب المواضع من الأجزاء الأربعة لم يُضبَط النصّ من حيث إدراج الفوارز والنقاط و همزات الوصل والقطع و... فقد قمنا برفع هذا النقص.

٢.   انطواؤه على أخطاء مطبعية كثيرة حروفاً و حركات، واحتواؤه على مقدارٍ يسير من مطالب علمية غير صحيحة؛ ولقد سعينا إلى أن تكون هذه الطبعة خالية من الأخطاء المطبعية و غيرها، وأعددنا جدولاً عن بعض الأخطاء يمكن أن يُنشر لاحقاً.

٣.   طباعة بعض الجمل في الجزء الرابع بخط دقيق بحيث يصعب على القارئ مطالعته كالجمل التي جاءت تحت عنوان «فوائد»؛ بالإضافة إلى سقوط بعض الحروف عن الطباعة أو أنّها طُبعت بشكل غير مقروء و بغيةً لإخراج هذا الكتاب بحلة جميلة استفدنا أحدث آلات الطباعة.

٤.   عرض شواهد وأمثلة تتعارض مع القيم الأخلاقية، مثلاً:
«في الخمر سِرّ ليس في العنب». وقد بدّلنا هذه الشواهد و أمثالها بشواهد أُخرى.

٥.   ذكر شواهد مع عدم الإشارة إلى أنّها من القرآن الكريم أو السنّة الشريفة بالإضافة إلى التصرف فيها أحياناً.

٦.   فقدان التوازن في كمية تمارين الدروس حيث تلاحظ وفرة في عدد تمارين درس ما و ندرة ذلك في درس آخر. فأوجدنا التعادل المطلوب بالحذف و الإضافة.

٧.   عدم التشجيع على إعراب الجمل وافتقاده لتمارين الإعراب. و لهذا اخترنا تمارين للإعراب عند نهاية كثير من الدروس تحت عنوان «إعراب القرآن و الحديث».

٨.   خلوّه من الأسئلة الاختبارية والتمارين التطبيقية الوافية في آخر كل بابٍ. ولا يخفى ما

لها من دورٍ إيجابي في ترسيخ المعلومات لأنهما يشكلان أسلوباً خاصاً في المراجعة، ولذا استحدثنا عنوانين «الأسئلة العامّة» و «التمارين العامّة» لملء الفراغ الحاصل.

و أخيراً نلفت نظر الأساتذة الكرام إلى أمرين هامّين:

أ. انطلاقاً مـن الهدف السـامي لتعلـيم اللغة العربيـة أي الوصول إلى المعرفـة الصحيحة لمفاهيم الدين الإسلامي الذي جعل تهذيب النفس و مكارم الأخلاق هدفاً للإنسـان في سـيره المعنـوي والتكامـلي نحو الله عزّوجلّ، توخّينا عرض عدّة آلاف من الشـواهد المختـارة مـن القرآن الكريم و من كتب أحاديث السـنّة الشـريفة كنهج البلاغة، بحار الأنـوار، كنز العمـال، تحف العقول، و ميزان الحكمة. و نهيب بالأساتذة الكرام الإشارة إلى مداليلها المعنوية و الروحية بالإضافة إلى توضيح فوائدها الأدبية واللغوية. علمـاً أنّنـا أبقينا بعض الشـواهد العصرية والتي تشـكل نصوصاً عربية جديدة ليطّلع الطالب على آخر النتاجات الأدبية والمصطلحات الجديدة.

ب. لقد قمت بهذه المهمة - و كما ذكرت سابقاً - بعد الإلحاح الشديد من قبل المراكز التعليمية و من قبل الأسـاتذه الكرام، وقد اسـتغرق منا هذا العمل والجهد أربع سنوات؛ جمعنا وبوّبنا خلالهـا الشـواهد اللازمة التي بلغت حوالي ثلاثة آلاف صفحة؛ ورغم ذلك لا ندري مبلغ توفيقنا ولكن الذي ندري هو أننا لم نأل جهداً في سبيل إخراج هذا الكتاب في ثوبٍ أجمل و ما نرجوه و نتوخاه من الأساتذة و العلماء الكرام إتحافنا بملاحظاتهم و انتقاداتهم القيمة.

و في الختـام نشـكر كلَّ مَـن سـاعدنا في إعـداد و إخراج بعض مجلدات هذا الكتاب من الإخوة؛ فلهم من الله جزيل الثواب والتوفيق ومنا جميل الشكر و الثناء.

وأسـأل الله مخلصاً أن يجعل هذا الكتاب نافعاً لأسـاتذة لغة القرآن الكريم و عوناً لطلابها و محققاً للهدف المرجوّ من إعداده، والله من وراء القصد.

حميد المحمدي
١٥ شعبان المعظم ١٤١٥ هـ

قسم
الصرف

– ١ –

الحروف الهجائية

١. كم هي الحروف الهجائية؟

٢. ما هي الحروف الشمسية؟

٣. ما هي الحروف القمرية؟

١. الحُروفُ الهِجائيَّةُ ثمانِيَةٌ و عِشرونَ حَرْفاً أَوَّلُها الألِفُ وَ آخِرُها الياءُ، و هي نوعان: **شَمْسِيَّةٌ وَقَمرِيَّةٌ.**

٢. الحُرُوفُ الشَّمْسِيَّةُ هي التي تختَفي معها لامُ «أَلْ» في اللَّفْظِ و تكونُ حينئذٍ مشدَّدَةً، و عددُها أربعةَ عَشَرَ حرفاً:

ت ث د ذ ر ز س ش ص ض ط ظ ل ن

فتقول: اَلشَّمْسُ وَالتُّرابُ وَالنُّورُ وَالدّارُ.

وَ ما أَشْبَهَ ذلك بتحويل اللام لفظاً إلى حرف يُجانِسُ ما بعَدَها.

٣. الحُروفُ القَمَريَّةُ هي التي تبقى معها لام «أَلْ» عَلى لَفْظِها وَعَدَدُها أربعةَ عَشَرَ حرفاً:

أ ب ج ح خ ع غ ف ق ك م ه و ي

فتقول: اَلقَمَرُوَالْجَبَلُ وَالْكِتَابُ.

وَ ما أشبه ذلك بإبقاء اللّام على لفْظِها.

تمرين ١. الفظ الكلمات القرآنية لفظاً صحيحاً:

ثَـواب ، سَماء ، صِراط ، كَوْثر ، قَـمَر ، ذِكْـر ، زَيْثُـون ، ضَـرْب .

ظِـلّ ، دِين ، طَلَب ، تُـراب ، عِلْـم ، أَجْـر ، حَمَّـد ، هُـدى .

تمرين ٢. اكتب الكلمات القرآنيه التالية و أدخل عليها «أل» مُشدّداً الحرف الشَّمسي و غَيرَ مشدّدٍ الحرف القمري:

خُرُوج ، سُـجُود ، جنّة ، صِراط ، خبير ، رُغْب ، يُسْر ، شَمْس ، لِباس ، مَالك ، ضَالّ ، دنيا ، صافّون ، عالمين ، آيات ، واحِد ، بَحْر ، عليم ، كتاب صالحات ، وُثْقى ، شَهادة ، مُنْذرين ، غفّار .

تمرين ٣ . اكتب و شَدِّد الحرف الشَّمسي المسبوق بـ«أَل» و اترك القمري مُخَفَّفاً:

١. القرآن الكريم: مَا ٱلْمَسِـيحُ ٱبْنُ مَرْيَمَ إِلَّا رَسُولٌ قَدْ خَلَتْ مِنْ قَبْلِهِ ٱلرُّسُلُ وَ أُمُّهُ صِدِّيقَةٌ كَانَا يَأْكُلَانِ ٱلطَّعَامَ ٱنْظُرْ كَيْفَ نُبَيِّنُ لَهُمُ ٱلْآيَاتِ ثُمَّ ٱنْظُرْ أَنَّى يُؤْفَكُونَ.[١]

٢. القرآن الكريم: إِذْ قَالَ ٱلله يَا عِيسَى ٱبْنَ مَرْيَمَ ٱذْكُرْ نِعْمَتِي عَلَيْكَ وَ عَلَى وَالِدَتِكَ إِذْ أَيَّدتُّكَ بِرُوحِ ٱلْقُدُسِ تُكَلِّمُ ٱلنَّاسَ فِي ٱلْمَهْدِ وَكَهْلاً وَ إِذْ عَلَّمْتُكَ ٱلْكِتَابَ وَ ٱلْحِكْمَةَ وَ ٱلتَّوْرَاةَ وَ ٱلْإِنْجِيلَ وَ إِذْ تَخْلُقُ مِنَ ٱلطِّينِ كَهَيْئَةِ ٱلطَّيْرِ بِإِذْنِي فَتَنفُخُ فِيهَا فَتَكُونُ طَيْراً بِإِذْنِي وَ تُبْرِئُ ٱلْأَكْمَهَ وَ ٱلْأَبْرَصَ بِإِذْنِي وَ إِذْ تُخْرِجُ ٱلْمَوْتَى بِإِذْنِي وَ إِذْ كَفَفْتُ بَنِي إِسْـرَائِيلَ عَنْكَ إِذْ جِئْتَهُم بِٱلْبَيِّنَاتِ فَقَالَ ٱلَّذِينَ كَفَرُوا مِنْهُمْ إِنْ هَذَا إِلَّا سِحْرٌ مُبِينٌ.[٢]

---

١. سورة المائدة / الآية ٧٥ .

٢. سورة المائدة / الآية ١١٠ .

‏- ٢ -

الحَركَاتُ، التّنوين و السّكُون

٤. كم هي الحركات؟
٥. أين ترسم الحركات؟
٦. ما هو السكون؟
٧. ما هو التنوين؟

٤. الحركاتُ ثَلاثٌ و هي: الضَّمَّةُ (ـُ) والفَتْحَةُ (ـَ) والكَسْرَةُ (ـِ).

٥. تُرْسَمُ الضَّمَّةُ وَ الفَتْحَةُ من فوقِ الحرفِ، وَ الكَسرَةُ من تحتِه.

٦. السُّكون ضِدُّ الحركةِ و علامتُهُ دائرة صغيرة (ـْ) تُرْسَمُ من فوقِ الحرف.

٧. التَّنْوين نُونٌ ساكنةٌ تُزادُ على آخرِ الاسم لفظاً لا خطّاً، و هو ثلاثة أنواع:

۞ الأوّل، تنوينُ الرفع، نحو: كِتابٌ (كِتابُنْ).

۞ والثاني، تنوين النصب، نحو: كِتاباً (كِتابَنْ).

۞ والثالث، تنوين الجرّ، نحو: كِتابٍ (كِتابِنْ).

تمرين ٤. عيّن الحركات الثلاث و السّكون و التّنوين:

١. القرآن الكريم: أَمَّنْ هُوَ قَانِتٌ ءَانَاءَ ٱلَّيْلِ سَاجِداً وَ قَائِماً يَحْذَرُ ٱلآخِرَةَ وَ يَرْجُو رَحْمَةَ رَبِّهِ قُلْ هَلْ يَسْتَوِى ٱلَّذينَ يَعْلَمُونَ وَٱلَّذينَ لا يَعْلَمُونَ إِنَّمَا يَتَذَكَّرُ أُولُوا الأَلْبَابِ.¹

٢. القرآن الكريم: يَرْفَعِ ٱللهُ ٱلَّذينَ آمَنُوا مِنْكُمْ وَٱلَّذينَ أُوتُوا ٱلْعِلْمَ دَرَجَاتٍ وَٱللهُ بِمَا تَعْمَلُونَ خَبِيرٌ.²

تمرين ٥. أدخل التنوين على الألفاظ القرآنيه التالية رفعاً، نصباً و جَرّاً:

رَحمة ، قَوْل ، قِيام ، مُسْتَقِيم ، مَلِك ، خَيْر ، نَفْس ، كُلّ ، نِعْمة.

---

١. سورة الزُّمَر / الآية ٩.

٢. سورة المجادلة / الآية ١١.

- ٣ -

الضَّوابِطُ وَ الهمزَةُ و حُروفُ العِلَّةِ

٨. كم هي الضوابط؟

٩. أين ترسم الضوابط؟

١٠. على أي شيء تدل الضوابط؟

١١. كم نوعاً الهمزة؟

١٢. ما هي همزة الوصل؟

١٣. ما هي همزة القطع؟

١٤. كم هي حروف العلّة و الحروف الصحيحة؟

٨. الضوابِطُ أربعٌ وهي:

الشَّدُّ (ــّ) و المَدُّ (ــٓ) و الوصلُ (صـ) و القَطْعُ (ء).

٩. تُرسَمُ الضَّوابِطُ كُلُّها فَوقَ الحرفِ ما عدا الهمزَةَ إذا كانت معها كَسرَةٌ في أوَّلِ الكَلِمة، نحو: إِكرام.

١٠. ۞ يَدُلُّ الشـدُّ على أنَّ الحرف حرفان، نحو: قَدَّمَ، فإنَّ الشـدَّ قامَ مقام دالٍ ثانيةٍ (قَدْدَمَ).

۞ وَ يدُلُّ المَدُّ على ألِفٍ مَحذوفةٍ بعد همزةٍ بصورة الألِفِ، نحو: آثَرَ أصلها: أَأْثَرَ.

﷽ وَيَدُلُّ الوصلُ على إسقاطِ الهمزة لفظاً، نحو: تَفَتَّحَ ٱلْوَرْدُ.

﷽ وَيَدُلُّ القطعُ على ثُبوتِ الهمزة لفظاً، نحو: أَخَذَ وَ سَأَلَ.

١١. الهَمْزةُ نَوعانِ: هَمزَةُ وَصْلٍ و هَمْزَةُ قَطْعٍ.

١٢. هَمزةُ الوَصلِ هي التي تُلفظُ في ابتداء الكلام، نحو: اِجْلِسْ يَا رَجُلُ.

و تسقُطُ في الدَّرْجِ، نحو: يَا رَجُلُ ٱجْلِسْ.

١٣. هَمْزةُ القطع هي التي تُلفظُ حَيْثُ وَقَعَت، نحو: أَكْرِمْ يَا رَجُلُ و يا رَجُلُ أَكْرِمْ.

١٤. حروف العِلَّة ثلاثةٌ وهي: الألِف و الواو و الياء. سُمِّيَتْ بذلك لقبولها التغيير. أمّا الحروف الصحيحةُ فهي الباقيةُ و عَدَدُها خمسَةٌ و عِشرونَ حَرْفاً.

تمرين ٦. اكتب مع الحركات الحكاية التابعة و ضَعْ خطّاً تحت كل كلمة فيها أحد الضوابط:

جَاءَ رَجُلٌ مِنَ ٱلأنْصارِ إِلَى ٱلنَّبِيِّ ﷺ، فقال: يا رسولَ ٱللهِ، إذا حَضَرتْ جِنازَةٌ و مجلسُ عالمٍ في وَقْتٍ واحدٍ، فأيُّهما أحبُّ إليكَ أَنْ أشْهَدَ؟

فقال رسولُ ٱلله ﷺ: إنْ كانَ للجِنازةِ مَنْ يَتْبَعُها و يَدْفَنُها، فإنَّ حُضُورَ مَجْلِسِ عَالمٍ أفْضَلُ مِنْ حُضُورِ ألفِ جِنازةٍ، وَ مِنْ عِيادةِ ألفِ مَريضٍ، وَ مِن قِيامِ ألفِ ليلة، وَ مِنْ صِيامِ ألفِ يَوْمٍ، وَ مِنْ ألفِ دِرْهَمٍ يتصدّق بها عَلَى ٱلمَسَاكينَ، و مِنْ ألفِ حَجّة سوى ٱلفريضة، وَ مِن ألف غزوة سوى ٱلواجبة تَغْزوهَا في سبيل ٱلله بِمالك و نفسك، و أَيْنَ تَقَعُ هذِهِ ٱلمَشاهد مِنْ مَشْهد عالمٍ؟ أما عَلِمْتَ أنّ ٱللهَ يُطاع بِٱلعلم ويُعْبَدُ بِٱلعلمِ، و خَيْرُ ٱلدّنيا و ٱلآخِرة مَع ٱلعِلْمِ، وَ شَرِّ ٱلدّنيا و ٱلآخِرة مَعَ ٱلْجَهلِ.[1]

---

١. بحار الأنوار، ج ١ / ص ٢٠٤.

تركيبُ الكَلِمة و حقيقة الصَّرف

۱۵. من أيّ شيء تتركب الكلمة؟

۱٦. أيّ شيء يُعلّمنا الصرف؟

۱۵. تَتَرَكَّبُ الكَلِمَةُ:

إِمَّا مِنْ حَرْفٍ واحِدٍ مِثل باء الجرِّ في نحو: بِحَمْدِ الله.

وَ إِمَّا مِنْ أكثَرَ من ذلك إلى سَبْعَةِ أَحرُفٍ، نحو: استِخْبَار.

و لا تَتَجَاوَزُ هذا العَدَد.

۱٦. إنَّ الصَّرْفَ يُعَلِّمُنَا صِيَغَ الكَلِماتِ المُفْرَدَةِ و أحوالَها المُخْتَلِفَةَ قَبْلَ التَّرْكيبِ.

تمرين ٧ . أذكر عدد الحروف التي تتركّبُ مِنها الكلمات في العبارات التالية:

١. القرآن الكريم: يَا أَيَّتُهَا ٱلنَّفْسُ ٱلْمُطْمَئِنَّةُ ۞ ٱرْجِعِي إِلَى رَبِّكِ رَاضِيَةً مَرْضِيَّةً ۞ فَٱدْخُلِي فِي عِبَادِي ۞ وَٱدْخُلِي جَنَّتِي.[١]

٢. الإمام عليٌّ عليه‌السلام: تَعَلَّمُوا ٱلْعِلْمَ وَ تَعَلَّمُوا مَعَ ٱلْعِلْمِ ٱلسَّكِينَةَ وَ ٱلْحِلْمَ فَإِنَّ ٱلْعِلْمَ خَلِيلُ ٱلْمُؤْمِنِ وَٱلْحِلْمَ وَزِيرُهُ.[٢]

٣. الإمام عليٌّ عليه‌السلام: تَوَاضَعُوا لِمَنْ تَتَعَلَّمُونَ مِنْهُ ٱلْعِلْمَ وَلِمَنْ تُعَلِّمُونَهُ.[٣]

٤. الإمام الصادق عليه‌السلام: تَعَلَّمُوا ٱلْعَرَبِيَّةَ فَإِنَّها كَلامُ ٱللهِ ٱلَّذِي يُكَلِّمُ بِهِ خَلْقَهُ.[٤]

٥. الإمام عليٌّ عليه‌السلام: بِٱلْعِلْمِ تَكُونُ ٱلْحَيَاةُ.[٥]

٦. الإمام عليٌّ عليه‌السلام: ٱلتَّوَاضُعُ ثَمَرَةُ ٱلْعِلْمِ.[٦]

---

١. سورة الفجر / الآيات ٢٧-٣٠.

٢. غرر الحكم / ص ٣٥٤.

٣. غرر الحكم / ص ٣٥٣.

٤. بحار الأنوار، ج ٢ / ص ٢١٢.

٥. غرر الحكم / ص ٣٣١.

٦. غرر الحكم / ص ١٤.

تقسيم الكلمة إلى اسم و فِعْل و حَرْف

١٧. كم قِسماً الكلمة؟

١٨. ما هوالفعل ؟

١٩. ما هوالاسم؟

٢٠. ما هوالحرف؟

١٧. الكلمةُ ثلاثةُ أقسامٍ:

٭ فِعْلٌ، مثلُ: كَتَبَ، يَكْتُبُ، أُكْتُبْ.

٭ وَاسمٌ، مثلُ: خالِد، عُصْفُور، تُفَّاحة.

٭ وَ حَرْفٌ، مثلُ: هَل، في، لَمْ.

١٨. الفِعْلُ هُوَ لَفْظ يَدُلُّ على حالةٍ أو حَدَثٍ في الماضي أو الحاضرِ أو المستقبل، نحو: كُنْتُ، كَتَبْتُ، أَكُونُ، أَكْتُبُ، كُنْ، أُكْتُبْ.

١٩. الاسمُ ما دَلَّ علىٰ مَوْصوفٍ أو صِفَةٍ.

٭ و المَوصوفُ لفظٌ يَدُلُّ على شخصٍ أو حَيَوانٍ أو شيءٍ، نحو: مَريم، فَرَس، وَرَقَة.

٭ و الصِّفَة لَفظٌ يُضاف إلى المَوصوفِ لِبَيان حالتِهِ، نحو: شَجَرَةٌ عاليةٌ ، حَيَوانٌ بَرّيٌّ.

٢٠. الحرفُ هو ما لا يَتِمُّ معناه إلّا بِإضافتِهِ إلى الفعل أو الاسم، نحو: «لا» النافية، فإنّه لا يَكْمُلُ مَدْلُولها إلّا إذا قُلْتَ «لا يضرِبُ» مثلاً.

تمرين ٨. عيّن الاسم و الحرف و الفِعْل:

١. القرآن الكريم: قُلْ أَعُوذُ بِرَبِّ ٱلنَّاسِ ۞ مَلِكِ ٱلنَّاسِ ۞ إِلهِ ٱلنَّاسِ.[١]

٢. القرآن الكريم: قُلْ يَا أَيُّهَا ٱلْكَافِرُونَ ۞ لَا أَعْبُدُ مَا تَعْبُدُونَ ۞ وَلَا أَنْتُمْ عَابِدُونَ مَا أَعْبُدُ.[٢]

تمرين ٩. ميّز الموصوف مِنَ الصّفة:

اَلصِّدْقُ فَضِيلَةٌ. الْيَقِينُ نُورٌ. الْوَفَاءُ كَرَمٌ. الْعِلْمُ دَلِيلٌ. العدلُ فَضِيلَةُ ٱلْإِنْسَانِ. اللِّسَانُ تَرْجُمَانُ ٱلْجِنَانِ. الإِنْسَانُ عَبْدُ ٱلْإِحْسَانِ. الحَيَاءُ مِفْتَاحُ ٱلْخَيْرِ. الْعَالِمُ حَيٌّ وإِنْ كَانَ مَيِّتاً. الْجَاهِلُ مَيِّتٌ وإِنْ كَانَ حَيّاً. الصَّادِقُ مُكْرَمٌ جَلِيلٌ. الدُّنْيَا ظِلٌّ زَائِلٌ. العَبْدُ حُرٌّ مَا قَنَعَ. الحُرُّ عَبْدٌ مَا طَمَعَ.

---

١. سورة الناس / الآيات ١-٣.

٢. سورة الكافرون / الآيات ١-٣.

- ٦ -

تقسيم الفِعلِ إلى مُجَرَّدٍ و مَزيد

٢١. ما هو الفعل المجرد؟

٢٢. كم قسماً الفعل المجرد؟

٢٣. ما هو الفعل المزيد؟

٢٤. كم هي أوزان مزيدات الثلاثي؟

٢٥. كم هي أوزان مزيدات الرباعي؟

٢١. الفعلُ المُجَرَّد هو ما كانت فيهِ الحروفُ الأصليَّةُ وحدَها من غيرِ زيادةٍ عليها، نحو:

كَتَبَ و دَحْرَجَ.

٢٢. الفعلُ المجرَّدُ قِسمانِ:

٭ ثلاثيٌّ، نحو: نَصَرَ و كَرُمَ.

٭ و رُباعيٌّ، نحو: دَحْرَجَ و زَلْزَلَ.

٢٣. مَزيدُ الثلاثيّ هو ما زيدَ على حروفه الأصلية حَرْفٌ أو حرفانِ أو ثلاثةُ أحرُفٍ، نحو:

أَكْرَمَ، اِجْتَمَعَ، اِسْتَغْفَرَ.

و مزيدُ الرُّباعيّ هو ما زيدَ على حروفِهِ الأصليَّة حرفٌ أو حرفان، نحو:

تَدَحْرَجَ ، اِقْشَعَرَّ.

٢٤. أوزان مزيدات الثلاثي عَشَرَةٌ:

* فَعَّلَ، فَاعَلَ و أَفْعَلَ.

* تَفَعَّلَ، تَفاعَلَ، اِفْتَعَلَ، اِنْفَعَلَ و اِفْعَلَّ.

* اِسْتَفْعَلَ و اِفْعَوْعَلَ.

٢٥. أوزان مزيدات الرُّباعي ثلاثةٌ:

* تَفَعْلَلَ، اِفْعَنْلَلَ و اِفْعَلَلَّ.

تمرين ۱۰. ميّز الفعل المجرّد من الفعل المزيد:

عَظُمَ ، اِخْتَبَرَ، اِسْتَغْفَرَ، كَاتَبَ ، تَسَالَمَ ، صَرَّفَ ، شَرُفَ ، تَفَضَّلَ ، صَدَقَ ، اِنْقَسَمَ ، تَزَلْزَلَ ، تَكَسَّبَ ، تَكَاثَرَ ، أَكْرَمَ.

تمرين ۱۱. اُذكُرْ أوزان الأفعال المزيدة في العبارات التالية:

۱. القرآن الكريم: فَاقْرَءُوا ما تَيَسَّرَ مِنَ ٱلْقُرآنِ.[١]

۲. القرآن الكريم: اَلْحَمْدُ لِلهِ ٱلَّذِي أَذْهَبَ عَنَّا ٱلْحَزَنَ.[٢]

۳. الإمام عليّ عليه‌السلام: مَنِ ٱشْتَغَلَ بِذِكْرِ ٱللهِ طَيَّبَ ٱللهُ ذِكْرَهُ.[٣]

٤. الإمام عليّ عليه‌السلام: مَنْ أَخْلَصَ لِلهِ ٱسْتَظْهَرَ لِمَعَاشِهِ و مَعَادِهِ.[٤]

٥. الإمام عليّ عليه‌السلام: مَنِ ٱنْتَظَرَ ٱلْعَاقِبَةَ صَبَرَ.[٥]

---

١. سورة المزّمل / الآية ٢٠.

٢. سورة فاطر / الآية ٣٤.

٣. غرر الحكم / ص ٦٤٣.

٤. غرر الحكم / ص ٦٤٥.

٥. غرر الحكم / ص ٦٤٨.

تقسيمُ الفعلِ إلى سَالم و صَحيح و مُعتلّ

٢٦. ما هو الفعل السالم؟

٢٧. ما هو الفعل الصحيح؟

٢٨. ما هو الفعل المعتل؟

٢٦. الفعلُ السَّالِمُ ما خَلَتْ أُصولُهُ من حروف العِلَّة و الهَمْزَة و التَّضعيف، نحو:

ضَرَبَ و قَتَلَ و شَنَقَ.

٢٧. الفِعْلُ الصَّحيحُ ما كانَ مهموزاً أو مُضاعَفاً.

❊ و المَهْموزُ ما كانَ أَحَدُ أُصولِه همزةً، نحو: أَكَلَ ، سَأَلَ و قَرَأَ.

❊ و المُضاعَفُ ما كانَ في أُصولِه حَرْفانِ من جنس واحدٍ، نحو:

مَدَّ و ضَمَّ و الأصل: مَدَدَ و ضَمَمَ.

٢٨. الفعلُ المعتلُّ هو ما كانَ أَحدُ أُصولِه حَرْفَ عِلَّةٍ أي ألفاً أو واواً أو ياءً، نحو:

وَثَبَ ، نَامَ و رَضِيَ.

تمرين ۱۲. ميّز الفعل السالم و الصحيح و المعتل:

حَسُنَ ، مَدَّ ، صَانَ ، سَكَنَ ، وَقَبَ ، جَاءَ ، صَرَّحَ ، أَمِنَ ، فَرِحَ ، وَقَىٰ ، قَنَعَ ، مَاتَ ، عَدَّ ، عَرَفَ ، هَدَىٰ ، وَضَعَ ، سَلِمَ ، قَرَأَ ، دَعَا ، صَدَقَ ، صَادَ ، ضَمَّ ، رَأىٰ ، غَفَرَ ، بَيَّنَ ، ضَرَبَ ، رَمَىٰ .

تمرين ۱۳. اكتب التمرين التالي و اذكُر إلى جانب كُلّ فعلٍ نوعه:

۱. الإمام عليٌّ عليه‌السلام : العِلْمُ يَهْدِي إِلَى ٱلْحَقِّ.[1]

۲. الإمام عليٌّ عليه‌السلام : ٱلْكَرِيمُ مَنْ تَجَنَّبَ ٱلْمَحَارِمَ وَ تَنَزَّهَ عَنِ ٱلْعُيُوبِ.[2]

۳. الإمام عليٌّ عليه‌السلام : ٱلْبَلَاغَةُ مَا سَهُلَ عَلَى ٱلْمَنْطِقِ وَ خَفَّ عَلَى ٱلْفِطْنَةِ.[3]

٤. الإمام عليٌّ عليه‌السلام : ٱلْعَقْلُ أَنَّكَ تَقْتَصِدُ فَلَا تُسْرِفُ، وَ تَعِدُ فَلَا تُخْلِفُ، وَ إِذَا غَضِبْتَ حَلُمْتَ.[4]

۵. الإمام عليٌّ عليه‌السلام : مَنْ بادَرَ إلى مَراضِي ٱللهِ سُبْحَانَهُ وَ تَأَخَّرَ عَنْ مَعاصِيهِ فَقَدْ أَكْمَلَ ٱلطَّاعَة.[5]

٦. الإمام عليٌّ عليه‌السلام : ٱلصَّفْحُ أَنْ يَعْفُوَ ٱلرَّجُلُ عَمَّا يُجْنَىٰ عَلَيْهِ وَ يَحْلُمَ عَمَّا يَغِيظُهُ.[6]

۷. الإمام عليٌّ عليه‌السلام : ٱلصَّبْرُ أَنْ يَتَحَمَّلَ ٱلرَّجُلُ مَا يَنُوبُهُ وَ يَكْظِمَ مَا يَغْضِبُهُ.[7]

---

۱. غرر الحكم / ص ٦۰.

۲. غرر الحكم / ص ٦۰.

۳. غرر الحكم / ص ۷٤.

٤. غرر الحكم / ص ۱۰۰.

۵. غرر الحكم / ص ۷۰۷.

٦. غرر الحكم / ص ۷۸.

۷. غرر الحكم / ص ۷۸.

- ٨ -

تقسيمُ الفعلِ إلى ماضٍ و مُضارعٍ و أمرٍ

٢٩. ما هو الفعل الماضي؟
٣٠. ما هو الفعل المضارع؟
٣١. ما هو فعل الأمر؟

٢٩. الفعلُ الماضي هو صيغةٌ تَدُلُّ على حالةٍ أو حَدَثٍ في زمانٍ سابقٍ، نحو:

كانَ   و   نَدِمَ.

٣٠. الفعلُ المضارعُ هو صيغةٌ تَدُلُّ على حالةٍ أو حَدَثٍ في زمانِ الحالِ أو الاستقبال، نحو:

يَكُونُ   و   يَنْدَمُ.

٣١. فِعْلُ الأمرِ هو صيغةٌ تَدُلُّ على طَلَبِ حالةٍ أو عَمَلِ شيءٍ في المُسْتَقْبَل، نحو:

كُنْ   و   انْدَمْ.

تمرين ١٤. دلَّ على ما في العبارات التالية من الأفعال الماضية و المضارعة و الأمرية:

١. الإمام عليٌّ عليه‌السلام: مَنْ كَثُرَ عَدْلُهُ حُمِدَت أَيَّامُهُ.[١]

٢. الإمام عليٌّ عليه‌السلام: كُلُّ شَيءٍ يَحْتاجُ إِلَى ٱلْعَقْلِ وَ ٱلْعَقْلُ يَحْتاجُ إِلَى ٱلأَدَبِ.[٢]

٣. الإمام عليٌّ عليه‌السلام: كُلُّ يَحْصُدُ بِمَا زَرَعَ وَ يُجزى بِمَا صَنَعَ.[٣]

٤. الإمام عليٌّ عليه‌السلام: شَاوِرْ قَبْلَ أَنْ تَعْزِمَ وَ فَكِّرْ قَبْلَ أَنْ تُقْدِمَ.[٤]

٥. الإمام عليٌّ عليه‌السلام: تَجَاوَزْ مَعَ ٱلْقُدْرَةِ وَ أَحْسِنْ مَعَ ٱلدَّوْلَةِ تَكْمُلْ لَكَ ٱلسِّيَادَةُ.[٥]

٦. الإمام عليٌّ عليه‌السلام: تَعَلَّمُوا ٱلْعِلْمَ تُعْرَفُوا بِهِ وَ ٱعْمَلُوا بِهِ تَكُونُوا مِنْ أَهْلِهِ.[٦]

---

١. غرر الحكم / ص ٦٥٤.

٢. غرر الحكم / ص ٥٤٨.

٣. همان.

٤. غرر الحكم / ص ٤٤٨.

٥. غرر الحكم / ص ٣٥١.

٦. همان.

- ٩ -

تَصريفُ الفعلِ مَعَ الضَّمائرِ

٣٢. ماذا تَفهم من تصريف الفعل مع الضمائر؟

٣٢. أفهمُ مـن تصريف الفعـل نقلَهُ من صيغة المـاضي إلى صيغة المضارع ثُمّ إلى صيغة الأمر متَّصلاً بضمائر الغيبة و الخطاب و التكلُّم للمُفرد و المثنى و الجمع و تحويلَهُ بعد ذلك من حالة الرفع إلى حالَتي النَّصب و الجزْم.

راجع جداول تصريف الأفعال في آخر الكتاب.

صيغةُ المُضارع والأمر

٣٣. من أين يصاغ المضارع؟
٣٤. من أين يصاغ الأمر؟

٣٣. يُصاغ المضارع من الماضي بزيادةِ أحدِ أحرُفِ المُضارَعَةِ في أوَّلهِ وهي الألِفُ والنونُ والتاءُ والياءُ مضمومةً في الرُّباعي مفتوحةً في غيره.

فتقـول مـن: نَصَرَ، اجتَمَعَ ودَحْرَجَ: «يَنْصُرُ، يَجتَمِعُ ويُدَحْرِجُ» بفتح حرف المضارعة في الأوَّلينِ وضمَّهِ في الأخير.

٣٤. يُصاغُ الأمرُ من المُضارِعِ بحَذْفِ حرفِ المُضارَعة من أوَّلهِ وزيادة هَمزةٍ على المبدُوءِ بحرفٍ ساكن منه وتركِ المبدوء بحرفٍ متحركٍ على حالهِ، نحو: «أُنْصُرْ، أَحْسِنْ، اِنْصَرِفْ ودَحْرِجْ» مِنْ: يَنْصُرُ، يَحْسِنُ، يَنْصَرِفُ ويُدَحْرِجُ.

تمرين ١٥. صُغِ المضارع من الأفعال التالية:

جَلَسَ ، كَتَبَ ، سَمِعَ ، بَصُرَ ، عَلِمَ ، قَتَلَ ، أَنْزَلَ ، أَكْرَمَ ، صَدَّقَ ، عَلَّمَ ، جَاهَدَ ، قَاتَلَ ، اِسْتَمَعَ ، اِجْتَنَبَ ، اِنْفَلَقَ ، اِنْطَلَقَ ، تَقَدَّسَ ، تَطَهَّرَ ، تَبَارَكَ ، تَكَاثَرَ ، اِسْوَدَّ ، اِبْيَضَّ ، اِسْتَكْبَرَ ، اِسْتَضْعَفَ .

تمرين ١٦. حوّل المضارع إلى الأمر:

يَخْرُجُ ، يَنْصُرُ ، يَعْلَمُ ، يَجْلِسُ ، يُفْسِدُ ، يُقَدِّمُ ، يُنازِعُ ، يَجْتَمِعُ ، يَنْقَطِعُ ، يَتَبَيَّنُ ، يَتَعَاوَنُ ، يَبْيَضُّ ، يَسْتَغْفِرُ .

تمرين ١٧. ردّ ما تراهُ من الأفعال المضارعة إلى الماضي:

تُرْعِدُ السَّمَاءُ. اَلْفَرَّانُ يَخْبِزُ الْخُبْزَ. اَلْحَيَّاكُ يَنْسِجُ الْأَقْمِشَةَ. اَلْخَيَّاطُ يُفَصِّلُ الْمَلَابِسَ. اَلْكُتُبِيّ يَبِيعُ الْكُتُبَ. اَلْكِيمِيائِيُّ يَسْتَحْضِرُ الْأَدْوِيَةَ. اَلْفَلَّاحُ يَزْرَعُ الْأَرْضَ. اَلْوَلَدُ الْعَاقِلُ يُطِيعُ وَالِدَيْهِ.

– ١١ –

تقسيمُ الفعلِ إلى مُعرَب و مَبنيّ

«إعرابُ الفِعلِ»

٣٥. ماذا تفهم من إعراب الفعل؟

٣٦. أي هو المعرب من الأفعال؟

٣٧. كم هي أنواع إعراب الفعل؟

٣٨. ما هي علامة رفع الفعل؟

٣٩. ما هي علامة نصب الفعل؟

٤٠. ما هي علامة جزم الفعل؟

٣٥. إعرابُ الفعلِ هو تغيُّرُ آخِرِهِ بتَغَيُّرِ التَّراكيب.

٣٦. المُعربُ من الأفعال هو المضارعُ فقط، نحو: يَقْرَأُ و يَكْتُبُ.

٣٧. أنواع إعراب الفعل ثلاثةٌ: رَفْعٌ و نَصْبٌ و جَزْمٌ.

٣٨. الأصلُ في رفعِ الفعلِ أن يكونَ بـ«الضَّمة».

⁎ و تنوبُ عنها النونُ في الأفعالِ الخمسةِ، و هي كُلُّ مُضارعٍ اتَّصلَت بِهِ:

- أَلِفُ اثْنَيْنِ، نحو: يَفْعَلانِ و تَفْعَلانِ.

- أو واوُ جماعَةٍ، نحو: يَفْعَلُونَ و تَفْعَلُونَ.

- أو ياءُ مُخاطبةٍ، نحو: تَفْعَلِينَ.

٣٩. الأصلُ في نَصْبِ الفعلِ أن يكونَ بـ«الفتحة».

٭ و ينوبُ عنها حذف النون في الأفعالِ خمسة، نحو: أَنْ يَفْعَلا.

٤٠. علامةُ جزْم الفعلِ «السُّكون».

٭ و ينوبُ عنهُ حَذف النون في الأفعالِ الخمسة، نحو: لَمْ يَفْعَلا.

٭ و حذف حرفِ العلَّةِ في المُعتلِّ الآخر، نحو: لَمْ يَرْمِ.

تمرين ١٨. بَيِّن علامات الرفع و النصب و الجزم في تصريف «فعل يفعل» و في سائر التصاريف.

تمرين ١٩. حوّل الأفعال الآتية من حالة الرفع إلى حالة النصب:

يَنْصُرُ، يَنْصُرَانِ ، يَنْصُرُونَ ، يَنْصُرُ ، تَنْصُرُ، تَنْصُرَانِ ، يَنْصُرْنَ ، تَنْصُرُ ، تَنْصُرَانِ ، تَنْصُرُونَ ، تَنْصُرِينَ ، تَنْصُرَانِ ، تَنْصُرْنَ ، أَنْصُرُ ، نَنْصُرُ.

تمرين ٢٠. حوّل الأفعال الآتية من حالة الرَّفع إلى حالة الْجَزْم:

يَسْتُرُ، يَسْتُرَانِ ، يَسْتُرُونَ ، تَسْتُرُ، تَسْتُرَانِ ، يَسْتُرْنَ ، تَسْتُرُ، تَسْتُرَانِ ، تَسْتُرُونَ ، تَسْتُرِينَ ، تَسْتُرَانِ ، تَسْتُرْنَ ، أَسْتُرُ ، نَسْتُرُ.

تمرين ٢١. حوّل الأفعال الآتية من حالة النصب أو الجزم إلى حالة الرفع:

يَضْرِبَ ، يَضْرِبْ ، أَنْصُرَ ، نَسْتَغْفِرْ، تَسْتَغْفِرُوا ، يَتَعَلَّمُوا ، تَتَعَلَّمِي ، نَسْتَبِقْ ، نَجْمَعَ ، تَقْهَرْ.

- ١٢ -

تقسيمُ الفعلِ إلى مُعرَب و مَبنيّ

«بِناءُ الفِعْلِ»

٤١. ماذا تفهم منا بناء الأفعال؟

٤٢. أيّ هو مبني من الأفعال؟

٤٣. على أيّ شيء يبنى الفعل الماضي؟

٤٤. على أيّ شيء يبنى الأمر؟

٤١. بناء الفعل هو عَدَمُ تغيُّرِ آخِرهِ بِتغيُّرِ التَّراكيب.

٤٢. المبنيُّ من الأفعال هو الماضي و الأمر.

٤٣. يُبنى الفعل الماضي:

* على الفتح؛ نحو: شَرِبَ.

* و على الضمّ إذا اتَّصل بالواو؛ نحو: شَرِبُوا.

* و على السكون إذا اتَّصل بالنون أو نا أو التاء، نحو: شَرِبْنَ، شَرِبْنا، شَرِبْتُ، شَرِبْتَ، شَرِبْتِ، شَرِبْتُمَا، شَرِبْتُمْ و شَرِبْتُنَّ.

٤٤. يُبْنَى الأمرُ:

* عَلَى السُّكونِ إذا اتَّصلَ بنونِ الإناث؛ نحو: اِضْرِبْنَ، أو كانَ صحيحَ الآخِرِ و لم يتَّصلْ به شيءٌ؛ نحو: اِسْمَعْ.

* و على حذفِ آخرِهِ إذا كان مُعتلَّ الآخرِ؛ نحو: اِسْعَ، اِرْتَقِ و اُدْنُ.

* و على حـذف النـون إذا اتَّصل بألف اثْنَيْنِ أو واوِ جَماعة أو ياء مُخاطبة؛ نحو: اِسْمَعَا، اِسْمَعُوا و اِسْمَعي.

* و على الفتح إذا اتَّصَلَتْ به نونُ التوكيد؛ نحو: اِسْمَعَنَّ.

تمرين ٢٢ . عيّن ما تراهُ من الأفعال الماضية مفتوحاً أو مضموماً أو ساكناً وَ من الأمر ما كان مَبنياً على السّكون أو الحذف:

تَرَكَ ، تَرَكْتُ ، تَرَكْتُمْ ، تَرَكْنَ ، تَرَكْنَا ، أُتْرُكْ ، شَكَرْتُمْ ، أُشكُرُوا ، جَعَلَ ، جَعَلَا ، جَعَلَتْ ، اِجْعَلْ ، اِجْعَلُوا ، فَسَدَتَا ، حَسِبْنا ، قُولا ، قُمْ .

تمرين ٢٣ . مَيِّزِ الأفعال الماضية و الأمر و اذكُر علامةَ بنائها:

١. القرآن الكريم: وَ شَهِدُوا أنّ ٱلرَّسُولَ حَقٌّ وَجَاءَهُمُ ٱلْبَيِّنَاتُ.[١]

٢. القرآن الكريم: فَإِنْ جَاءُوكَ فَٱحْكُمْ بَيْنَهُمْ وَ أَعْرِضْ عَنْهُمْ.[٢]

٣. الإمام عليّ عليه السلام: خَالِطُوا ٱلنَّاسَ مُخَالَطَةً إِنْ مُتُّمْ مَعَها بَكَوْا عَلَيْكُمْ، وَإِنْ عِشْتُمْ حَنُّوا إِلَيْكُمْ.[٣]

٤. الإمام عليّ عليه السلام: لَنَا حَقٌّ فَإِنْ أُعْطِينَاهُ وَإِلَّا رَكِبْنَا أَعْجَازَ ٱلْإِبِلِ، وَإِنْ طَالَ ٱلسُّرَى.[٤]

٥. الإمام عليّ عليه السلام: اِمْشِ بِدَائِكَ مَا مَشَىٰ بِكَ.[٥]

٦. الإمام عليّ عليه السلام: مَنْ كَتَمَ سِرَّهُ كَانَتِ ٱلْخِيَرَةُ بِيَدِهِ.[٦]

١. سورة آل عمران / الآية ٨٦.

٢. سورة المائدة / الآية ٤٢.

٣. نهج البلاغة / الحكمة ١٠.

٤. نهج البلاغة / الحكمة ٢٢.

٥. نهج البلاغة / الحكمة ٢٧.

٦. نهج البلاغة / الحكمة ١٦٢.

تقسيمُ الفعلِ إلى مُتَعَدٍّ و لازم

٤٥ . ما هو الفعل اللازم؟

٤٦ . ما هو الفعل المتعدي؟

٤٥ . الفعلُ اللازمُ هو ما يكتفي بفاعِلِه، نحو: جَلَسَ.

فإنّكَ إذا قُلتَ مَثلاً: «جَلَسَ ٱلواقِفُ» تَمَّ المعنى.

٤٦ . الفعلُ المتعدي هو ما لا يكتفي بالفاعلِ، نحو: كَسَرَ.

فإنّكَ إذا قُلتَ: «كَسَرَ ٱلخادِمُ» يبقى المعنى ناقصاً و لا يَتِمُّ إلّا بِذكْرِ المَفعُول كما لو قُلْتَ: «كَسَرَ ٱلْخادِمُ إبريقاً».

تمرين ٢٤. مَيِّز الفعل اللازم من المتعدّي:

١. القرآن الكريم: جَاءَ ٱلحقُّ و زَهَقَ ٱلباطِلُ.[1]

٢. القرآن الكريم: فَأَمَّا مَنْ تَابَ وَ آمَنَ وَ عَمِلَ صَالِحاً فَعَسَىٰ أَنْ يكونَ مَنَ ٱلمُفلِحينَ.[2]

٣. القرآن الكريم: أَنزَلَ مِنَ ٱلسَّمَاءِ مَاءً فَسَالَتْ أُوْدِيَةٌ بِقَدَرِهَا.[3]

٤. القرآن الكريم: فَلَمَّا قَضَىٰ مُوسَى ٱلأَجَلَ وَ سَارَبِأَهْلِهِ آنَسَ مِنْ جَانِبِ ٱلطُّورِ نَاراً.[4]

٥. الإمام عليٌّ عليه‌السلام: مَنْ قَضَىٰ حَقَّ مَنْ لا يَقْضِي حَقَّهُ فَقَدْ عَبَدهُ.[5]

٦. الإمام عليٌّ عليه‌السلام: قَدْ أَضَاءَ ٱلصُّبْحُ لِذِي عَيْنَيْنِ.[6]

٧. الإمام عليٌّ عليه‌السلام: مَنِ ٱسْتَقْبَلَ وُجُوهَ ٱلآرَاءِ عَرَفَ مَوَاقِعَ ٱلخَطَاءِ.[7]

٨. الإمام عليٌّ عليه‌السلام: مَنْ لَمْ يُنْجِهِ ٱلصَّبْرُ أَهْلَكَهُ ٱلجَزَعُ.[8]

٩. الإمام عليٌّ عليه‌السلام: إِذَا ٱزْدَحَمَ ٱلجَوابُ خَفِيَ ٱلصَّوَابُ.[9]

١٠. الإمام عليٌّ عليه‌السلام: إِذَا كَثُرَتِ ٱلمَقْدُرَةَ قَلَّتِ ٱلشَّهْوَةُ.[10]

---

١. سورة الإسراء/ الآية ٨١.

٢. سورة القصص/ الآيه ٦٧.

٣. سورة الرعد / الآية ١٧.

٤. سورة القصص / الآية ٢٩.

٥. نهج البلاغة / الحكمة ١٦٤.

٦. نهج البلاغة / الحكمة ١٦٩.

٧. نهج البلاغة / الحكمة ١٧٣.

٨. نهج البلاغة / الحكمة ١٨٩.

٩. نهج البلاغة / الحكمة ٢٤٣.

١٠. نهج البلاغة / الحكمة ٢٤٥.

تمرين ٢٥ . أُذكر أضداد الأفعال التابعة مع الإشارة إلى تعدّيها و لزومها (هكذا: ضَحِكَ ضَدُّه بَكىٰ، لازِمانِ).

ضَحِكَ ، أُطْفَأ ، لَعَنَ ، نَزَلَ ، رَبِحَ ، فَقَدَ ، غابَ ، ظَهَرَ ، أَحَبَّ ، نَسِيَ ، جَمَعَ قَرَّبَ ، صَدَقَ ، غَطّىٰ ، تَحَرّكَ ، قَعَدَ ، باعَ ، نامَ ، شَكَرَ.

تمرين ٢٦ . ألحق الفعل الملائم بالألفاظ التالية مع بيان كونه متعدياً أو لازماً: هكذا: اَلْفَأس تقطعُ (متعدٍّ) و الألماس يبرقُ (لازمٌ).

اَلْفَأس ، اَلْغِنى ، اَلْمِنْجَل ، اَلْحُزْن ، اَلْألماس ، اَلْمَطَرُ ، اَلْفَضيلة ، اَلْقناعَةُ، اَلْعِفّة ، اَلصَّلاةُ ، اَلْقَلَم ، اَلْخَيْرُ.

تقسيمُ الفِعلِ إلى مَعلُومٍ و مَجهُولٍ

٤٧. ما هو الفعل المبني للمعلوم؟

٤٨. ما هو الفعل المبني للمجهول؟

٤٩. هل تتغير صورة الفعل عند بنائه للمجهول؟

٤٧. الفعلُ المبنيُّ للمعلوم هو ما يُذكَرُ مَعَهُ فاعِلُهُ؛ نحو: قَطَفَ ٱلوَلَدُ تُفَّاحَةً.

٤٨. الفعلُ المبنيُّ للمجهـول هو ما حُـذِفَ فاعِلُهُ و قامَ المفعولُ مكانَـهُ؛ نحو: قُطِفَتْ تُفَّاحَةٌ.

٤٩. ❊ إذا بُنِيَ الماضي للمجهول كُسِرَ ما قبلَ آخِرِه و ضُمَّ كُلُّ مُتَحرِّكٍ قبلَهُ.
فيقالُ مِن حَفِظَ وِاسْتَعْلَمَ: حُفِظَ وَاسْتُعْلِمَ.

❊ و إذا بُنِيَ المضارع للمجهول ضُمَّ أَوَّلُهُ و فُتِحَ ما قَبلَ آخِرِه.
فيقال مِنْ يَحفَظُ و يَستَعْلِمُ: يُحْفَظُ و يُسْتَعْلَمُ.

تمرين ٢٧. ابن المجهول من الأفعال القرآنية التالية:

سَأَلَ ، سَأَلُوا ، تَسْأَلُ ، يَسْأَلُ، يَسْأَلُونَ ، يُحَاسِبُ ، عَلَّمْتَ ، عَلَّمْتُمْ، عَلَّمْنَا ، يُخْرِجُونَ ، تُخْرِجُونَ ، أَخْرَجَتْ ، أَخْرَجْنَا ، قَتَلَ ، قَتَلْتُمْ ، قَتَلْنَا، قَتَلُوا ، يَقْتُلُونَ ، يَقْتُلُ.

تمرين ٢٨. ضع تحت الفعل المعلوم خطاً و تحت المجهول خَطَّيْنِ:

١. القرآن الكريم: وَٱلسَّلَامُ عَلَيَّ يَوْمَ وُلِدْتُ وَيَوْمَ أَمُوتُ وَيَوْمَ أُبْعَثُ حَيّاً.[١]

٢. القرآن الكريم: يُعْرَفُ ٱلْمُجْرِمُونَ بِسِيمَاهُمْ فَيُؤْخَذُ بِٱلنَّوَاصِي وَٱلْأَقْدَامِ.[٢]

٣. القرآن الكريم: إِنَّ ٱلْإِنْسَانَ خُلِقَ هَلُوعاً.[٣]

٤. القرآن الكريم: قُتِلَ ٱلْإِنْسَانُ مَا أَكْفَرَهُ.[٤]

٥. القرآن الكريم: قُلْ لِلَّذِينَ كَفَرُوا سَتُغْلَبُونَ وَتُحْشَرُونَ إِلَى جَهَنَّمَ.[٥]

٦. القرآن الكريم: أَحَسِبَ ٱلنَّاسُ أَنْ يُتْرَكُوا أَنْ يَقُولُوا آمَنَّا وَهُمْ لَا يُفْتَنُونَ.[٦]

٧. الإمام علي عليه السلام: قَدْ بُصِّرْتُمْ إِنْ أَبْصَرْتُمْ وَقَدْ هُدِيتُمْ إِنِ ٱهْتَدَيْتُمْ وَأُسْمِعْتُمْ إِنِ ٱسْتَمَعْتُمْ.[٧]

٨. الإمام علي عليه السلام: الدُّنْيَا خُلِقَتْ لِغَيْرِهَا وَلَمْ تُخْلَقْ لِنَفْسِهَا.[٨]

---

١. سورة مريم / الآية ٣٣.

٢. سورة الرحمن / الآية ٤١.

٣. سورة المعارج / الآية ١٩.

٤. سورة عبس / الآية ١٧.

٥. سورة آل عمران / الآية ١٢.

٦. سورة العنكبوت/ الآية ٢.

٧. نهج البلاغة / الحكمة ١٥٧.

٨. نهج البلاغة/ الحكمة ٤٦٣.

تقسيمُ الاسمِ إلىٰ مُفرَد و مُثنَّى و جَمع

٥٠. ما هو الاسم المفرد؟

٥١. ما هو المثنى؟

٥٢. ما هو الجمع؟

٥٣. كيف يصاغ جمع المذكر السالم؟

٥٤. كيف يصاغ جمع المؤنث السالم؟

٥٥. كيف يصاغ جمع التكسير؟

٥٠. الاسمُ المُفرَدُ هو ما يدلُّ على واحدٍ؛ نحو: غلامٌ و حصانٌ.

٥١. المُثَنَّىٰ هو ما دلَّ على اثنين بزيادةِ:

٭ ألِفٍ و نونٍ؛ نحو: كِتابانِ و رَجُلانِ.

٭ أو ياء و نون؛ نحو: كِتابَينِ و رَجُلَينِ.

٥٢. الجمعُ هو ما دلَّ على أكثرِ من اثنينِ و هو ثلاثة أقسام:
جمعُ مُذكَّرٍ سالمٌ و جمعُ مؤنَّثٍ سالمٌ و جمع تَكسيرٍ.

٥٣. يُصاغُ جمعُ المذكَّرِ السالِمُ بزيادةِ:

٭ واوٍ و نونٍ؛ نحو: مُسْلِمُونَ و صَادِقُونَ.

٭ أو ياء و نون؛ نحو: مُسْلِمينَ و صَادِقينَ.

٥٤. يُصاغُ جمعُ المؤنَّثِ السالِمُ بزيادة ألفٍ و تاء؛ نحو: ذاهِبات و كاتبات.

٥٥. يُصاغُ جمعُ التكسيرِ بتَغْييرِ صورةِ مُفرده؛ نحو: رِجالٌ و أرْغِفَة.

تمرين ٢٩. ميّز المفرد و المثنى و الجمع:

١. القرآن الكريم: أَلَمْ نَجْعَلْ لَهُ عَيْنَيْنِ ٭ وَ لِسَاناً وَ شَفَتَيْنِ ٭ وَ هَدَيْنَاهُ ٱلنَّجْدَيْنِ.[١]

٢. الإمام عليٌّ عليه السلام: الرِّزْقُ رِزْقَانِ طَالِبٌ وَ مَظْلُوبٌ... .[٢]

٣. الإمام عليٌّ عليه السلام: اَلْعِلْمُ أَحَدُ ٱلْحَيَاتَيْنِ.[٣]

٤. الإمام عليٌّ عليه السلام: إِنَّ هَذِهِ ٱلْقُلُوبَ تَمَلُّ كَمَا تَمَلُّ ٱلْأَبْدَانُ فَٱبْتَغُوا لَهَا طَرَائِفَ ٱلْحِكْمَةِ.[٤]

٥. الإمام عليٌّ عليه السلام: اَلْمُتَّقُونَ أَنْفُسُهُمْ قَانِعَةٌ وَ شَهَوَاتُهُمْ مَيِّتَةٌ وَ وُجُوهُهُمْ مُسْتَبْشِرَةٌ وَ قُلُوبُهُمْ مَحْزُونَةٌ.[٥]

٦. الإمام عليٌّ عليه السلام: اَلْإِيمَانُ وَٱلْعَمَلُ أَخَوَانِ تَوْأَمَانِ وَ رَفِيقَانِ لَا يَفْتَرِقَانِ.[٦]

تمرين ٣٠. ميّز جمع المذكر السالم و جمع المؤنث السالم و جمع التكسير في الكلمات القرآنية:

أُمُور، آمِرُونَ، أُمَّهات، بَاقِيات، أَبْواب، سَاحِرُونَ، توَّابِين، مَجَالِس، جُلُود، أَحْبَار، حَوَارِيّون، حجرات، ذَاكِرِين، رَبَائِب، سُبُل.

تمرين ٣١. ردّ الجموع الآتية إلى مفرداتها:

اَلْمُسْلِمُونَ ٱلْمُشْفِقُونَ، طَبِيبَاتٌ حَاذِقَاتٌ، نُجُومُ ٱلسَّماء، اَلْقُضَاةُ ٱلْعُدُولُ، ضِلَالُ ٱلسُّيُوف، اَلْحاكِمُونَ ٱلْمُنْصِفُونَ.

---

١. سورة البلد / الآيات ٨-١٠.

٢. نهج البلاغة / الحكمة ٤٣١.

٣. غرر الحكم / ص ٦٢.

٤. نهج البلاغة / الحكمة ١٩٧.

٥. غرر الحكم / ص ٨٣.

٦. غرر الحكم / ص ٧١.

‫- ١٦ -‬

تَقسيمُ الاسمِ إلى مُذكَّرٍ و مؤنَّث

٥٦. ما هو المذكَّر؟

٥٧. ما هو المؤنَّث؟

٥٨. ماذا تقول في الأشياء التي لا حياة لها؟

٥٩. كم هي علامات التأنيث؟

٥٦. الاسم المذكَّر هو ما دَلَّ على الذكور من النَّاس و الحيوانات؛ نحو: أبٌ و أَسَدٌ.

٥٧. الاسم المؤنَّث هو ما دَلَّ على الإناثِ من النَّاس و الحيوانات؛ نحو: أُمٌّ و لَبوَةٌ.

٥٨. إنَّ أسماءَ الأشياء التي لا حياةَ لها قد جُعِلَ:

۞ بعضُها بالاتفاق مُذكَّراً؛ نحو: قَمَرٌ و سَيفٌ.

۞ وبعضُها مُؤنَّثاً؛ نحو: شَمسٌ و عَينٌ.

۞ ولا يُعرَفُ ذلك إلَّا من كُتب اللغة.

٥٩. لِلتَّأنيثِ ثلاثُ علاماتٍ:

۞ الأُولى التاءُ؛ نحو: كاذِبَة.

۞ والثانية الألِفُ المَقصورةُ؛ نحو: كُبرَى.

۞ والثالثة الألِف المَمْدودة؛ نحو: حَسناء.

تمرين ٣٢ . دلَّ على ما جعل مذكراً و ما جُعِلَ مؤنثاً مشيراً إلى المذكر (بلفظ هذا) و إلى المؤنث (بلفظ هذه):

خالدٌ، عذراءُ، جارةٌ، عَلْياءُ، سُعدىٰ، جارٌ، بَيْتٌ، بابٌ، غُرفةٌ، عَيْنٌ، بَحْرٌ، نَهْرٌ، وَرَقةٌ، وَلَدٌ، ابْنة، بَقَرةٌ، ثَوْرٌ، سَماءٌ، خَضْراءُ.

تمرين ٣٣ . ضَعْ خطاً تحت المذكر و خطّين تحت المؤنّث:

١. القرآن الكريم: اللهُ نُورُ ٱلسَّمٰوَاتِ وَ ٱلأَرضِ مَثَلُ نُورِهِ كَمِشكَوٰةٍ فِيها مِصْباحٌ المِصْباحُ في زُجاجةٍ ٱلزُّجاجةُ كَأَنَّها كَوكَبٌ دُرِّيٌّ يُوقَدُ مِن شَجَرةٍ مُبٰرَكةٍ زَيْتُونةٍ لا شَرقِيّةٍ وَ لا غَربِيّةٍ يَكَادُ زَيْتُها يُضِيءُ وَ لَوْلَمْ تَمْسَسْهُ نارٌ نُورٌ عَلَىٰ نُورٍ يَهْدِي ٱللهُ لِنُورِهِ مَنْ يَشاءُ وَ يَضْرِبُ ٱللهُ ٱلأَمْثٰلَ لِلنَّاسِ وَ ٱللهُ بِكُلِّ شَيءٍ عَلِيمٌ.[١]

٢. القرآن الكريم: وَ أَضْمُمْ يَدَكَ إِلَىٰ جَنَاحِكَ تَخْرُجْ بَيْضاءَ مِنْ غَيْرِ سُوءٍ ءَايَةً أُخْرَىٰ.[٢]

٣. القرآن الكريم: وَ يَدْرَءُونَ بِٱلْحَسَنَةِ ٱلسَّيِّئَةَ أُولَئِكَ لَهُمْ عُقْبَى ٱلدَّارِ.[٣]

---

١. سورة النور / الآية ٣٥.

٢. سورة طه / الآية ٢٢.

٣. سورة الرعد / الآية ٢٢.

تقسيمُ الاسمِ إلى جامِد ومُشتقّ

٦٠. ما هو الاسم الجامد؟

٦١. ما هو الاسم المشتق؟

٦٢. كم نوعاً الاسم المشتق؟

٦٠. الاسمُ الجامدُ هو ما لا يُؤخَذُ من غيرِهِ؛ نحو: رَجُلٌ   و   دِرهمٌ.

٦١. الاسمُ المشتقُّ هو ما أُخِذَ من غيرِهِ؛ نحو: عَالِمٌ ومَعْلُوم وهما مأخُوذانِ مِنْ (عِلمٍ).

٦٢. الاسمُ المشتقُّ هو اسمُ الفَاعِل واسمُ المفعول وأفْعَلُ التَّفضِيل والصِّفَةُ المُشبَّهةُ.

اِسْمَا الفَاعِل و المفعُول

٦٣. ما هو اسم الفاعل؟

٦٤. كيف يبنى اسم الفاعل؟

٦٥. ما اسم المفعول؟

٦٦. كيف يبنى اسم المفعول؟

٦٣. اِسمُ الفَاعِل هو صيغةٌ تدُلُّ على فاعِلِ الفِعْلِ.

٦٤. يُبنَى اسمُ الفاعِل:

❊ من الثُّلاثيّ على وَزْنِ «فاعِل»؛ نحو: ضَارِب و سامِع.

❊ و مِن غير الثُّلاثيّ على وَزْن المُضارع المعلوم بإبدالِ حَرْفِ المُضَارَعَة ميماً مضمومةً؛ نحو: مُنْطَلِق و مُتَقَدِّم.

٦٥. اِسمُ المَفعولِ صيغةٌ تَدلُّ على ما يَقَعُ عليهِ الفِعْلُ.

٦٦. يُبنى اسمُ المفعُولِ:

❊ من الثُّلاثيّ على وَزْن «مَفْعول»؛ نحو: مَضْرُوب و مَسْمُوع.

❊ و من غير الثُّلاثيّ على وزن المُضارع المبني للمجهول بإبدالِ حَرْفِ المُضَارَعَةِ ميماً مضمومةً؛ نحو: مُكْرَم و مُقَدَّم.

تمرين ٣٤. اِبْن اسم الفاعل و اسم المفعول من الأفعال التالية:

شَكَرَ ، جَمَعَ ، أَجْمَعَ ، اِجْتَمَعَ ، اِسْتَجْمَعَ ، دَفَعَ ، دَافَعَ ، وَصَلَ ، وَاصَلَ ، تَواصَلَ ، اِسْتَضْعَفَ ، خَلَفَ ، اِخْتَلَفَ ، اِسْتَخْلَفَ ، أَخْلَصَ ، خَلَّدَ ، أَكْرَمَ.

تمرين ٣٥. ضع تحت اسم الفاعل خطّاً و تحت اسم المفعول خَطَّين:

١. القرآن الكريم: قَدْ أَفْلَحَ ٱلْمُؤْمِنُونَ ۞ ٱلَّذِينَ هُمْ فِي صَلَاتِهِمْ خَاشِعُونَ ۞ وَ ٱلَّذِينَ هُمْ عَنِ اللَّغْوِ مُعْرِضُونَ ۞ وَ ٱلَّذِينَ هُمْ لِلزَّكَاةِ فَاعِلُونَ.[1]

٢. القرآن الكريم: وَ ٱلسَّابِقُونَ ٱلسَّابِقُونَ ۞ أُولَٰئِكَ ٱلْمُقَرَّبُونَ.[2]

٣. القرآن الكريم: فَمَنْ شَاءَ ذَكَرَهُ ۞ فِي صُحُفٍ مُكَرَّمَةٍ ۞ مَرْفُوعَةٍ مُطَهَّرَةٍ.[3]

٤. الإمام عليٌّ عليه‌السلام: ظَالِمُ ٱلنَّاسِ يَوْمَ ٱلْقِيَامَةِ مَكْبُوبٌ بِظُلْمِهِ مَحْرُوبٌ مُعَذَّبٌ.[4]

٥. الإمام عليٌّ عليه‌السلام: اللَّهُمَّ إِنِّي أَسْأَلُكَ سُؤَالَ خَاضِعٍ مُتَذَلِّلٍ خَاشِعٍ أَنْ تُسَامِحَني وَ تَرْحَمَني وَ تَجْعَلَني بِقِسْمِكَ رَاضِياً قَانِعاً و في جَمِيعِ ٱلْأَحْوالِ مُتَوَاضِعاً.[5]

تمرين ٣٦. اذكر بلفظ اسم الفاعل أو اسم المفعول أضداد الألفاظ الآتية:

عَالِمٌ، دَائِمٌ، مُطِيعٌ، سَاكِنٌ، متذكّرٌ، مستورٌ، مستحكمٌ، مؤمِنٌ، متباعدٌ، صالحٌ، مُستهجَنٌ، مُفَخَّمٌ، مَهزومٌ، مَشكُورٌ، مُطلَقٌ.

---

١. سورة المؤمنون / الآيات ١-٤.

٢. سورة الواقعة / الآيتان ١٠ و١١.

٣. سورة عبس / الآيات ١٢-١٤.

٤. غرر الحكم / ص ٤٧٧.

٥. مفاتيح الجنان / دعاء كميل.

أفْعَل التَّفضِيل و الصِّفَة المُشبَّهة

٦٧. ما هو أفعل التفضيل؟

٦٨. من أين يبنى أفعل التفضيل؟

٦٩. ما هي الصفة المشبهة؟

٦٧. أفْعَلُ التَّفْضِيلِ هو صِيغةٌ يُرادُ بها وَصْفُ شيءٍ بزيادةٍ علىٰ غيرِهِ؛ نحو:

يُوسفُ أكبرُ من إبراهيمَ.

٦٨. لا يُبْنى أفعلُ التَّفْضيلِ إلّا من الثلاثيّ علىٰ وَزْنِ «أفْعَلَ»؛ نحو:

أكْرَم و أصْدَق.

٦٩. الصِّفَةُ المُشَبَّهَة هي صيغةٌ تُشْتَقُّ من اللَّازم للدَّلالة علىٰ حالةٍ ثابتةٍ و أوزانُها عديدة؛ نحو:

أسْوَد، عَطشان، ظَريف، ضَخْم و بَطَل.

تمرين ٣٧ . ضع خطّاً تحت أفعل التفضيل و خطّين تحت الصفة المُشبَّهة:

١. القرآن الكريم: إِنَّ أَكْرَمَكُمْ عِنْدَ ٱللّٰهِ أَتْقَاكُمْ.[1]

٢. القرآن الكريم: وَ لَمَّا رَجَعَ مُوسَىٰ إِلَىٰ قَوْمِهِ غَضْبَانَ أَسِفاً.[2]

٣. القرآن الكريم: وَ جَعَلَ كَلِمَةَ ٱلَّذِينَ كَفَرُوا ٱلسُّفْلَىٰ وَ كَلِمَةُ ٱللّٰهِ هِيَ ٱلْعُلْيَا.[3]

٤. الرسولُ الأعظم ﷺ: المُؤْمِنُ دَعِبٌ لَعِبٌ، وَ ٱلْمُنافِقُ قَطِبٌ غَضِبٌ.[4]

٥. الإمام عليٌّ ﷿: اَلْحَسُودُ دَائِمُ ٱلسُّقْمِ وَ إِنْ كَانَ صَحِيحَ ٱلْجِسْمِ.[5]

---

١. سورة الحجرات / الآية ١٣.

٢. سورة الأعراف / الآية ١٥٠.

٣. سورة التوبة / الآية ٤٠.

٤. تحف العقول / ص ٤٩.

٥. غرر الحكم / ص ٨٥.

ـ ٢٥ ـ

تقسيم الاسم إلى نَكِرة و مَعرِفة

٧٠. ما هي النكرة؟

٧١. ما هي المعرفة؟

٧٢. كم هي أنواع المعرفة؟

٧٠. النَّكِرَةُ هي ما لا يَدُلُّ على مُعيَّن؛ نحو: قَلَمٌ و إنْسَانٌ.

٧١. المعرفةُ هي ما يَدُلُّ على مُعيَّن؛ نحو: هذا ٱلقَلَمُ.

٧٢. أنواعُ المَعرِفَةِ سَتَّةٌ:

الضميرُ، العَلَمُ، اسمُ الإشارةِ، الاسمُ الموصول، المعرَّف بـ«أَلْ» و المضاف إلى معرفةٍ.

- ٢١ -

الضَّمِير

٧٣. الضَّميرُ هو لَفْظٌ وُضِعَ لِمُتَكلِّمٍ أو مخاطبٍ أو غائبٍ؛ نحو: أَنَا، أَنْتَ وهُوَ.

٧٤. الضميرُ نوعان: بارِزٌ ومُسْتَتِرٌ.

٧٥. الضَّميرُ البارِزُ هو ما كانت لَهُ صورةٌ في اللفظ، مثل التاء في: قُمْتُ وذَهبْتَ.

٧٦. الضَّميرُ المُسْتَتِرُ هو ما لَيْسَتْ له صورةٌ، مثلُ الضَّمير المقدَّرِ في الفعل في نحو: التِّلميذُ فَهِمَ آلدرسَ.

٧٧. الضَّميرُ البارِزُ قسمان: مُنْفَصِلٌ ومُتَّصِلٌ.

٭ فالضَّميرُ المنفَصِلُ هو ما كان مُسْتَقِلاً في النُّطقِ؛ نحو: أَنَا ونَحْنُ.

✳ والضَّميرُ المُتَّصِلُ هـو ما كان كالجُزْءِ مِنَ الكَلِمَةِ السَّابِقةِ عليه؛ نحو: فَهِمْتُ و فَهِمْنَا.

٧٨. الضَّميرُ المنفَصِلُ - بِحَسَبِ موقِعِهِ من الإعراب - قِسمان:

✳ الأوَّلُ، يَختَصُّ بالرفع و هذِه ألفاظُه:

متكلم	مخاطب		غائب		
	مؤنث	مذكر	مؤنث	مذكر	
أَنا	أَنْتِ	أَنْتَ	هِيَ	هُوَ	مفرد
نَحْنُ	أَنْتُما	أَنْتُما	هُما	هُما	مثنى
نَحْنُ	أَنْتُنَّ	أَنْتُم	هُنَّ	هُمْ	جمع

✳ و الثاني، يختصُّ بالنَّصب و هذه ألفاظُه:

متكلم	مخاطب		غائب		
	مؤنث	مذكر	مؤنث	مذكر	
إِيَّايَ	إِيَّاكِ	إِيَّاكَ	إِيَّاها	إِيَّاهُ	مفرد
إِيَّانا	إِيَّاكُما	إِيَّاكُما	إِيَّاهُما	إِيَّاهُما	مثنى
إِيَّانا	إِيَّاكُنَّ	إِيَّاكُمْ	إِيَّاهُنَّ	إِيَّاهُمْ	جمع

٧٩. الضَّميرُ المُتَّصِلُ – بِحَسَبِ مَوْقِعِهِ من الإعراب – ثلاثةُ أقسام:

* الأوَّل، يختصُّ بالرفع و هو خمسةٌ:

التَّاءُ، الألِفُ ، الواو ، النُّون و الياءُ؛ نحو:

قُمْتُ ، قَامَا ، قَامُوا ، قُمْنَ و قُومِي.

* والثاني، يَشْتَرِكُ بَينَ النَّصبِ و الجَرِّ و هو ثلاثةٌ:

– ياء المتكلِّم؛ نحو: **رَبِّي أكرَمني.**

– و كافُ المخاطب، نحو: **وَدَّعَك صديقُكَ.**

– و هاءُ الغيْبةِ، نحو: **كَتَبَ إلى صَديقهِ يَلُومُهُ.**

* والثالثُ، يَشْتَركُ بَيْنَ الرَّفع و النَّصبِ و الجرِّ و هو «نا»، نحو:

رَبَّنَا إنَّنَا سَمِعْنَا.

تمرين ٣٨ . صرّف «عَلَّمَهُ كِتابَهُ» مع الضمائر المتصلّه هكذا:

عَلَّمَهُ كِتابَهُ ، عَلَّمَهُما كِتابَهُما ، عَلَّمَهُمْ كِتابَهُمْ ، ...

تمرين ٣٩ . اقرأ و عيّن الضمائر المرفوعة في الأفعال القرآنية التالية:

يُوَسْوِسُ ، يَدْخُلُونَ ، يُسَبِّحُ ، قُلْ ، أَعْبُدُ ، عَبَدْتُمْ ، أَعُوذُ ، أَعْطَينَا ، اِنْحَرْ ، أُدْخُلِي ، خَافُوا ، خَانَتَا ، رَأَيْتَ ، يَمْنَعُونَ ، تَطَّلِعُ ، زُرْتُمْ ، تَعْلَمُونَ ، ثَقُلَتْ ، أَثَرْنَ ، وَسَطْنَ ، أَخْرَجَتْ ، تَنَزَّلُوا ، يَغْضُضْنَ ، تَخْضَعْنَ ، لَسْتُنَّ ، هَاجَرْنَ ، اِشْرَبِي ، عَلِمْتُ .

تمرين ٤٠ . اكتب جدولاً لضمائر النصب المنفصلة ذاكراً بَعْدَ كل منها فعلاً متعدياً هكذا: إيّاكَ نَعْبُدُ، إيَّاكُمَا نُكَرِّمُ، ...

تمرين ٤١ . عيّن الضمائر المتصلة و المنفصلة، المستترة و البارزة، المرفوعة و المنصوبة و المجرورة:

١. القرآن الكريم: وَٱقْصِدْ في مَشيِكَ.¹

٢. القرآن الكريم: يَا أَيُّهَا ٱلَّذِينَ ءَامَنُوا لَا يَسْخَرْ قَوْمٌ مِنْ قَوْمٍ عَسَىٰ أَنْ يَكُونُوا خَيْراً مِنْهُمْ وَلَا نِسَاءٌ مِنْ نِسَاءٍ عَسَىٰ أَنْ يَكُنَّ خَيْراً مِنْهُنَّ وَلَا تَلْمِزُوا أَنْفُسَكُمْ وَلَا تَنَابَزُوا بِالْأَلْقَابِ بِئْسَ ٱلاسْمُ ٱلْفُسُوقُ بَعْدَ ٱلْإِيمَانِ وَمَنْ لَمْ يَتُبْ فَأُولَئِكَ هُمُ ٱلظَّالِمُونَ ۞ يَا أَيُّهَا ٱلَّذِينَ ءَامَنُوا ٱجْتَنِبُوا كَثِيراً مِنَ ٱلظَّنِّ إِنَّ بَعْضَ ٱلظَّنِّ إِثْمٌ وَلَا تَجَسَّسُوا وَلَا يَغْتَبْ بَعْضُكُمْ بَعْضاً.²

٣. القرآن الكريم: قُلْ لِلْمُؤْمِنِينَ يَغُضُّوا مِنْ أَبْصَارِهِمْ وَ يَحْفَظُوا فُرُوجَهُمْ

---

١. سورة لقمان / الآية ١٩.

٢. سورة الحجرات / الآيتان ١١ و ١٢.

ذَلِكَ أَزْكَى لَهُمْ إِنَّ اللّهَ خَبِيرٌ بِمَا يَصْنَعُونَ ۞ وَ قُلْ لِلْمُؤْمِنَاتِ يَغْضُضْنَ مِنْ أَبْصَارِهِنَّ وَ يَحْفَظْنَ فُرُوجَهُنَّ وَ لَا يُبْدِينَ زِينَتَهُنَّ إِلَّا مَا ظَهَرَ مِنْهَا وَلْيَضْرِبْنَ بِخُمُرِهِنَّ عَلَىٰ جُيُوبِهِنَّ وَ لَا يُبْدِينَ زِينَتَهُنَّ إِلَّا لِبُعُولَتِهِنَّ.[1]

٤. الإمام عليٌّ عليه‌السلام: اَلدُّنْيَا خُلِقَتْ لِغَيْرِهَا.[2]

---

١. سورة النور / الآيتان ٣٠ و٣١.

٢. نهج البلاغة / الحكمة ٤٦٣.

العَلَمُ و اسمُ الإشارة

‏٨٠. ما هو العَلَم؟

‏٨١. ما هو اسم الإشارة؟

‏٨٠. العَلَم هو اسمٌ دَلَّ بالتعيين على شخص أو حَيَوان أو شيءٍ، مِثل:

إبْراهيم (عَلَم رَجُلٍ)، بَرْق (عَلَم فرسٍ) و بيروت (عَلَم مدينةٍ).

‏٨١. اسم الإشارة هو ما دَلَّ على مُعيَّنٍ بإشارة حِسِّيَّة إليه و هذه ألفاظه:

		للقريب		للمتوسط		للبعيد	
		مذكر	مؤنث	مذكر	مؤنث	مذكر	مؤنث
مفرد		هذا	هذهِ	ذاكَ	تيكَ	ذلِكَ	تِلْكَ
مثنى		هذانِ	هَاتانِ	ذانِكَ	تانِكَ	ذانِكَ	تانِّكَ
جمع		هؤُلاء	هؤُلاء	أُولئِكَ	أُولئِكَ	أُولالِكَ	أُولالِكَ
للمكان		هُنا		هُناكَ		هُنالِكَ، ثَمَّ	

تمرين ٤٢ . عين أعلام الأشخاص و الأشياء:

١. القرآن الكريم: أَلَمْ يَأْتِهِمْ نَبَأُ ٱلَّذِينَ مِنْ قَبْلِهِمْ قَوْمِ نُوحٍ وَ عَادٍ وَ ثَمُودَ وَ قَوْمِ إِبْرَاهِيمَ وَ أَصْحَابِ مَدْيَنَ وَ ٱلْمُؤْتَفِكَاتِ أَتَتْهُمْ رُسُلُهُمْ بِالْبَيِّنَاتِ.[1]

٢. القرآن الكريم: مَنْ كَانَ عَدُوّاً لِلَّهِ وَ مَلَائِكَتِهِ وَ رُسُلِهِ وَ جِبْرِيلَ وَ مِيكَالَ فَإِنَّ ٱللَّهَ عَدُوٌّ لِلْكَافِرِينَ.[2]

٣. القرآن الكريم: لُعِنَ ٱلَّذِينَ كَفَرُوا مِنْ بَنِي إِسْرَائِيلَ عَلَى لِسَانِ دَاوُودَ وَ عِيسَى ٱبْنِ مَرْيَمَ ذَلِكَ بِمَا عَصَوْا وَ كَانُوا يَعْتَدُونَ.[3]

تمرين ٤٣ . ضَع قبل الأسماء التالية اسمَ الإشارة الّذي يوافقُها:

الكتاب ، الدَّواة ، القلم ، المِحبَرَة ، الكِتَابانِ ، الكتابَيْنِ ، المِسْطَرتَانِ ، الدارَيْنِ ، الكُتُب ، الأقلام ، الرِّجال ، المُعَلِّمُونَ ، العَمَلَة ، المُهَذِّبِينَ ، المُهَذَّبات.

تمرين ٤٤ . عيّن أسماءَ الإشارة و الضمائر:

١. القرآن الكريم: هَذَا صِرَاطٌ مُسْتَقِيمٌ.[4]

٢. القرآن الكريم: هَذَانِ خَصْمَانِ ٱخْتَصَمُوا فِي رَبِّهِمْ.[5]

٣. القرآن الكريم: إِنَّ هَذِهِ أُمَّتُكُمْ أُمَّةً واحِدَةً وَ أَنَا رَبُّكُمْ فَٱعْبُدُونِ.[6]

---

١. سورة التوبة / الآية ٧٠.

٢. سورة البقرة / الآية ٩٨.

٣. سورة المائدة / الآية ٧٨.

٤. سورة آل عمران الآية ٥١.

٥. سوره الحج / الآية ١٩.

٦. سورة الأنبياء / الآية ٩٢.

٤. القرآن الكريم: مَنْ ذَا الَّذِي يَشْفَعُ عِنْدَهُ إِلَّا بِإِذْنِهِ.[1]

٥. القرآن الكريم: ذَلِكَ تَخْفِيفٌ مِنْ رَبِّكُمْ وَ رَحْمَةٌ.[2]

٦. القرآن الكريم: ذَلِكُمْ خَيْرٌ لَكُمْ إِنْ كُنْتُمْ مُؤْمِنِينَ.[3]

٧. القرآن الكريم: تِلْكَ الْقُرَىٰ نَقُصُّ عَلَيْكَ مِنْ أَنْبَائِهَا.[4]

٨. القرآن الكريم: هَاأَنْتُمْ أُولَاءِ تُحِبُّونَهُمْ وَ لَا يُحِبُّونَكُمْ.[5]

٩. القرآن الكريم: هَؤُلَاءِ أَهْدَىٰ مِنَ الَّذِينَ ءَامَنُوا سَبِيلاً.[6]

١٠. القرآن الكريم: أُولَئِكَ عَلَىٰ هُدًى مِنْ رَبِّهِمْ وَ أُولَئِكَ هُمُ الْمُفْلِحُونَ.[7]

---

١. سورة البقرة/ الآية ٢٥٥.

٢. سورة البقرة / الآية ١٧٨.

٣. سورة الأعراف / الآية ٨٥.

٤. سورة الأعراف / الآية ١٠١.

٥. سورة آل عمران / الآية ١١٩.

٦. سورة النساء / الآية ٥١.

٧. سورة البقرة / الآية ٥.

المَوصُولُ و المُعَرَّف بـ«أَل» والمُضَاف إلى مَعرِفة

٨٢. ما هو الاسم الموصول؟

٨٣. ما هو المعرّف بـ«أل»؟

٨٤. ما هو المضاف إلى معرفةٍ؟

٨٢. الاسمُ الموصولُ هو ما دلَّ على مُعَيَّن بواسطة جملة تُذْكَرُ بعدَه تُسَمَّى صِلَةً؛ و هذه ألفاظُه:

الجمع	المثنى	المفرد	
الَّذِينَ	اللَّذان اللَّذَيْن	الَّذي	مذكر
اللَّواتي اللَّاتي اللَّائي	اللَّتان اللَّتَيْن	الَّتي	مؤنث

٨٣. المُعَرَّفُ بـ«أَل» هُوَ كُلُّ اسمٍ دَخَلَتْهُ «أَل» فأفادتْهُ التعريفَ؛ نحو: السَّيْفُ، القَلَمُ.

٨٤. المضاف إلى مَعرِفةٍ هو كلُّ اسمٍ يُنْسَبُ إلى واحدٍ مِن المعارِفِ؛ نحو: كِتابي ، كتابُ إبراهيمَ ، كتابُ الَّذي رافقَنَا و كتابُ المُعَلّم.

تمرين ٤٥. عيّن النكرات و المعارف و اذكر أنواع المعارف:

«وَصايا لقمان لابنه»

قَالَ لُقمانُ لِابْنِهِ: يا بُنَيَّ لا تَرْكَنْ إلى ٱلدَّنيا، و لا تَشْغَلْ قَلْبَك بِهَا، فَإِنَّكَ لَمْ تُخْلَق لها، وَ مَا خَلَقَ ٱللهُ خَلْقاً أهْون عَليه مِنها، ألا تَرىٰ أنّه لَمْ يَجْعَلْ نَعِيمَهَا ثَواباً لِلْمُطِيعِينَ وَ لَا بَلَاءَهَا عُقُوبَةً لِلْعَاصِينَ.

يا بُنَيَّ، لا تَضْحَكْ مِنْ غَيْرِ عَجَبٍ وَ لا تَمشِ فِي غَيْرِ أرَبٍ وَ لا تَسْأَلْ عَمَّا لا يَعْنِيكَ؛ يا بُنَيَّ، لا تُضِعْ مَالَكَ، وَ تُصْلِح مالَ غَيْرك، فَإِنَّ مالَكَ ما قَدَّمْتَ وَ مَالَ غَيْرِكَ ما تَرَكْتَ؛ يا بُنَيَّ، إنَّهُ مَنْ يَرْحَمْ يُرْحَم، وَ مَنْ يَصْمُتْ يَسْلَم، وَ مَنْ يَقُلِ ٱلْخَيْرَ يَغْنَم وَ مَنْ يَقُلِ ٱلْبَاطِلَ يَأْثَم، وَ مَنْ لا يَمْلِك لِسانَهُ يَنْدَم؛ يا بُنَيَّ، زَاحِمِ ٱلْعُلَمَاءِ بِرُكْبَتَيكَ، وَٱنْصِتْ إلَيْهِم بِأُذُنَيكَ فَإِنَّ ٱلْقَلْب يَحيىٰ بِنُورِ ٱلْعُلَمَاءِ كَما تَحْيَى ٱلْأرْضُ ٱلْمَيْتَةُ بِمَطرِ ٱلسَّمَاءِ.[١]

تمرين ٤٦. ضع اسم الإشارة مع اسم الموصول قبل العبارات التالية هكذا:

(هذا ٱلذي نزل ضيفاً بِدارِنا، هذان ٱللذان قَدِما...)

أقَامَتْ عِنْدَها يَوماً.	نَزَلَ ضيفاً بِدارِنا.
قَدِمَتا لِزيارة ٱلْأقَارِب.	قَدِما مِنْ بِلاد بعيدة.
أتَيْنَ لِتَبْدِيل ٱلْهَواء.	أتَوْا مِنْ مُدَّةٍ قريبةٍ.
حَصَّلَ ٱلْغِنَىٰ بِٱجْتِهادِه.	وَرِثَتْ عَنْ أبِيها تَرِكَةً وافِرةً.
يَسْعَيانِ في طَلَبِ ٱلرِّزق.	هما عازِمتانِ عَلَى ٱلسَّفر.
هُمْ مَحْبُوبُونَ لِحُسْنِ خِصالِهِم.	هُنَّ مَشْهُوراتٌ بِأدَبِهِنَّ.

---

١. بحار الأنوار، ج ١٣ / ص ٤٠٩.

تقسيمُ الاسم إلى مُعرَب ومَبني

٨٥. ماذا تفهم من إعراب الاسم؟

٨٦. كم هي أنواع الإعراب في الاسم؟

٨٧. ما هي علامة رفع الاسم؟

٨٨. ما هي علامة نصب الاسم؟

٨٩. ما هي علامة جر الاسم؟

٨٥. إعرابُ الاسم هو تغيُّرُ آخرِهِ بتغيُّرِ التّراكيب.

٨٦. أنواعُ إعراب الاسمِ ثلاثةٌ: رَفْعٌ ونَصْبٌ وجَرٌّ.

٨٧. العَلامةُ الأصليّةُ لرفع الاسم هي الضَّمة.

وينوبُ عنها: ٭ «ألفُ» في المُثنّى.

٭ و«واوٌ» في جَمْع المذكَّر السالم والأسماء الخمسة وهي:

أبٌ ، أخٌ ، حَمٌ ، فَمٌ ، ذُو.

٨٨. العلامةُ الأصليّةُ لِنَصْبِ الاسم هي «الفَتحة».

وينوبُ عنها: ٭ «ألفُ» في الأسماء الخمسة.

٭ و«كَسْرةٌ» في جمع المُؤنَّثِ السالم.

٭ و«ياءٌ» في المثنّى وجَمْع المذكَّر السالم.

٨٩. العلامةُ الأصليّةُ لجرِّ الاسم هي الكَسْرةُ.

وينوب عنها: ٭ «ياءٌ» في المثنّى وجَمْع المذكَّر السالم والأسماء الخمسة.

٭ و«فَتْحةٌ» في الممنوع من الصرف.

تمرين ٤٧. حوّل الكلمات القرآنية التابعة من حالة الرفع إلى حالتي النصب و الجرّ:

كتابٌ ، السّاجِدُونَ ، المسلمات ، شاكرونَ ، ذُو الفضل ، المُحسِنات ، الحجّ ، أبوك ، طائفتانِ ، اَلمَثُلاثُ ، امْرَأَتانِ ، مُنْذِرُونَ ، أخوه ، مَرّتان .

تمرين ٤٨. ردّ الكلمات القرآنية الآتية من حالة النصب إلى حالة الجرّ:

إصْراً ، حافِظِينَ ، الحـقَّ ، إبراهيـمَ ، أخـاهُ ، المؤمناتِ ، داخِرِينَ ، يوسـفَ ، الدوائرَ ، أَبوَيْه ، آباءَنَا ، جَامِدَةً ، أَباهُمْ .

تمرين ٤٩. عيّن حالات الإعراب في الأسماء التالية هكذا:

(اَلجَنَّةُ: الرفع، الجنائزَ: النصب...).

اَلجَنَّةُ ، اَلجَنائزَ ، اَلجَنَّتَانِ ، اَلمُؤمِنُونَ ، اَلْكُتُبَ ، اَلمَفاتيحَ ، أَخَاكَ ، اَلزَّائِـراتِ ، اَلقَادِمـينَ ، حَمِيـك ، فيـك ، يَعقوبَ ، اَلمُعَلِّمُـونَ ، اَلمُعَلِّمَاتِ ، الزَّائِرينَ ، ذُو اَلعلمِ ، ذِي اَلْكَرامِة .

بنَاءُ الاسْم

٩٠. ماذا تفهم من بناء الاسم؟

٩١. هل الأسماء المبنية كثيرة؟

٩٢. كم هي أنواع بناء الاسم؟

٩٠. بناءُ الاِسم هو عَدَمُ تغيُّرِ آخره بتغيُّرِ التَّراكيب.

٩١. إنّ الأسماءَ المَبنيَّةَ بالنسبة إلى المُعْربة قليلةٌ جدّاً و أشهرها:
الضمائرُ ، المَوْصولاتُ ، أسماءُ الإشارَةِ ، أسماءُ الشَرْطِ و الاستفهام.[1]

٩٢. أنواعُ بناءِ الاسم أرْبَعَةٌ:
الضمُّ ، الفَتْحُ ، الكَسْرُ و السُّكونُ؛ نحو:
حَيْثُ ، كيَفَ ، أَمْسِ و مَنْ.

____

١. اطلب عدد ٧٣، ٨١ و ٨٢.

تمرين ٥٠. ميّز الأسماء المبنيّة من المعربة:

١. القرآن الكريم: وَلَوْ نَزَّلْنَا عَلَيْكَ كِتَاباً في قِرْطَاسٍ فَلَمَسُوهُ بِأَيْدِيهِمْ لَقَالَ الَّذِينَ كَفَرُوا إِنْ هذَا إِلَّا سِحْرٌ مُبِينٌ.[١]

٢. القرآن الكريم: وَيَوْمَ نَحْشُرُهُمْ جَمِيعاً ثُمَّ نَقُولُ لِلَّذِينَ أَشْرَكُوا أَيْنَ شُرَكَاؤُكُمُ الَّذِينَ كُنْتُمْ تَزْعُمُونَ.[٢]

٣. الإمام عليّ عليه السلام: اِتَّقُوا مَعَاصِيَ اللهِ في الْخَلَوَاتِ فَإِنَّ الشَّاهِدَ هُوَ الْحَاكِمُ.[٣]

---

١. سورة الأنعام / الآية ٧.

٢. سورة الأنعام / الآية ٢٢.

٣. نهج البلاغة / الحكمة ٣٢٤.

قسم
النحو

الجُملة المُفيدة

١. هل تقتصر في المخاطبة على كلمة واحدة؟

٢. ماذا تسمّى الجمل المفيدة فائدة تامّة؟

٣. من أيّ شيء يتركب الكلام؟

٤. هل يلزم أن يتركب كلّ كلام من فعل واسم وحرف؟

١. إنّ كَلِمَةً وَاحِدَةً لا تَكفي لِتَفْهيمِ ما نُريدهُ من المعاني ولا بُدَّ من كَلِمَتَيْن فأكْثَرَ حتّى يكونَ ما نَتَلَفَّظُ بِهِ مُفيداً فائدةً تامَّةً.

٢. إنَّ الجُمَلَ المُفيدَةَ فائدةً تامَّةً تُسمَّى كلاماً؛ نحو:

الفضيلةُ محبوبةٌ و **العلمُ نافعٌ.**

٣. يَتَرَّكبُ الكلامُ من الكلماتِ المُفرَدَةِ الَّتي تَنْحصِرُ في ثَلاثة أنواع وهي:

فِعْلٌ واسْمٌ وحَرْفٌ.

٤. لا يُشْتَرط في الكلام أن يتركَّبَ دائماً من فِعلٍ واسمٍ وحَرْفٍ فإنّهُ قد يتركّب من:

٭ اِسْمَيْنِ فقط؛ نحو: **اللهُ عادلٌ.**

٭ أو من فِعْلٍ واسمٍ؛ نحو: **اِنْطَفأ سِراجٌ.**

تمرين ١. اكتب الجمل التالية و بيّن أنواع المفردات التي تتركّب منها:

١. القرآن الكريم: اِقْرَأْ بِاسْمِ رَبِّكَ ٱلَّذِي خَلَقَ ۝ خَلَقَ ٱلْإِنْسَانَ مِنْ عَلَقٍ.[١]

٢. القرآن الكريم: أَلَمْ نَشْرَحْ لَكَ صَدْرَكَ ۝ وَ وَضَعْنَا عَنْكَ وِزْرَكَ ۝ ٱلَّذِي أَنْقَضَ ظَهْرَكَ.[٢]

٣. القرآن الكريم: قُلْ هُوَ ٱللهُ أَحَدٌ ۝ ٱللهُ ٱلصَّمَدُ ۝ لَمْ يَلِدْ وَ لَمْ يُولَدْ ۝ وَ لَمْ يَكُنْ لَهُ كُفُواً أَحَدٌ.[٣]

٤. الإمام عليٌّ عليه السلام: مَنْهُومَانِ لا يَشْبَعَانِ: طَالِبُ عِلْمٍ وَ طَالِبُ دُنْيَا.[٤]

٥. الإمام الحسنُ عليه السلام: اَلْبَخِيلُ مَنْ بَخِلَ بِٱلسَّلَامِ.[٥]

٦. اَللُّؤْمُ أَنْ لا تَشْكُرَ ٱلنِّعْمَةَ.[٦]

تمرين ٢. دلّ على الجمل المفيدة فائدة تامة:

١. القرآن الكريم: بَقِيَّةُ ٱللهِ خَيْرٌ لَكُمْ إِنْ كُنْتُمْ مُؤْمِنِينَ.[٧]

٢. القرآن الكريم: وَ إِذَا قُرِئَ ٱلْقُرْآنُ فَٱسْتَمِعُوا لَهُ وَ أَنْصِتُوا.[٨]

٣. الرسولُ الأعظم صلى الله عليه وآله: مَنْ كَانَ يُؤْمِنُ بِٱللهِ وَ ٱلْيَوْمِ ٱلآخِرِ فَلْيَفِ إِذَا وَعَدَ.[٩]

---

١. سورة العلق / الآيتان ١ و ٢.

٢. سورة الشرح / الآيات ١-٣.

٣. سوة الإخلاص / الآيات ١-٤.

٤. نهج البلاغة / الحكمة ٤٥٧.

٥. تحف العقول / ص ٢٥٣.

٦. تحف العقول / ص ٢٣٦.

٧. سورة هود / الآية ٨٦. ٧.

٨. سورة الأعراف / الآية ٢٠٤.

٩. تحف العقول / ص ٤٤.

٤. الإمام عليٌّ عليه السلام: اَلصِّدْقُ أمانَةٌ وَ اَلكِذْبُ خِيانَةٌ.[1]

٥. الإمام عليٌّ عليه السلام: اَلتَّواضُعُ يَرْفَعُ وَ اَلتَّكَبُّرُ يَضَعُ.[2]

٦. الإمام عليٌّ عليه السلام: إذَا رَأَيْتَ عالِماً، فَكُنْ لَهُ خادِماً.[3]

---

١. غرر الحكم / ص ٥.

٢. غرر الحكم / ص ٥.

٣. ميزان الحكمة، ج ٦ / ص ٤٨٩.

‑ ٢ ‑

مَوضوعُ النّحو

٥. النَّحْوُ يُعَلِّمُنا أحوالَ الكَلِمَاتِ عندَ التركيب.

٦. الكَلِماتُ عندَ التركيبِ قِسمانِ: قِسمٌ لا يتغيَّرُ آخرُهُ أبداً و يُسَمّى مَبنيّاً. و قِسمٌ يتغيَّرُ آخرُهُ و يُسَمَّى مُعْرَباً.

٧. مَن أراد أن يكون كلامُهُ مُوافِقاً لِقوانين النحو يَحتاجُ أن يَعْرِفَ الكَلِماتِ المَبنيَّةَ و الكَلِمات المعرّبةَ وَ أنواعَ الإعرابِ و مواضِعَهُ حتّى يُعطِيَ كُلَّ لَفْظٍ حقَّهُ و يَسْلَمَ من الخطأ.

٨. لا توجـد قواعِـدُ تُعْرَفُ بها حالةُ آخرِ كلِّ كَلِمَةٍ من الكَلِماتِ المبنيَّة بلِ المرجع في ذلك كُتُبُ اللغةِ.

٩. إِنَّ النُّحاةُ وَضَعُوا قَواعِدَ مُعيَّنَةً تُعرَفُ بها حالةُ آخرِكُلِّ كلمةٍ من الكلماتِ المُعربَةِ.

١٠. إنَّ الأحوالَ العارِضَةَ لأواخرِ الكلماتِ المُعربَةِ تَنْحَصِرُ:

٭ من الفِعْل في: الرَّفع و النَّصبِ و الجَزْمِ.

٭ ومن الاسم في: الرَّفع و النَّصبِ و الجرِّ.

١١. إذا أرَدْنا أنْ يَسْـلَمَ كلامُنا من الخطأِ وَجَب أن نَعرِفَ مَتىٰ يكونُ الفِعلُ مرفوعاً أو منصوباً أو مجزوماً، و متىٰ يكونُ الاسمُ مرفوعاً أو منصوباً أو مجروراً.

تمرين ٣. أجب على الأسئلة التالية:

١. ما هُوَ تَعريفُ عِلمِ ٱلنَّحوِ وَ ما هُوَ مَوضُوعُهُ؟

٢. ما ٱلفرقُ بينَ ٱلصَّرفِ وَ ٱلنَّحوِ؟

٣. كَم هِيَ ٱلأحوالُ ٱلعارِضةُ لأواخِرِ ٱلكلماتِ ٱلمعرَبة؟

٤. هَل رَفْعُ ٱلمُعرَبِ أو نَصبُه أو جَرُّه أو جَزْمُه يَكُونُ بِحَسَبِ مَا يَشاءُ ٱلمُتكلِّمُ؟

- ٣ -

مَواضِعُ نَصب الفِعل

* يُنْصَبُ الفعلُ في أربعةِ مواضِعَ.
* ويُجْزَمُ في ستةَ عشرَ موضعاً.
* وَيُرفَعُ في غيرِ ذلك.

١٢. متى ينصب الفعل؟

١٢. يُنْصَبُ الفِعلُ إذا وَقَعَ بعد حَرفٍ من الأحْرُفِ الأربعةِ التاليةِ وهيَ:
أنْ ، لَنْ ، إذَنْ و كَيْ.

* أنْ، نحو: أُريدُ أَنْ أَتَعَلَّمَ ٱلنَّحوَ.

* لَنْ، نحو: لَنْ يَجودَ ٱلبَخيلُ.

* إذَنْ، نحو: إِذَنْ نُنزِلَكَ في دارِنا (جواباً لمن قال: سأزُورِكم).

* كَيْ، نحو: أُدْرُسْ كَيْ تَحفَظَ.

تمرين ٤. ميّز الفعل المنصوب بالفتحة من المنصوب بحذفِ النون مع تعيين أداة النصب:

١. القرآن الكريم: وَٱللهُ يُريدُ أَنْ يَتُوبَ عَلَيكُمْ.[١]

٢. القرآن الكريم: وَ لَنْ تَجِدَ لِسُنَّةِ ٱلله تَحويلاً.[٢]

٣. القرآن الكريم: وَ أَنْ تَصُومُوا خَيرٌ لَكُمْ.[٣]

٤. القرآن الكريم: وَ أَشرِكهُ فِي أَمري ٭ كَي نُسَبِّحَكَ.[٤]

٥. القرآن الكريم: إِذْ هَمَّت طَائِفَتانِ مِنْكُمْ أَنْ تَفْشَلاَ.[٥]

٦. الإمام عليٌّ عليه‌السلام: لَيسَ ٱلْخَيرُ أَنْ يَكْثُرَ مَالُكَ وَ وَلَدُكَ، وَ لكِنِ ٱلْخَيرُ أَنْ يَكْثُرَ عِلْمُكَ، وَ أَنْ يَعْظُمَ حِلْمُكَ، وَ أَنْ تُباهِيَ ٱلنَّاسَ بِعِبادة رَبِّكَ.[٦]

٧. قالَ إِنِّي سَأَخْطِبُ فِي ٱلحاضِرينَ، قُلْنَا: إِذَنْ تَهَيِّجَ عَواطِفَهُمْ.

٨. اِزْرَعِ ٱلْمَعْرُوفَ كَي تَنالَ ٱلشُّكْرَ، وَ أَكْثِرْ مِنِ ٱدِّخارِ ٱلْمَعارِفِ كَي لا تُوصَفَ بِٱلْجَهلِ.

٩. اِحْفَظَا ٱلْعِلْمَ كَي تَفُوزَا بِٱلنَّجاح.

---

١. سورة النساء/ الآية ٢٧.

٢. سورة فاطر/ الآية ٤٣.

٣. سورة البقرة / الآية ١٨٤.

٤. سورة طه / الآيتان ٣٢ و ٣٣.

٥. سورة آل عمران / الآية ١٢٢.

٦. نهج البلاغة/ الحكمة ٩٤.

ــ ٤ ــ

مَوَاضِع جَزم الفِعل

١٣. متى يجزم الفعل؟

١٤. كم قسماً هذه الكلمات الجازمة؟

١٣. يُجْزَمُ الفِعْلُ إذا وَقَعَ بعد إحدى الأدوات التالية و هيَ:

❊ لَمْ ، لَمَّا ، لامُ الأمرِ ، لا الناهِيَة.

❊ اِنْ ، إذما ، مَنْ ، ما ، مَهْما ، أيّ ، كَيْفَما ،

❊ مَتى ، أيْنَما ، أيّانَ ، أنّى ، حَيْثُما.

١٤. إنَّ الأدوات الجازمةَ قسمانِ:

▢ أربعٌ يُجْزَمُ بعدَها فِعلٌ واحِدٌ و هي:

❊ لَمْ،   نحو : لَمْ يَذْهَبْ أَحَدٌ.

❊ لَمَّا،   نحو : تَعَلَّمَ ٱلقراءةَ وَلَمَّا يَكْتُبْ.

❊ لامُ الأمرِ،   نحو : لِتَطِبْ نَفْسُكَ.

❊ لام النَّاهِيَةُ، نحو : لا تَيْأَسْ مِنْ رَحْمَةِ ٱلله.

▢ واثنَتا عَشْرَةَ يُجْزَمُ بعدَها فِعلانِ يُسَـمَّى الأوَّلُ فِعلَ الشَّـرطِ و

الثاني جوابُهُ وهِيَ:

❈ إنْ؛   نحو: إنْ تَكْسَلْ تَخْسَرْ.

❈ إذْما؛   نحو: إذْما تَتَعَلَّمْ تَتَقَدَّمْ.

❈ مَنْ؛   نحو: مَنْ يَطْلُبْ يَجِدْ.

❈ مَا؛   نحو: ما تَتَعَلَّمْ في ٱلصِّغَرِ يَنْفَعْكَ في ٱلْكِبَرِ.

❈ مَهْمَا؛   نحو: مَهْمَا تَأْمُرْ بِٱلْخَيْرِ أَفْعَلْهُ.

❈ أيّ؛   نحو: أَيّاً تُكْرِمْ أُكْرِمْ.

❈ كَيْفَها؛   نحو: كَيْفَما تَتَوَجَّهْ تُصادِفْ خَيْراً.

❈ مَتىٰ؛   نحو: مَتىٰ يَصْلُحْ باطِنُك يَصْلُحْ ظاهِرُك.

❈ أَيْنَما؛   نحو: أَيْنَما تَذْهَبْ تَنْجَحْ.

❈ أَيّانَ؛   نحو: أَيّانَ تَسْأَلْني أُجِبْكَ.

❈ أَنّىٰ؛   نحو: أَنّىٰ يَذْهَبْ صاحِبُ ٱلْعِلْمِ يُكْرَمْ.

❈ حَيْثُما؛   نحو: حَيْثُما تَسْقُطْ تَثْبُتْ.

تمرين ٥. عيّن المجزومَ بالسكون و المجزوم بحذف النون و المجزوم بحذف حرف العلّة في الجمل الآتية:

١. القرآن الكريم: لَمْ يَلِدْ وَلَمْ يُولَدْ ۞ وَلَمْ يَكُنْ لَهُ كُفُواً أَحَدٌ.¹

٢. القرآن الكريم: وَ لَمَّا يَدْخُلِ ٱلْإِيمانُ في قُلُوبِكُمْ.²

٣. القرآن الكريم: إِنْ تَنْصُرُوا ٱللهَ يَنْصُرْكُمْ.³

٤. القرآن الكريم: إِنْ تَعُودُوا نَعُدْ.⁴

٥. القرآن الكريم: وَ لا تَقْفُ ما لَيْسَ لَكَ بِهِ عِلْمٌ.⁵

٦. القرآن الكريم: وَ لا تَمْشِ في ٱلْأَرْضِ مَرَحاً.⁶

٧. القرآن الكريم: أَيْنَما تَكُونُوا يُدْرِكْكُمُ ٱلْمَوتُ.⁷

٨. القرآن الكريم: وَ مَنْ يَتَّقِ ٱللهَ يَجْعَلْ لَهُ مَخْرَجاً.⁸

تمرين ٦. عيّن كلَّ فعل تتقدّمه أداة جازمة:

١. القرآن الكريم: يا بُنَيَّ لا تُشْرِكْ بِٱللهِ.⁹

٢. القرآن الكريم: مَنْ يَعْمَلْ سُوءاً يُجْزَ بِهِ.¹⁰

<hr>

١. سورة الإخلاص / الآيتان ٣ و ٤.

٢. سورة الحجرات / الآية ١٤.

٣. سورة محمد ﷺ / الآية ٧.

٤. سورة الأنفال / الآية ١٩.

٥. سورة الإسراء / الآية ٣٦.

٦. سورة الإسراء / الآية ٣٧.

٧. سورة النساء / الآية ٧٨.

٨. سورة الطلاق / الآية ٢.

٩. سورة لقمان / الآية ١٣.

١٠. سورة النساء / الآية ١٢٣.

٣. القرآن الكريم: اِنْ نَشَأْ نُنَزِّلْ عَلَيْهِمْ مِنَ ٱلسَّماءِ آيَةً.[1]

٤. القرآن الكريم: وَ ما تَفْعَلُوا مِنْ خَيْرٍ يَعْلَمْهُ ٱللهُ.[2]

٥. القرآن الكريم: وَ ما تُقَدِّمُوا لِأَنْفُسِكُمْ مِنْ خَيْرٍ تَجِدُوهُ عِنْدَ ٱللهِ.[3]

٦. مَتىٰ تَحْسُنْ سَريرَتُكَ تَحْسُنْ سيرَتُك.

٧. أَنّىٰ تُسافِرْ تُصادِفْ خَيْراً.

٨. مَهْما تُرِدْ أَفْعَلْ.

---

١. سورة الشعراء / الآية ٤.

٢. سورة البقرة / الآية ١٩٧.

٣. سورة البقرة / الآية ١١٠.

- ٥ -

مَواضِع رَفع الفِعل

١٥. متٰى يرفع الفعل؟

١٦. هل تظهر الحركات على الفعل إذا كان معتلاً؟

١٥. يُرفَعُ الفعلُ إذا لم يَسبقْهُ ناصبٌ و لا جازمٌ؛ نحو: يَنْزِلُ ٱلْمَطَرُ و يُثْمِرُ ٱلشَّجَرُ.

١٦. ❊ إذا كانَ الفعْلُ مُعتَـلًّا بالألِفِ تُقَدَّرُ على آخرِهِ الضمّةُ عندَ الرفعِ و الفتحةُ عندَ النَّصْبِ؛ نحو: يَسْعٰى و لَنْ يَسْعٰى.

و ذلك لتعذُّر تحريك الألِف.

❊ أمّا إذا كان معتَـلًّا بالـواو أو بالياء فتُقـدَّر عليه الضمّةُ عند الرفعِ للاسـتثقالِ؛ نحو: يَسْمُو و يَرْتَقِي.

تمرين ٧. عيّن المرفوع بالضّمة و المرفوع بالنون من الأفعال التي تحتها خطّ:

١. القرآن الكريم: فَبَشِّرْ عِبَادِ ٭ الَّذِينَ يَسْتَمِعُونَ ٱلْقَوْلَ فَيَتَّبِعُونَ أَحْسَنَهُ.[١]

٢. القرآن الكريم: وَ هُمْ يَحْسَبُونَ أَنَّهُمْ يُحْسِنُونَ صُنْعاً.[٢]

٣. القرآن الكريم: و هُوَ ٱلَّذِي يَقْبَلُ ٱلتَّوبَةَ عَنْ عِبَادِهِ وَ يَعْفُوا عَنِ ٱلسَّيِّئَاتِ وَ يَعْلَمُ ما تَفْعَلُونَ.[٣]

٤. القرآن الكريم: و ما يُعَلِّمانِ مِنْ أَحَدٍ حَتَّى يَقُولا إِنَّما نَحْنُ فِتْنَةٌ فَلا تَكْفُرْ.[٤]

٥. القرآن الكريم: وَ لَقَدْ خَلَقْنَا ٱلْإِنْسانَ وَ نَعْلَمُ ما تُوَسْوِسُ بِهِ نَفْسُهُ.[٥]

٦. الرسولُ الأعظم ﷺ: قَالَ ٱلْحَوارِيُّونَ لِعِيسَى بنِ مَرْيَمَ: مَنْ نُجالِسُ؟ قَالَ: مَنْ يُذَكِّرُكُمُ ٱللهَ رُؤْيَتُهُ، و يَزِيدُ في عِلْمِكُمْ مَنْطِقُهُ، و يُرَغِّبُكُمْ في ٱلْآخِرَةِ عَمَلُهُ.[٦]

٧. الإمام عليّ ﷿: مَنْهُومَانِ لا يَشْبَعانِ: طالِبُ عِلْمٍ و طالِبُ دُنيا.[٧]

٨. تُبْصِرِينَ عُيُوبَ غَيرِكِ و لا تَنْظُرِينَ إلى نَقَائِصِكِ!

تمرين ٨. عيّن الحركات المقدّرة على الأفعال التي تحتها خطّ:

١. القرآن الكريم: وَٱلَّيْلِ إِذَا يَغْشَى ٭ وَٱلنَّهارِ إِذَا تَجَلَّى.[٨]

---

١. سورة الزمر / الآيتان ١٧ و ١٨.

٢. سورة الكهف / الآية ١٠٤.

٣. سورة الشورى / الآية ٢٥.

٤. سورة البقرة / الآية ١٠٢.

٥. سورة ق / الآية ١٦.

٦. تحف العقول / ص ٤٢.

٧. نهج البلاغة / الحكمة ٤٥٧.

٨. سورة الليل / الآيتان ١ و ٢.

٢. القرآن الكريم: وَ أَمَّا مَنْ جَاءَكَ يَسْعَىٰ * وَ هُوَ يَخْشَىٰ * فَأَنْتَ عَنْهُ تَلَهَّىٰ.[1]

٣. القرآن الكريم: رَبَّنَا إِنَّكَ تَعْلَمُ مَا نُخْفِي وَ مَا نُعْلِنُ.[2]

٤. القرآن الكريم: وَ لَنْ تَرْضَىٰ عَنْكَ ٱلْيَهُودُ وَ لَا ٱلنَّصَارَىٰ حَتَّىٰ... .[3]

٥. هُوَ يَسْمُو إلى ٱلْمَرَاتِبِ وَ لا يَخْشَى ٱلْمَعَاطِبَ.

٦. بِٱلْعَزْمِ تَدْنُو ٱلْمَطَالِبُ و بِٱلثَّبَاتِ تَنْجَلِي ٱلْغَياهِبُ.

تمرين ٩. اضبط بالشكل اللازم «الباء» من فعل «يَكْتُب» في الجمل التالية:

اَلدَّارِسُ لَمْ يَكْتُب وَ لَنْ يَكْتُب – أَنْتَ تَكْتُب – بَرِيتُ ٱلْقَلَمَ كَي أكتب – تَكْتُب شرّاً – مَنْ يَكْتُب خَيراً يَغنَمْ أجراً – تَعَلَّمَ ٱلْقِرَاءَةَ وَ لَمّا يَكْتُب – قَالَ سَأنطُقُ بِٱلْقَوَاعِد، فَقُلتُ إِذَنْ أَكْتُبُ ما تَقُولُ – مَا تَكتُب يَنْفَعكَ – كُلُّ حَريصٍ يَكْتُب.

تمرين ١٠. بيّن في الكلمات التي تحتها خطٌّ الأفعال المبنيّة و الأفعال المعربة و حالة إعرابها:

١. القرآن الكريم: إِذْ قَالَ يُوسُفُ لِأَبِيهِ يَا أَبَتِ إِنِّي رَأَيْتُ أَحَدَ عَشَرَ كَوْكَباً.[4]

٢. القرآن الكريم: إِنَّ ٱلسَّاعَةَ ءَاتِيَةٌ أَكَادُ أُخْفِيها لِتُجْزَىٰ كُلَّ نَفْسٍ بِمَا تَسْعَىٰ * فَلَا يَصُدَّنَّكَ عَنْها مَنْ لا يُؤْمِنُ بِهَا وَ ٱتَّبَعَ هَوَاهُ فَتَرْدَىٰ * وَ مَا تِلْكَ بِيَمِينِكَ يَا مُوسَىٰ * قَالَ هِيَ عَصَايَ أَتَوَكَّؤُ عَلَيْها وَ أَهُشُّ بِهَا عَلىٰ غَنَمِي وَلِيَ فِيها مَآرِبُ أُخْرَىٰ * قَالَ ٱلْقِها يَا مُوسَىٰ * فَأَلْقَاها فَإِذَا هِيَ

---

١. سورة عبس / الآيات ٨-١٠.

٢. سورة إبراهيم / الآية ٣٨.

٣. سورة البقرة / الآية ١٢٠.

٤. سورة يوسف / الآية ٤.

حَيَّةٌ تَسْعَىٰ ۞ قَالَ خُذْهَا وَ لَا تَخَفْ سَنُعِيدُهَا سِيرَتَهَا الأُولَىٰ.[١]

٣. القرآن الكريم: فَوَسْوَسَ إِلَيْهِ الشَّيْطَانُ قَالَ يَا آدَمُ هَلْ أَدُلُّكَ عَلَىٰ شَجَرَةِ الْخُلْدِ وَ مُلْكٍ لَا يَبْلَىٰ ۞ فَأَكَلَا مِنْهَا فَبَدَتْ لَهُمَا سَوْءَاتُهُمَا وَ طَفِقَا يَخْصِفَانِ عَلَيْهِمَا مِن وَرَقِ الْجَنَّةِ وَ عَصَىٰ ءَادَمُ رَبَّهُ فَغَوَىٰ ۞ ثُمَّ اجْتَبَاهُ رَبُّهُ فَتَابَ عَلَيْهِ وَ هَدَىٰ.[٢]

٤. سَأَلْتُ أَبَا جعفر الباقرِ عليه السلام: مَا حَقُّ اللهِ عَلَى الْعِبَادِ؟ قَالَ: أَنْ يَقُولُوا مَا يَعْلَمُونَ وَ يَقِفُوا عِنْدَ مَا لَا يَعْلَمُونَ.[٣]

٥. مَهْمَا يَكُنْ فِي ضَمِيرِكَ يَظْهَرْ عَلَىٰ جَبِينِكَ.

٦. حَافِظْنَ أَيَّتُهَا الأُمَّهَاتُ عَلَىٰ مَن تُرَبِّينَ وَ لَا تُهْمِلْنَ مَن رَبَّيْنَكُنَّ.

١. سورة طه / الآيات ١٥-٢١.

٢. سورة طه / الآيات ١٢٠-١٢٢.

٣. أصول الكافي، ج١ / ص ٥٣.

الأسئلة العامة

تمرين ١١. أجب على الأسئلة التالية:

١. ما الفَرقُ بينَ الصرفِ و النَّحو؟

٢. ما هِي الكلماتُ المعربة؟

٣. ما هي الأحوالُ العارضةُ لأواخرِ الكلماتِ المعربة؟

٤. ما هي الأحوالُ التي تكونُ منها في الفعلِ؟

٥. ما هي الأحوالُ التي تكونُ منها في الاسمِ؟

٦. هل رَفْعُ المعربِ أو نصبُهُ أو جرُّهُ أو جزمُهُ يكون بحسب ما يشاء المتكلّمُ؟

٧. متي يُرفَع الفعلُ المضارعُ؟

٨. كم قسماً الأدوات الجازمةُ؟ اذكرها.

٩. ما الفرقُ بين «أنْ» و «إنْ» بالنسبة إلى آخرِ الفعلِ المضارع؟

١٠. متى تُقدَّرُ الضمةُ و متى تُقدَّرُ الفتحةُ على الفعلِ المضارع؟

مَواضع رَفْع الاسم

❋ سَبق أنّ الفعل يُنصَب في أربعة مواضع و يُجزم في ستّة عشر موضعاً ويُرفع في غيرذلك.

❋ فَبَقي أن نعرف متى يكون الاسم مرفوعاً أو منصوباً أو مجروراً.

١٧. في كم موضع يرفع الاسم؟

١٧. يرفع الاسم في ستّة مَواضِعَ:

❋ الأَوَّلُ: إذا وَقَع فاعلاً.

❋ الثاني: إذا وَقَع نائبَ فاعلٍ.

❋ الثالث و الرابع: إذا وَقَع مُبتدءاً و خَبراً.

❋ الخامس: إذا وقعَ اسماً لكانَ أو إحدى أخواتها.

❋ السادس: إذا وقعَ خبراً لإنَّ أو إحدى أخواتها.

- ٧ -

الفَاعِل

١٨. ما هو الفاعل؟

١٩. هل يبقى لفظ الفاعل على حاله إذا كان الفاعل مؤنثاً؟

٢٠. هل يثنّى الفعل أو يُجمع إذا كان الفاعل مثنّى أو مجموعاً؟

٢١. هل هناك قاعدة لمعرفة الفاعل؟

١٨. الفاعل هو اسمٌ تقدَّمَهُ فعلٌ و دلَّ على مَنْ فَعَلَ ذلك الفعل؛ نحو:

لَعِبَ ٱلصَّغِيرُ. فكلمة «الصغير» فاعلٌ لأنها وقعت بعدَ الفِعْل و دلَّت على مَن فَعَلَ اللَّعِبَ.

١٩. إذا كان الفاعِلُ مُؤنَّثاً يُؤنَّث فعلهُ بتاءٍ ساكنةٍ في آخرِ الماضي و بتاء المضارعةِ في أوَّلِ المُضارعِ، نحو: سافَرَتْ مَريَمُ و تُسافِرُ سَلْمَى.

٢٠. إذا كان الفاعلُ مُثنّى أو مجموعاً يبقى الفِعلُ معهُ كما كان مع المُفرَد، نحو: طَلَعَ ٱلفَرْقَدانِ و تَكَلَّمَ ٱلخُطَباءُ.

٢١. القاعدةُ في مَعرِفة الفاعلِ هي أنْ تضعَ قَبلَ الفعلِ السؤال الآتي:

مَنْ؟ (للأشخاص).

مَا؟ (للأشياء).

نحو: هَرَبَ ٱللصُّ و نَفَرَ ٱلغزالُ.

مَنْ هَرَبَ؟ اللصُّ. (فاللصُّ إذاً هو فاعلُ هَرَبَ).

ما نَفَرَ؟ الغزالُ. (فالغزالُ إذاً هو فاعلُ نَفَرَ).

تمرين ١٢. اكتب الجمل التالية وضَع تحت الفعل خطّاً وتحت الفاعل خطّين:

١. القرآن الكريم: وَ قُلْ جَاءَ ٱلْحَقُّ وَ زَهَقَ ٱلْبَاطِلُ.[1]

٢. القرآن الكريم: قَالَتِ ٱمْرَأَتُ ٱلْعَزِيزِ ٱلآَنَ حَصْحَصَ ٱلْحَقُّ.[2]

٣. القرآن الكريم: فَإِذَا جَاءَتِ ٱلصَّاخَّةُ ٭ يَوْمَ يَفِرُّ ٱلْمَرْءُ مِنْ أَخِيهِ ٭ وَ أُمِّهِ وَ أَبِيهِ ٭ وَ صَاحِبَتِهِ وَ بَنِيهِ.[3]

٤. الإمام عليّ ؏: إذا تَمَّ ٱلْعَقْلُ نَقَصَ ٱلْكَلَامُ.[4]

٥. الإمام الصادق ؏: إِنَّهُ وَٱللهِ مَا خَرَجَ عَبْدٌ مِنْ ذَنْبٍ بِإِصْرَارٍ و مَا خَرَجَ عَبْدٌ مِنْ ذَنْبٍ إِلَّا بِإِقْرَارٍ.[5]

٦. الإمام الصادق ؏: مَا ضَعُفَ بَدَنٌ عَمَّا قَوِيَتْ عَلَيْهِ ٱلنِّيَّةُ.[6]

٧. تَجْرِي ٱلرِّياحُ بِمَا لَا تَشْتَهِي ٱلسُّفُنُ.

تمرين ١٣. املأ الفراغات بفاعلٍ مُنْتَخَبٍ من الكلمات التالية:

(حاتم – نوح – الله – السموأل – الطُّوفان – المياه – فرنسة)

١. اِشْتَهرَ....... عِنْدَ ٱلْعَرَبِ بِٱلْوَفَاءِ وَ....... بِالكرمِ وَٱلسَّخَاءِ.

٢. اِنْتَصَرت....... عَلَى ٱلْيونان سنة ١٨٩٧ م.

٣. بَعْدَ أَنْ أَكْمَلَ....... ٱلسَّفِينَةَ ٱلَّتِي أَمَرَهُ....... بِصُنْعِها وَ دَخَلَهَا هُوَ وَ أَهْلُ بَيْتِهِ، نَزَلَ....... على ٱلأرضِ فَأَغْرَقَها و غَطَّى قِمَمَ ٱلْجِبال.

---

١. سورة الإسراء / الآية ٨١.

٢. سورة يوسف / الآية ٥١.

٣. سورة عبس / الآيات ٣٣-٣٦.

٤. نهج البلاغة / الحكمة ٧١.

٥. أصول الكافي، ج ٤ / ص ١٥٨.

٦. ميزان الحكمة، ج ١٠ / ص ٢٧٠.

تمرين ١٤. أبدِلِ المصادرَ بأفعالٍ مُضارعةٍ رافعاً ما بعدَها فاعلاً:

هكذا (تَطْلُعَ ٱلشَّمسُ و تَنتشِرُ ٱلحَرارَةُ)

١. طُلُوعُ ٱلشَّمسِ وَ ٱنْتِشَارُ ٱلحرارَةِ و نُمُوُّ ٱلنَّباتِ.

٢. ظُهورُ ٱلأنبياءِ و ٱسْتِرشادُ ٱلنَّاسِ و خوفُهم مِنَ ٱلقِصاصِ و سُـلوكُهم في ٱلسَّبيلِ ٱلقَويمِ.

٣. خُروجُ ٱلخادِمةِ مِنَ ٱلبيتِ وٱشْتِرائِها ٱلحَوائِجَ و عَوْدَتِها إلى عَمِلِهَا.

٤. اِعْتبارُ ٱلبَشرِ ٱلأشياءَ ٱلمُضِرّةَ و شعورِهم بأذاها و عدمِ تركِهم لها.

تمرين ١٥. عيّنِ الفاعلَ المرفوعَ بالضمة و المرفوع بالألف و المرفوع بالواو:

١. القرآن الكريم: قَدْ أَفْلَحَ ٱلمُؤمِنُونَ.[1]

٢. الرسولُ الأعظم ﷺ: طُوبىٰ لِمَنْ طابَ كَسْبُهُ، وَ صَلُحَتْ سَريرَتُهُ، وَ حَسُنَتْ عَلانِيَتُهُ، وَ ٱسْتَقامَتْ خَليقَتُهُ.[2]

٣. يُخْبِرُ ٱلفلكيُّونَ عَنْ ظُهورِ نُجومٍ جَديدةٍ.

٤. اِقْتَتَلَ ٱلجَيشانِ حينَما طَلَعَ ٱلقَمَرُ.

٥. تسهَرُ ٱلمُعَلِّماتُ عَلىٰ تِلْميذَاتِهِنَّ.

---

١. سورة المؤمنون / الآية ١.

٢. بحار الأنوار، ج ٧١ / ص ٣٦٥.

— ٨ —

نائِبُ الفَاعِلِ

٢٢. ما هو نائب الفاعل؟

٢٣. ما الفرق بين الفاعل و نائب الفاعل في المعنى؟

٢٤. ما هي حال الفعل مع نائب الفاعل؟

٢٥. ماذا تسمى الجملة المركبة من الفعل و الفاعل أو نائب الفاعل؟

٢٢. نائِبُ الفَاعِلِ هو اسْمٌ يحلُّ محل الفاعل بعد حَذْفِهِ؛ نحو: سُرِقَتْ ساعةٌ.

٢٣. الفاعلُ هو الذي يَفْعَلُ و نائِبُ الفاعلِ هو الذي يَقَعُ عليهِ الفعلُ.

فَلو سَرَقَ يُوسُفُ ساعَتَكَ وَ أَنْتَ تعرفُهُ و أُرِدتَ أن تُخْبِرَ عنه، تقول: «سَرَقَ يُوسُفُ ٱلسَّاعةَ»؛ (فكلمة يوسف الدالَّة على مَنْ فَعَلَ السَّرِقَةَ هي الفاعلُ) و لكن إذا كُنْتَ غير عارِفٍ به أو عارفاً به و لا تُرِيدُ ذِكرَ اسمِهِ، تقول: «سُرِقَتِ ٱلسَّاعةُ» فَتَحذِفُ الفاعلَ وَ تجعَل مكانه اللفظ الدالَّ على ما وقع عليه الفعل و هو لفظُ «السَّاعة» و ترفعهُ وَ تُغيّرُ مَعَهُ صورة الفعلِ بِبنائِه للمجهولِ.[1]

---

١. راجع السؤال ٤٩ (قسم الصرف).

٢٤. ❋ إذا كان نائب الفاعل مؤنَّثاً أُنِّثَ فِعْلُهُ؛ نحو:

ذُبِحَتِ ٱلشّاةُ و تُغْرَسُ ٱلشَّجَرَةُ.

❋ وإذا كان مُثنّىً أو جمعاً بَقِيَ الفعلُ كما كان مَعَ مُفردِهِ؛ نحو:

أُجيبَ ٱلسائِلانِ و سُمِعَ ٱلشُّهودُ.

٢٥. الجُملةُ المُركَّبةُ مِنَ الفِعْلِ والفاعلِ، والفِعْلِ ونائبِ الفاعلِ تُسمَّىٰ «جُملة فعليَّة»؛ نحو: نَزَلَ ٱلمَطَرُ و زُرِعَ ٱلحبُّ.

جدول تصريف الفعل مع الفاعل ونائب الفاعل	
المعلوم	نَصَرَ ٱلمؤمنُ ـ نَصَرَ ٱلمؤمنانِ ـ نَصَرَ ٱلمؤمنُون. نَصَرتِ ٱلمؤمنةُ ـ نَصَرتِ ٱلمؤمنتانِ ـ نَصَرتِ ٱلمؤمناتُ.
المجهول	نُصِرَ ٱلمؤمنُ ـ نُصِرَ ٱلمؤمنانِ ـ نُصِرَ ٱلمؤمنُون. نُصِرتِ ٱلمؤمنةُ ـ نُصِرتِ ٱلمؤمنتانِ ـ نُصِرتِ ٱلمؤمناتُ.

تمرين ١٦. اكتب و عيّن نائبَ الفاعل المرفوعَ بالضمةِ و المرفوعَ بالألفِ و المرفوعَ بالواو:

١. القرآن الكريم: و خُلِقَ ٱلإنسانُ ضعيفاً.[1]

٢. القرآن الكريم: قُتِلَ ٱلخَرّاصُونَ.[2]

٣. القرآن الكريم: إنّما يُوَفَّى ٱلصّابِرونَ أَجرَهُم بِغَيرِ حِسابٍ.[3]

٤. الرسولُ الأعظم ﷺ: ما أُوذِيَ أَحَدٌ مِثلَ ما أُوذيتُ في ٱلله.[4]

٥. الرسولُ الأعظم ﷺ: ما أُعطِيَت أُمَّةٌ مِنَ ٱليَقينِ أَفضَلَ مِمّا أُعطِيَت أُمَّتي.[5]

٦. يُطاعُ الأبوانِ وَ يُحَبُّ ٱلإخوةُ وَ يُكرَمُ ٱلأصدِقاء.

٧. يُصادَقُ ٱلعُقَلاءُ وَٱلخَيِّرونَ وَ ذَوُو ٱلفَضلِ وَ يجتَنَبُ ٱلسُّفَهاءُ و ٱلأردِئاء وَ أَهلُ ٱلشَّرِّ.

تمرين ١٧. ميّز الفاعل من نائب الفاعل في العبارات التالية:

١. القرآن الكريم: إذَا زُلزِلَتِ ٱلأَرضُ زِلزَالَها ۞ وَ أَخرَجَتِ ٱلأَرضُ أَثقَالَها.[6]

٢. القرآن الكريم: وَ لَقَد كُذِّبَت رُسُلٌ مِن قَبلِكَ.[7]

٣. الرسولُ الأعظم ﷺ: يُوزَنُ مِدادُ ٱلعُلَماءِ وَ دَمُ ٱلشُّهداءِ فَيُرجَّحُ عَلَيهِم مِداد

---

١. سورة النساء / الآية ٢٨.

٢. سورة الذاريات / الآية ١٠.

٣. سورة الزمر / الآية ١٠.

٤. ميزان الحكمة، ج ١ / ص ٨٨.

٥. ميزان الحكمة، ج ١ / ص ١٤٨.

٦. سورة الزلزال / الآيتان ١و٢.

٧. سورة الأنعام / الآية ٣٤.

ٱلعُلَماءِ على دَمِ ٱلشُّهَداءِ.[1]

٤. الرسولُ الأعظمُ ﷺ: مَنْ حُرِمَ ٱلرِّفْقَ فَقَدْ حُرِمَ ٱلْخَيرَ كُلَّهُ.[2]

٥. في فصلِ ٱلرَّبيعِ يُزْرَعُ ٱلأَرُزُّ، و تُجْمَعُ ٱلأَزْهَارُ لاسْتِخْراجِ مائِها، وَ يَكْثُرُ ٱلمِشْمِشُ، تقِلُّ مِياهُ ٱلآبارِ.

٦. في فَصلِ ٱلشِّتاءِ تُقلَّمُ ٱلكُرومُ، و يُقْلَعُ ٱلقَصَبُ، و تختَلِفُ ٱلرِّياحُ، و يَكْثُرُ ٱلبَنَفْسَجُ.

تمرين ١٨. احـذف الفاعـل في الجمـل التاليـة وضع المفعول مكانه في حالة الرفع و غيّر صورة الفعل:

هكذا: (لا يُحِبُّ ٱلمُعلِّمُ ٱلكَسلانَ ← لا يُحَبُّ ٱلكَسلانُ).

١. يُحِبُّ ٱلرَّئيسُ ٱلمُجْتَهِدَ.

٢. أَكَلَ ٱلجائِعُ ٱلطَّعامَ.

٣. شَوَى ٱلطَّبّاخُ ٱللَّحْمَ.

٤. يَشْرَبُ ٱلعَطْشانُ ٱلماءَ.

٥. قَبَضَ ٱلدّائِنُ ٱلدَّراهِمَ.

٦. يُحاسِنُ ٱلجارُ ٱلجارَ.

٧. رَكِبَ ٱلمُسافِرُ ٱلطّائِرَةَ.

١. ميزان الحكمة، ج ٦ / ص ٤٥٧.

٢. تحف العقول / ص٤٩.

– ٩ –

الْمُبتَدأ والخَبَر

٢٦. ما هو المبتدأ والخبر؟
٢٧. كم نوعاً الخبر؟
٢٨. ماذا تُسمى الجملة المركبة من المبتدأ والخبر؟

٢٦. المُبتَدأُ والخبرُ اسمانِ تتألَّف منهما جُملةٌ مُفيدةٌ؛ نحو:

المَطَرُ غزيرٌ   و   الشَّابَّانِ مُهَذِّبانِ   و   المؤمنُونَ صادِقُونَ.

٢٧. الخبرُ ثلاثةُ أنواعٍ:
الأوَّلُ: مُفْرَدٌ؛ نحو: الصَّمْتُ زينٌ.

الثاني: جُملةٌ وهي:

٭ إمَّا اسمية، نحو: الظُّلمُ مَرْتَعُهُ وخيمٌ.
٭ وَإمَّا فعليةٌ، نحو: العَدْلُ يَحْسُنُ أثرُهُ.

الثالث: شبهُ جُملةٍ وهي الظَّرْفُ والمجْرُورُ (وسيأتي بيانُهُما)، نحو:

بلاءُ الإنسانِ مِن اللسانِ   و   الحيَّةُ تحتَ العُشب.

٢٨. الجملة المرَكَّبةُ من المبتدأ والخبر تُسمَّى «جُملةً اسميَّةً».

تمرين ١٩. ميّز بين المبتدأ و الخبر:

١. الإمام عليّ ﷿: اَلدُّنيا أَمَدٌ، اَلآخِرَةُ أَبَدٌ.[1]

٢. الإمام عليّ ﷿: اَلمالُ عارِيَةٌ، اَلدُّنْيَا فانِيَةٌ.[2]

٣. الإمام عليّ ﷿: الرِّزقُ مَقْسُومٌ، اَلحَريصُ مَحْرُومٌ، اَلبَخيلُ مَذْمُومٌ.[3]

٤. الإمام عليّ ﷿: اَلشَّهَواتُ آفاتٌ، اَللَّذّاتُ مُفْسِداتٌ.[4]

٥. الإمام عليّ ﷿: اَلقَلْبُ خازِنُ اَللِّسانِ، اَللِّسَانُ تَرْجُمانُ اَلجَنانِ.[5]

٦. الإمام عليّ ﷿: اَلتَّواضُعُ يَرْفَعُ، اَلتَّكَبُّرُ يَضَعُ.[6]

٧. الإمام عليّ ﷿: اَلصِّدقُ يُنْجِي، اَلْكِذْبُ يُرْدِي.[7]

تمرين ٢٠. ميّز الخبر المفرد من الخبر الجملة:

١. القرآن الكريم: محمَّدٌ رَسُولُ اللهِ.[8]

٢. القرآن الكريم: وَ اللهُ يَعْصِمُكَ مِنَ اَلنَّاسِ.[9]

٣. الإمام عليّ ﷿: اَلصِّدْقُ أمانَةٌ، اَلكِذْبُ خِيانَةٌ.[10]

---

[1]. غرر الحكم / ص ٥.

[2]. غرر الحكم / ص ١٣.

[3]. غرر الحكم / ٨.

[4]. غرر الحكم / ص ٧.

[5]. غرر الحكم / ص ١٣.

[6]. غرر الحكم / ص ٥.

[7]. غرر الحكم / ص ٦.

[8]. سورة الفتح / الآية ٢٩.

[9]. سورة المائدة / الآية ٦٧.

[10]. غرر الحكم / ص ٥.

٤. الإمام عليٌّ ﷺ: اَلْإِعْجَابُ يَمْنَعُ ٱلازْدِيَادَ.[1]

٥. الإمام عليٌّ ﷺ: اَلْمُنَافِقُ قَوْلُهُ جَمِيلٌ وَ فِعْلُهُ ٱلدَّاءُ ٱلدَّخِيلُ.[2]

٦. اَلْغَضَبُ آخِرُهُ نَدَمٌ.

تمرين ٢١. مِّيز الخبرَ الجملة من شبهِ الجملة و المفرد:

١. القرآن الكريم: كُلُّ نَفْسٍ ذَائِقَةُ ٱلْمَوتِ.[3]

٢. القرآن الكريم: اَلْحَمْدُ لِلّهِ.[4]

٣. القرآن الكريم: وَ ٱلْعَاقِبَةُ لِلْمُتَّقِينَ.[5]

٤. القرآن الكريم: اَللهُ يَتَوَفَّى ٱلْأَنْفُسَ حِينَ مَوْتِهَا.[6]

٥. الرسولُ الأعظم ﷺ: اَلْمُسْلِمُونَ عِنْدَ شُرُوطِهِم.[7]

٦. الإمام عليٌّ ﷺ: عِلْمُ ٱلْمُنَافِقِ في لِسَانِهِ، عِلْمُ ٱلْمُؤْمِنِ في عَمَلِهِ.[8]

٧. الإمام عليٌّ ﷺ: اَلْإِيثَارُ أَعْلَى ٱلْمَكَارِمِ.[9]

٨. الإمام عليٌّ ﷺ: قَدْرُ ٱلرَّجُلِ عَلَى قَدْرِ هِمَّتِهِ.[10]

٩. الإمام عليٌّ ﷺ: اَلدُّنْيا تَغُرُّ وَ تَضُرُّ وَ تَمُرُّ.[11]

١٠. بَرَكَةُ ٱلْعُمْرِ في حُسْنِ ٱلْعَمَلِ.

---

١. غرر الحكم / ص ٢٣.

٢. ميزان الحكمة، ج ١٠ / ص ١٥١.

٣. سورة الأنبياء/ الآية ٣٥.

٤. سورة الحمد / الآية ٢.

٥. سورة الأعراف / الآية ١٢٨.

٦. سورة الزمر / الآية ٤٢.

٧. ميزان الحكمة، ج ١ / ص ١٠٧.

٨. ميزان الحكمة، ج ٦ / ص ٥١١.

٩. ميزان الحكمة، ج ١ / ص ٤.

١٠. نهج البلاغة / الحكمة ٤٧.

١١. غرر الحكم / ص ٢١.

الأسئلة العامة

تمرين ٢٢. أَجِب على الأسئلة التالية:

١. ما هي فائدةُ النّحو؟

٢. ما هو الكلامُ و من أيّ شيءٍ يَتركَّب؟

٣. ما هي الوسائط التي تُوصِلُنا إلى مَعرفةِ أحوالِ الكلماتِ المُعربةِ و المَبنيَّة؟

٤. متى يُنصَب الفعل المضارعُ؟

٥. هل تَظهر الحركاتُ على الفعلِ إذا كانَ مُعتلاً؟

٦. كم هي أنواعُ إعرابِ الاسم؟

٧. ما هي علامةُ رفع الاسمِ و ما هي علامةُ نصبِه؟

٨. ما هُو الفرقُ بينَ الفاعلِ و نائبِ الفاعلِ؟

٩. اذكروجُوهَ الاشتراك بين الفاعلِ و نائبِ الفاعلِ؟

١٠. متى يَبقَ الفعلُ مُفرداً؟

١١. كم نوعاً الخبرُ؟

١٢. ماذا تُسمى الجملةُ المركبةُ من الفاعلِ (أو نائبِ الفاعل) و الفعل و الجملة المركبة من المبتدأ و الخبر؟ لماذا؟

اسمُ كَانَ وَ أَخَواتها و خَبرإنَّ و أَخَواتها

٢٩. ما هي «كان»؟

٣٠. ما هي «إنَّ»؟

٣١. هل توجد أفعال تعمل عمل «كان»؟

٣٢. هل توجد حروف تعمل عمل «إنَّ»؟

٢٩. «كانَ»، فِعْلٌ يَدخُلُ على المُبتدإ والخبرِ فيرفع الأوّل ويُسمّى اسْمَهُ و يَنصُبُ الثاني و يُسَمّى خبرهُ؛ نحو: كانَ ٱلبَرْدُ قارساً و يكونُ ٱلجوُّ ماطِراً.

٣٠. «إنَّ»، حرفٌ يَدخُلُ على المبتدإ والخبرِ فيَنصِبُ الأوّل ويُسمّى اسْمَهُ و يَرفَعُ الثاني و يُسَمّى خَبَرَهُ؛ نحو: إنَّ ٱلبَرْدَ قارسٌ.

٣١. يوجدُ اثنا عَشَرَ فِعْلاً تعملُ عَمَلَ كانَ و تُسمّى أخواتِ كان و هيَ:
* أصْبَحَ ، أضحىٰ ، ظَلَّ ، باتَ ، أمْسىٰ.

* ما زالَ ، ما بَرَحَ ، ما آنفَكَّ ، ما فَتِئَ ، ما دامَ.

* صارَ ، لَيْسَ.

٣٢. توجدُ خمسةُ أحرُفٍ تعملُ عَمَلَ إنَّ و تُسمّى أخواتِ إنَّ و هي:
* أنَّ ، كأنَّ ، لٰكِنَّ ، لَيْتَ و لَعَلَّ.

تمرين ٢٣. ميّز بين الاسم و الخبر في الجمل التالية:

١. القرآن الكريم: وَ كَانَ ٱللهُ غَفُوراً رَحِيماً.[1]

٢. القرآن الكريم: كَانَ سَعْيُهُمْ مَشْكُوراً.[2]

٣. القرآن الكريم: وَ مَا كَانَ أَكْثَرُهُمْ مُؤْمِنِينَ.[3]

٤. القرآن الكريم: قُلْ أَرَأَيْتُمْ إِنْ أَصْبَحَ مَاؤُكُمْ غَوْراً.[4]

٥. القرآن الكريم: وَ إِذَا بُشِّرَ أَحَدُهُمْ بِالْأُنْثَى ظَلَّ وَجْهُهُ مُسْوَدّاً.[5]

٦. القرآن الكريم: إِنَّ ٱللهَ عَزِيزٌ غَفُورٌ.[6]

٧. القرآن الكريم: لَعَلَّ ٱلسَّاعَةَ قَرِيبٌ.[7]

٨. القرآن الكريم: إِنَّ ٱلْمُنَافِقِينَ لَكَاذِبُونَ.[8]

٩. الرسولُ الأعظم ﷺ: وَ ٱعْلَمْ أَنَّ ٱلصِّدْقَ مُبَارَكٌ.[9]

١٠. الإمام عليٌّ ﷺ: إِذَا كَانَ ٱلرِّفْقُ خُرْقاً كَانَ ٱلْخُرْقُ رِفْقاً، رُبَّمَا كَانَ ٱلدَّوَاءُ دَاءَ وَٱلدَّاءُ دَوَاءً.[10]

١١. في الزبور: لَيْسَتِ ٱلرِّئَاسَةُ رِئَاسَةَ ٱلْمُلْكِ، إِنَّمَا ٱلرِّئَاسَةُ رِئَاسَةُ ٱلْآخِرَةِ.[11]

تمرين ٢٤. اكتب و ميّز بين الاسم و الخبر و اضبط أواخرها بالحركات:

١. كَانَ ٱلرَّجل عَالِمٌ.

---

١. سورة النساء / الآية ٩٦.

٢. سورة الإسراء / الآية ١٩.

٣. سورة الشعراء / الآية ٦٧.

٤. سورة الملك / الآية ٣٠.

٥. سورة النّحل / الآية ٥٨.

٦. سورة فاطر / الآية ٢٨.

٧. سورة الشورى / الآية ١٧.

٨. سورة المنافقون / الآية ١.

٩. تحف العقول / ص ١٤.

٢. لَيسَ ٱلْعَالِمِ وَ ٱلْجَاهِل سَوَاء.

٣. إِنْ يَكُنِ ٱلشُّغل مَجْهَدَة فَإِنَّ ٱلْفَرَاغ مَفْسَدة.

٤. أَمْسَى ٱلعَالِم مُسْتَنِير.

٥. لَيْتَ ٱلشَّبَاب عَائِد.

٦. مَا بَرِحَتْ تَصَارِيف ٱلزَّمَان عَجِيبة.

٧. مَا ٱنفكَّتِ ٱلْعُقُول مُخْتَلِفة كَٱخْتِلافِ ٱلْوُجُوهِ.

٨. لا يَهدَأُ ٱلرَّوع مَا دَامَتِ ٱلْحَرب قَائِمَة.

٩. يَبِيتُ ٱلقَانِع شَاكِر.

١٠. سعيدٌ شُجَاع لكنَّ وَلدهُ جَبَان.

١١. لَعَلَّ ٱلْغَائِب قَادِم.

١٢. لا يَزالُ ٱلله رَحِيم.

تمرين ٢٥. أَدخِل على الجمل التالية «إنَّ» و اثنين من أخواتها تارة و «كان» وثلاثاً من أخواتها أُخرىٰ:

<table>
<tr><td>٥. دِيَار ٱلظَّالِمِين خَرِبة.</td><td>١. اَلْحَرَكَة بَرَكَة.</td></tr>
<tr><td>٦. كَلَام ٱلرَّجُل مِيزَان عَقْلِه.</td><td>٢. اَلصِّدْق نَجَاة.</td></tr>
<tr><td>٧. أَكْرَمكُمْ أَعْقَلكُم.</td><td>٣. اَلرِّفْق يُمْن.</td></tr>
<tr><td>٨. أَحَبّكُم إلى ٱلله أَنْفَعكُم لِلنَّاسِ.</td><td>٤. اَلْحُمْق شُؤْم.</td></tr>
</table>

تمرين ٢٦. جرّد الأمثلة في التمرين (٢٤) مِن «كان» و «إنَّ» وأخواتهما واكتبها و اقرأها بعد ذلك صحيحةً.

تمرينٌ عامٌّ

تمرين ٢٧. عيّن أنواع المرفوعات مع تبيين الأفعال المبنيّة و الأفعال المعربة:

١. القرآن الكريم: قَالَتِ ٱلْأَعْرَابُ آمَنَّا قُلْ لَمْ تُؤْمِنُوا وَ لَكِنْ قُولُوا أَسْلَمْنَا وَ لَمَّا يَدْخُلِ ٱلْإِيمَانُ فِي قُلُوبِكُمْ.[١]

٢. القرآن الكريم: قُل لَا يَسْتَوِي ٱلْخَبِيثُ وَ ٱلطَّيِّبُ.[٢]

٣. الإمام عليٌّ عليه‌السلام: اَلْوَجَلُ شِعارُ ٱلْمُؤمِنينَ، اَلْبُكاءُ سَجِيَّةُ ٱلْمُشْفِقينَ.[٣]

٤. الإمام عليٌّ عليه‌السلام: اَلْعَقْلُ حِفْظُ ٱلتَّجارِبِ.[٤]

٥. الإمام عليٌّ عليه‌السلام: هَلَكَ ٱمْرُؤٌ لم يَعْرِفْ قَدْرَهُ.[٥]

٦. الإمام عليٌّ عليه‌السلام: لا يُرَى ٱلْجاهِلُ إلّا مُفْرِطاً أو مُفَرِّطاً.[٦]

٧. إذا تَكَلَّمَ أَحَدٌ فَلْيَجتهِدْ أنْ تَكُونَ ٱلْأَلْفاظُ عَذبةً لا يُمَلُّ سَماعُها.

٨. إذا سُئِلَ أَحَدٌ مِنْكُمْ عَنْ شَيءٍ لا يَعْلَمُهُ فَلْيَقُلْ لا أَدْري.

٩. اَلشَّابُّ يَقُولُ مَا يَفْعَلُهُ فِي ٱلْمُسْتَقْبَلِ وَ ٱلشَّيخُ يُخْبِرُ عَمَّا فَعَلَهُ فِي ٱلْماضِي.

---

١. سورة الحجرات / الآية ١٤.

٢. سورة المائدة / الآية ١٠٠.

٣. غرر الحكم / ص ٢٥.

٤. الحياة، ج ١ / ص ١٠٩.

٥. الحياة، ج ١ / ص ١٢٧.

٦. نهج البلاغة / الحكمة ٦٧.

مَواضِعَ نَصب الاسم

* عرفنا أنّ المرفوعات من الأسماء ستة.

* فبقي أن نعرف المنصوبات و هذا بيانها.

٣٣. في كم موضع يُنصب الاسم؟

٣٣. يُنْصَبُ الاسْمُ في أَحَدَ عَشَرَ موضِعاً:

الأَول: إذا كان مفعولاً بِهِ.

الثاني: إذا كانَ مفعولاً مُطلقاً.

الثالث: إذا كانَ مفعولاً لأجلِه.

الرابع: إذا كانَ مفعولاً فيهِ.

الخامس: إذا كانَ مفعولاً معهُ.

السادس: إذا كان مُستثنىً.

السابع: إذا كانَ حالاً.

الثامن: إذا كانَ تمييزاً.

التاسع: إذا كانَ منادِيً.

العاشر: إذا كانَ خَبَراً لِ «كانَ».

الحادي عشر: إذا كانَ اسماً لِ «إنَّ».

المَفعُول بهِ و المَفعُول المُطلَق

٣٤. ما هو المفعول به؟

٣٥. ما هو المفعول المطلق؟

٣٤. المَفعُولُ بهِ هو اسمٌ دَلَّ على ما وَقَعَ عليه فِعْلٌ وَ لَمْ تُغيَّرْ لأجلِه صورةُ الفِعْل، نحو:

بَرى آلتلميذُ قلَماً.

فـ «قَلَماً» مَفعول بهِ لأنّه وقعَ عليهِ فِعْلُ البَري و لم يُغيَّرْ لأجلِه لفظ الفعل.

أمّا إذا غُيِّرَ لَفْظُ الفِعْلِ فيكونُ الاسمُ نائب فاعلٍ و يَجبُ رفعُهُ، ـ كما سبق ـ.[1]

٣٥. المفعُولُ المُطلَقُ هو اسمٌ يُذْكَرُ بعد الفِعلِ:

⁂ لتأكيدهِ؛ نحو: قَتَلَ آلحارسُ آللِّصَّ قتلاً.

⁂ أو لِبيانِ نوعِه؛ نحو: اِصْبِرْ صبراً جَميلاً.

⁂ أو عَدَدِه؛ نحو: دَقَّتِ آلساعةُ دَقَّتَينِ.

---

١. راجع السؤالين ٤٨ و ٤٩ (قسم الصرف).

تمرين ٢٨. دلَّ على المفعول به في الجمل التالية:

١. القرآن الكريم: وَ يَمْحُ ٱللهُ ٱلْباطِلَ وَ يُحِقُّ ٱلْحَقَّ بِكَلِماتِهِ.[١]

٢. القرآن الكريم: ضَرَبَ ٱللهُ مَثَلاً.[٢]

٣. القرآن الكريم: وَ إذْ يَرْفَعُ إبْراهيمُ ٱلْقَواعِدَ مِنَ ٱلْبَيْتِ وَ إسْماعيلُ.[٣]

٤. القرآن الكريم: إنَّ ٱلَّذينَ يَغُضُّونَ أصْواتَهُمْ عِنْدَ رَسُولِ ٱللهِ أولئِكَ ٱلَّذينَ امْتَحَنَ ٱللهُ قُلُوبَهُمْ.[٤]

٥. الرسولُ الأعظم ﷺ: طُوبى لِمَنْ تَرَكَ شَهْوَةً حاضِرَةً لِمَوْعُودٍ لَمْ يَرَهُ.[٥]

٦. الإمام عليٌّ ﷿: أكْرِمْ وُدَّكَ وَ احْفَظْ عَهْدَكَ.[٦]

٧. أقْفَلَتِ ٱلْخادِمةُ ٱلْبابَ وَ فَتَحَتِ ٱلشُّباكَ وَ تَناوَلَتْ حَبْلاً وَ عَلَّقَتِ ٱلْقِنْديلَ في ٱلسَّقْفِ.

٨. قَرَأْنا ٱلْكِتابَ وَ فَهِمْنا ٱلْقِصَّةَ وَ شَرَحْنا ٱلْكَلِماتِ ٱلْغامِضَةَ.

تمرين ٢٩. دلَّ على المفعول المطلق معيّناً المبيّن للنوع و المبيّن للعدد و المؤكّد:

١. القرآن الكريم: وَرَتِّلِ ٱلْقُرآنَ تَرْتيلاً.[٧]

٢. القرآن الكريم: وَ كَلَّمَ ٱللهُ مُوسى تَكْليماً.[٨]

---

١. سورة الشورى/ الآية ٢٤.

٢. سورة النحل / الآية ٧٥.

٣. سورة البقرة / الآية ١٢٧.

٤. سورة الحجرات / الآية ٣.

٥. تحف العقول / ص ٤٩.

٦. غرر الحكم / ص ١٠٩.

٧. سورة المزمل / الآية ٤.

٨. سورة النساء / الآية ١٦٤.

٣. القرآن الكريم: إنَّا فَتَحْنَا لَكَ فَتْحاً مُبِيناً.[1]

٤. القرآن الكريم: إذْ نَادَىٰ رَبَّهُ نِدَاءً خَفِيّاً.[2]

٥. الرسولُ الأعظم ﷺ: مَنْ ماتَ وَ هُوَ لا يَعْرِفُ إمامَه، ماتَ مِيتَةً جاهِلِيّةً.[3]

٦. مَتىٰ وَصَلَ ٱلْعَقْربُ إلى ٱلسَّاعَةِ ٱلأُولَى دَقَّتْ دَقَّةً واحِدَةً، وإلى ٱلثّانيةِ دَقَّتَيْنِ.

٧. إذا شِئْتَ أيُّها ٱلتَّلميذُ أنْ تَكُونَ مَحْبُوباً فَٱسلُكْ سُلوكَ ٱلمُجْتَهِدينَ ٱلعُقَلاء، وَ ٱتْرُكْ سَبيلَ ٱلكَسالى ٱلحَمْقَىٰ وَ قُلْ قَوْلاً سَديداً، وَ ٱفْعَلْ فِعلاً حَميداً.

---

١. سورة الفتح / الآية ١.

٢. سورة مريم / الآية ٣.

٣. ميزان الحكمة، ج ١ / ص ١٧١.

الـمَفعُول لأجلِهِ و الـمَفعُول فِيهِ

٣٦. ما هو المفعول لأجله؟

٣٧. ما هي علامة المفعول لأجله؟

٣٨. ما هو المفعول فيه؟

٣٩. هل كلّ أسماء الزمان و المكان صالحة للنصب على الظرفية؟

٣٦. المَفعُولُ لأجلِه هو اسمٌ يُذكَرُ بعد الفعل لبيان عِلّتِهِ؛ نحو: وَقَفَ الجُنْدُ إجلالاً للأمير؛ فكلمة «إجلالاً» هي مَفعولٌ لأجلِه لأنها تُوضحُ السببَ الذي من أجلِه وَقَفَ الجندُ.

٣٧. علامَةُ المَفعُول لأجلِه أن يصلُحَ جواباً على سؤال «لِمَ» موضوعاً قبل الفعل، نحو: زُيِّنَتِ آلمدينةُ إكراماً للحاكمِ.

لِمَ زُيّنتِ المدينةُ؟ إكراماً للحاكمِ؛ فـ«إكراماً» مفعول لأجلِه.

٣٨. المفعولُ فيه هو الظَّرفُ أو اسمٌ يُذكَرُ لبيان زمان الفعل أو مَكانِه؛ نحو: حَضَرْتُ صباحاً أَمامَ آلمُعلّمِ.

٣٩. إنَّ كلَّ أسماءِ الزمانِ صالحةٌ للنصب على الظرفية، نحو: سافَرْتُ شهراً و يوماً و ساعةً.

أمّا أسماءُ المكان فلا يصلُحُ للنّصبِ إلّا المُبهماتُ مثلُ أسماء الجهاتِ و المَقاديرِ؛ نحو: اِلْتَفَتَ يَميناً و سارَ فَرسَخاً.

تمرين ٣٠. عيّن المفعول لأجله في الجمل التالية:

١. القرآن الكريم: وَ لَا تَقْتُلُوا أَوْلَادَكُمْ خَشْيَةَ إِمْلَاقٍ نَحْنُ نَرْزُقُهُمْ وَ إِيَّاكُمْ.[1]

٢. القرآن الكريم: قُل لَوْ أَنتُمْ تَمْلِكُونَ خَزَائِنَ رَحْمَةِ رَبِّي إِذاً لَأَمْسَكْتُمْ خَشْيَةَ ٱلْإِنْفَاقِ.[2]

٣. القرآن الكريم: وَ إِمَّا تُعْرِضَنَّ عَنْهُمُ ٱبْتِغَاءَ رَحْمَةٍ مِن رَبِّكَ تَرْجُوهَا.[3]

٤. الرسولُ الأعظم ﷺ: لَا تَعْمَلْ شَيْئاً مِنَ ٱلْخَيْرِ رِياءً وَ لَا تَدَعْهُ حَياءً.[4]

٥. الرسولُ الأعظم ﷺ: مَنْ تَرَكَ ٱلتَّزْوِيجَ مَخَافَةَ ٱلْعَيْلَةِ فَلَيْسَ مِنّا.[5]

٦. الإمام عليٌّ ﷷ: إِنَّ قَوْماً عَبَدُوا ٱللهَ رَغْبَةً فَتِلْكَ عِبَادَةُ ٱلتُّجَّارِ، وَ إِنَّ قَوْماً عَبَدُوا ٱللهَ رَهْبَةً فَتِلْكَ عِبَادَةُ ٱلْعَبِيدِ، وَ إِنَّ قَوْماً عَبَدُوا ٱللهَ شُكْراً فَتِلْكَ عِبَادَةُ ٱلأَحْرَارِ.[6]

٧. الإمام الكاظم ﷷ: إِنَّمَا وُضِعَتِ ٱلزَّكَاةُ قُوتاً لِلْفُقَرَاءِ وَ تَوْفِيراً لِأَمْوَالِهِمْ.[7]

تمرين ٣١. اجمع ظروف الزمان على حدة و افعل مثل ذلك بظروف المكان:

تَحْت ، أَسْفَل ، عاماً ، سَنَة ، خَلْف ، وَراءَ ، سَاعةً ، لَحْظَةً ، ظُهراً ، إِزاءَ ، تِجَاهَ ، يَميناً ، شمالاً ، قرناً ، أبداً ، لَيلةً ، غَداً ، يَساراً ، بينَ ، ميلاً ، فَرْسَخاً ، فجراً ، بُكْرَةً ، عَصراً ، أصيلاً ، عَشيّةً ، شهراً ، أُسبوعاً.

---

١. سورة الإسراء/ الآية ٣١.

٢. سورة الإسراء/ الآية ١٠٠.

٣. سورة الإسراء/ الآية ٢٨.

٤. تحف العقول / ص ٥٧.

٥. ميزان الحكمة، ج ٤ / ص ٢٧٤.

٦. نهج البلاغة / الحكمة ٢٣٧.

٧. ميزان الحكمة، ج ٤ / ص ٢١٩.

تمرين ٣٢. دلَّ على الظروف في الجمل التالية:

١. القرآن الكريم: ٱلْيَوْمَ أَكْمَلْتُ لَكُمْ دِينَكُمْ وَ أَتْمَمْتُ عَلَيْكُمْ نِعْمَتِي.[1]

٢. القرآن الكريم: فَخَرَجَ عَلَى قَوْمِهِ مِنَ ٱلْمِحْرَابِ فَأَوْحَى إِلَيْهِمْ أَنْ سَبِّحُوا بُكْرَةً وَ عَشِيّاً.[2]

٣. القرآن الكريم: وَٱلْوَالِدَاتُ يُرْضِعْنَ أَوْلَادَهُنَّ حَوْلَيْنِ كَامِلَيْنِ.[3]

٤. الرسولُ الأعظمُ ﷺ: مَنْ لَمْ يَصْبِرْ على ذُلِّ ٱلتَّعَلُّمِ سَاعَةً بَقِي في ذُلِّ ٱلْجَهْلِ أَبداً.[4]

٥. الإمام الصادق ﷿: مَا تَبقَى ٱلأَرْضُ يَوْماً وَاحِداً بِغَيْرِ إمامٍ مِنَّا تَفزعُ إليهِ ٱلأُمّة.[5]

٦. الإمام عليٌّ ﷿: مَنْ يَأْمَلْ أَنْ يَعِيشَ غَداً فَإِنَّه يَأْمَلُ أَنْ يَعِيشَ أَبداً، وَ مَنْ يَأْمَلْ أَنْ يَعِيشَ أَبداً يَقْسُ قَلْبُهُ وَ يَرْغَبْ في ٱلدُّنيا.[6]

١. سورة المائدة / الآية ٣.

٢. سورة مريم / الآية ١١.

٣. سورة البقرة / الآية ٢٣٣.

٤. ميزان الحكمة، ج ٦ / ص ٤٧٦.

٥. ميزان الحكمة، ج ١ / ص ١٦٨.

٦. ميزان الحكمة، ج ١ / ص ١٤٤.

المَفْعُولُ مَعَهُ و المُستَثْنَى بـ «إلَّا»

٤٠. ما هو المفعول معه؟

٤١. ما هو المستثنى بإلَّا؟

٤٢. متى يجب نصب المستثنى بإلَّا؟

٤٠. المَفْعُول مَعَهُ هو اسمٌ مَسْبُوقٌ بواوٍ بمعنى «مَع» يُذكرُ لِبيانِ ما فعلَ الفِعلِ بمصاحبتِهِ؛ نحو: اِذْهَبْ وَ آلشَّارعَ آلجديدَ.

أي: اجْعَلْ ذهابك مُصاحباً للشارع الجديد و لا تنحرف عنه.

٤١. المُستَثْنَى بإلَّا هو اسمٌ يذكرُ بعدَ إلَّا مخالفاً لِما قَبْلَها في الحُكْمِ؛ نحو: خَرَجَ آلتلامذةُ مِنَ آلمَدْرَسةِ إلَّا خالداً.

فـ «خالداً» مُستثنى لأنَّه واقعٌ بعد إلَّا و غَيْرُ داخلٍ في حُكْمِ الخروج المنسوب إلى التلامذةِ.

٤٢. يجبُ نصبُ المستثنى بإلَّا إذا كانَ الكلامُ قبلها تامّاً مُوجَباً؛ نحو: يعيشُ آلناسُ براحةٍ إلَّا آلكسلانَ.

فـ «الكسلان» يجبُ نصبُهُ لأنَّ الكلام قَبلَ إلَّا مفيدٌ فائدةً تامَّةً و غير مسبوقٍ بنفيٍ.

تمرين ٣٣. عيّن المفاعيل و المستثنى بـ«إلّا» ثُمَّ ميّز بين المستثنى و المستثنى منه:

١. القرآن الكريم: قُلْ لا أَسْأَلُكُمْ عَلَيْهِ أَجْراً إِلَّا ٱلْمَوَدَّةَ فِي ٱلْقُرْبِىٰ.[1]

٢. القرآن الكريم: فَأَنْجَيْناهُ وَ أَهْلَهُ إِلَّا ٱمْرَأَتَهُ.[2]

٣. الرسولُ الأعظمﷺ: إِنَّ أَهْلَ ٱلسَّماءِ لا يَسْمَعُونَ مِنْ أَهْلِ ٱلْأَرْضِ شَيْئاً إِلَّا ٱلْأَذانَ.[3]

٤. الإمام الرضاؿ: وقد سُئِلَ عَنْ حَدِّ ٱلتَّوَكُّلِ، فَقَالَؿ: أَنْ لا تَخَافَ أَحَداً إِلَّا ٱللهَ.[4]

٥. كافَأْنا ٱلْمُجْتَهِدَ تَنْشِيطاً لَهُ.

٦. اِتَّخَذْتُ عادَةً وَ هِيَ أَنِّي أَرْقُدُ فِي ٱلنَّهارِ ساعَةً بَعْدَ ٱلظُّهرِ.

٧. دامَتِ ٱلْمَعْرَكَةُ بَيْنَ ٱلْجَيْشَيْنِ يَوْمَيْنِ كَامِلَيْنِ.

٨. بَرَقَ ٱلسَّحابُ وَ ٱلْمَطَرَ.

٩. أَبِيتُ وَٱلْبُكاءَ.

١٠. سافَرْتُ وَ سَعِيداً إِلَى لُبْنانَ.

١١. كُلُّ حَيَوانٍ يُحَرِّكُ فَكَّهُ ٱلْأَسْفَلَ عِنْدَ ٱلْأَكْلِ إِلَّا ٱلتِّمْسَاحَ.

١٢. كُلُّ ٱلْأَسْماكِ تَتَنَفَّسُ مِنْ خَياشِيمِها إِلَّا ٱلْحُوتَ.

---

١. سورة الشورى / الآية ٢٣.

٢. سورة الأعراف / الآية ٨٣.

٣. ميزان الحكمة، ج ١ / ص ٨٢.

٤. تحف العقول / ص ٤٦٩.

- ١٥ -

الحَال

٤٣. ما هو الحال؟

٤٤. ما هي علامة الحال؟

٤٥. كم نوعاً الحال؟

٤٣. الحالُ هو اسمٌ يذكرلِبيانِ هيئَةِ الفاعل أو المفعول حينَ وقُوع الفِعل.
نحو: جَاءَ ٱلقائدُ ظافراً و شَربْتُ ٱلماءَ صافياً.

٤٤. علامةُ الحالِ أنْ يصلحَ جواباً لِ «كَيْفَ»؛ نحو:
كَيْفَ جَاءَ ٱلقائدُ؟ «ظافراً»؛ كَيْفَ شَربْتُ ٱلماءَ؟ «صافياً».
فـ «ظافِراً و صافياً» حالانِ، يُبيِّن الأَوَّلُ هَيئَةَ الفاعل و الثاني هيئَة المفعولِ
وقت وقُوع الفِعلِ.

٤٥. الحالُ نوعانِ:

* مُفردٌ؛ نحو: جَاءَ ٱلقائدُ ظافراً.

* و جملةٌ؛ نحو: أُطلُبِ ٱلعِلْمَ و أنْتَ فتىً و جَاءَ ٱلغلامُ يَرْكُضُ.

تمرين ٣٤ . ميّز الحال المبيّن لهيئة الفاعل و الحال المبيّن لهيئة المفعول:

١. القرآن الكريم: فَرَجَعَ مُوسىٰ إِلىٰ قَوْمِهِ غَضْبانَ أَسِفاً.[١]

٢. القرآن الكريم: وَ ٱذْكُرْ رَبَّكَ فِي نَفْسِكَ تَضَرُّعاً و خِيفَةً.[٢]

٣. القرآن الكريم: وَ ما خَلَقْنَا ٱلسَّماءَ وَ ٱلْأَرْضَ وَ ما بَيْنَهُما لاعِبينَ.[٣]

٤. الإمام عليٌّ عليه السلام: مَنْ لَمْ يَحْتَمِلْ زَلَلَ ٱلصَّديقِ، مَاتَ وَحيداً.[٤]

٥. الإمـام عـليٌّ عليه السلام: مَنْ وَعَظَ أَخَاهُ سِرّاً فَقَدْ زَانَهُ، وَ مَـنْ وَعَظَهُ عَلانِيَةً فَقَدْ شَانَهُ.[٥]

٦. عِشْ عَزيزاً أَوْ مُتْ كَريماً.

٧. إِذَا ٱجْتَهَدَ ٱلطَّالِبُ صَغيراً سَادَ كَبيراً.

٨. لا أَشْربُ ٱلْماءَ مَكْشُوفاً وَ لا أَرْكَبُ ٱلْبَحْرَ هائِجاً.

تمرين ٣٥ . ميّز الحال المفرد و الجملة:

١. القرآن الكريم: فَإِذا قَضَيْتُمُ ٱلصَّلَوٰةَ فَٱذْكُرُوا ٱللهَ قِياماً وَ قُعُوداً.[٦]

٢. القرآن الكريم: وَ عَسىٰ أَنْ تَكْرَهُوا شَيْئاً و هُوَ خَيْرٌ لَكُمْ.[٧]

٣. الرسولُ الأعظمُ صلى الله عليه وآله: مَنْ لَمْ يَطْلُبِ ٱلْعِلْمَ صَغيراً فَطَلَبَهُ كَبيراً فَاتَ، مَاتَ شَهيداً.[٨]

---

١. سورة طه / الآية ٨٦.

٢. سورة الأعراف / الآية ٢٠٥.

٣. سورة الأنبياء / الآية ١٦.

٤. ميزان الحكمة، ج ١ / ص ٥٦.

٥. ميزان الحكمة، ج١ / ص ٦٠.

٦. سورة النساء/ الآية ١٠٣.

٧. سورة البقرة / الآية ٢١٦.

٨. ميزان الحكمة، ج٥ / ص ٧.

٤. الرسولُ الأعظم ﷺ: إِذَا جَاءَ ٱلْمَوْتُ لِطَالِبِ ٱلْعِلْمِ وَ هُوَ عَلَى هَذِهِ ٱلْحَالَةِ مَاتَ وَ هُوَ شَهِيدٌ.[1]

٥. الرسولُ الأعظم ﷺ: كُلْ وَ أَنْتَ تَشْتَهِي وَ أَمْسِكْ وَ أَنْتَ تَشْتَهِي.[2]

٦. لا تَحْكُمْ وَ أَنْتَ غَضْبَانُ.

٧. لا تَأْكُل وَ ٱلطَّبْخُ سُخْنٌ.

٨. نَهَضَ ٱلشَّاعِرُ يُنْشِدُ.

٩. جَاءَ ٱلْمُجْرِمُ يَعْتَذِرُ عَنْ ذَنْبِهِ.

١٠. نَامَ ٱلْحَرَسُ وَ قَدْ غَابَ ٱلنَّجْمُ.

تمرين ٣٦. ركّب جملاً صغيرة تجيءُ فيها الألفاظ التالية أحوالاً:

راكباً ، ظافراً ، آسفةً ، ظالماً ، سريعاً ، عالماتٍ ، ضاحكينَ.

١. ميزان الحكمة، ج ٧ / ص ٤٦٥.

٢. ميزان الحكمة، ج ١ / ص ١٢٣.

- ١٦ -

التمييز

٤٦ . ما هو التمييز؟

٤٦ . التَّمْييزُ اسمٌ يُذكَرُ لِبَيانِ المُراد من اسمٍ سابق يصلُحُ لأن يُرادَ بِهِ أشياءُ كثيرةٌ؛ نحو: اشْتَرَيْتُ رطلاً زيتاً.

فإنَّك لو قُلْتَ اشْتَريتُ رَطْلاً وسكتَّ لا يَفْهَمُ السامعُ هل اشتريت رطلاً من الصّابون أو الزَّيْتِ أو غيرهما ولكن لما قُلتَ رطلاً زَيْتاً مَيَّزْتَ المُراد من الرّطلِ فكَلِمَة «زَيْتاً» تُسمَّى «تمييزاً».

تمرين ٣٧ . دلَّ على التمييز في العبارات التالية:

١. القرآن الكريم: إنَّ ٱلَّذِينَ كَفَرُوا وَ مَاتُوا وَ هُـمْ كُفَّارٌ فَلَنْ يُقْبَلَ مِنْ أَحَدِهِمْ مِلْءُ ٱلأَرْضِ ذَهَباً وَ لَوِ ٱفْتَدَىٰ بِهِ.[١]

٢. الرسولُ الأعظم ﷺ: لِلمُؤمِنِ ٱثنانِ وَ سبعُونَ سَتراً فإذا أَذنَبَ ذَنْباً ٱنْتَهَكَ عَنْهُ سَتْرٌ فإنْ تابَ رَدَّهُ ٱلله إليهِ.[٢]

٣. الإمام عليٌّ ﷭: ما مِنْ عَبْدٍ و عَلَيْهِ أَرْبَعُونَ جُنَّةً حَتّى يَعْمَلَ أَربَعِينَ كبيرةً، فإذا عَمِلَ أَرْبَعينَ كَبيرةً ٱنْكَشَفَتْ عَنْهُ ٱلجُنَنُ.[٣]

٤. رَأيتُ شاباً مِثْلَكَ قامَةً وَ لَوْناً وَ صَوْتاً و لكنَّهُ ضِدُّكَ عِلماً و عقلاً.

٥. تَجَوَّلْتُ في ٱلسُّوقِ كُلَّ النَّهارِ فَٱبْتَعْتُ عِشْرينَ ذِراعاً حَريراً فَاخِراً و ثلاثة عَشَرَ ذِراعاً صُوفاً جيِّداً.

٦. كَانَتْ عِنْدَنا خابِيَةٌ عَسَلاً فَكُنْتُ آتناوَلُ مِنها صَباحَ كُلِّ يَومٍ.

تمريـن ٣٨ . ميِّز في التمرين السابق الأسماء المُبْهَمةَ التي تَتقدَّم التمييز ذاكراً وجه الإبهام فيها هكذا:

«مِلْءُ ٱلأَرْضِ»: يصلح لأن يراد به أشياءَ كثيرة، فلما قال تعالى «ذهباً» عيّن المراد منه. ثمَّ إنَّ «ٱثنانِ و سبعون» يصلح أيضاً لأئ يراد به أشياء كثيرة فبكلمة «سَتراً» عيّن المراد منه؛ و قِسْ على هذا.

تمرين ٣٩ . ركّب خمس جُمَلٍ تكون إحدى كلماتها منصوبة على التمييز.

---

١. سورة آل عمران / الآية ٩١.

٢. ميزان الحكمة، ج ٣ / ص ٤٧١.

٣. ميزان الحكمة، ج ٣ / ص ٤٧١.

المُنَادَىٰ

٤٧. ما هو المنادىٰ؟

٤٨. كم نوعاً المنادىٰ؟

٤٧. المُنادىٰ هو المطلوب إقباله بحرف نائب مناب (أدعُو).

٤٨. المُنادىٰ نوعان:

※ الأوّل يكون مَنْصوباً و هو المضافُ؛ و نحو: يا عبدَ آللهِ.

و النَّكِرَةُ غيرُ المقصودةِ؛ نحو: يا غافلاً تَنَبَّهْ.

※ و الثاني يكونُ مَبْنيّاً علىٰ ما كانَ يُرفَعُ بهِ و هو العَلَمُ و النَّكِرة المقصودةُ.

نحو: يا خالِدُ ، يا رَجُلُ ، يا خالِدانِ ، يا رَجُلانِ ، يا خالِدُونَ و يا مُؤْمِنُونَ.

تمرين ٤٠. عيّن المنادى ونوعه في الأدعية التالية:

١. اَللّٰهُمَّ إِنّي أَسْأَلُكَ بِاَسْمِكَ يَا حَنَّانُ يَا مَنَّانُ يَا دَيّانُ يَا بُرْهانُ يَا سُلْطانُ يَا رِضْوانُ يَا غُفْرانُ يَا سُبْحانُ يَا مُسْتَعانُ يَا ذَاَلْمَنِّ وَ الْبَيانِ.[١]

٢. يَا غَافِرَ الْخَطَايَا يَا كَاشِفَ الْبَلَايَا يَا مُنْتَهَى الرَّجايَا يَا مُجْزِلَ الْعَطَايَا يَا وَاهِبَ الْهَدايَا.[٢]

تمرين ٤١. ركّب خمسة أمثلة للمنادى المضاف وخمسة أمثلة للعَلَم والنكرة غير المقصودة وخمسة أمثلة للمنكرة المقصودة واكتب كلَّ ذلك مضبوطاً بالشكل.

____

١. مفاتيح الجنان (دعاء الجوشن الكبير) / ص ١٨٢.

٢. مفاتيح الجنان (دعاء الجوشن الكبير) / ص ١٨٢.

خَبَرَ كانَ و أَخَواتها و اسْم إنَّ و أَخَواتها

٤٩. ماذا تعرف عن خبركانَ و أختوها و اسم إنَّ و أخواتها؟

٤٩. تقدَّم الحديث عن خبركانَ و أَخَواتها و اسم إنَّ و أخواتها في المرفوعات.[1]

---

١. راجع السئوال ٢٩.

تمرين ٤٢. أُدخل على العبارات التالية، «كان» أو إحدى أخواتها تارةً و«إنّ» أو إحدى أخواتها أُخرىٰ:

١. اَلبخيل ممقوت.

٦. اَلباب مفتوح.

٢. اَلزّاهد مقرّب.

٧. اَلشُّباك مغلق.

٣. اَلرّياح مختلفة.

٨. اَلنّار مطفأة.

٤. اَلجوّ معتدل.

٩. اَلولدان مهذَّبان.

٥. اَلسَّحاب متراكم.

١٠. اَلحمامتان طائرتان.

تمرين ٤٣. عيّن خبر «كان» و أخواتها و اسم «إنّ» و أخواتها في الجمل التالية:

١. الإمام عليّ ﷿: طُوبىٰ لِمَنْ كَانَ نَظَرُهُ عِبَراً، وَ سُكُوتُهُ فِكْراً، وَ كَلامُهُ ذِكْراً.[١]

٢. الإمـام الصـادق ﷿: لا يَـزالُ الـدُّعاءُ مَحْجُوباً حَتّىٰ يُصَلَّىٰ عَلَىٰ مُحَمَّدٍ و آلِ مُحَمَّدٍ.[٢]

٣. الإمام الحسن ﷿: إنّ أحْسَنَ الحَسَنِ الخُلُقُ الحَسَنُ.[٣]

٤. الإمـام عليّ ﷿: إنَّ أعظَمَ الخِيانَةِ خِيانَةُ الأُمَّةِ، وَ أفظَعَ الغِشِّ غِشُّ الأئِمَّةِ.[٤]

٥. إنّ جُحُودَ الذنبِ ذنبانِ.

٦. قد يُضحي العبدُ سَيِّداً.

٧. يُصْبِح المؤمنُ مُطمئنّاً و يُمسي الكافرُ محزوناً.

<hr>

١. بحار الأنوار ج ٧١ / ص ٢٧٥.

٢. بحار الانوار ج ٩٣ / ص ٣١١.

٣. بحار الأنوار ج ٧١ / ص ٣٨٦.

٤. نهج البلاغة / الكتاب ٢٦.

مَواضِع جَرّ الاسْم

٥٠. في كم موضع يجر الاسم؟

٥١. كم هي حروف الجر؟

٥٢. ما هو المضاف إليه؟

٥٣. ما هو حكم الاسم المضاف؟

٥٠. يُجَرُّ الاسم في مَوْضِعَيْنِ:

٭ الأوّل إذا وقعَ بعدَ أحدِ حُروفِ الجَرّ.

٭ و الثاني إذا كان مُضافاً إليه.

٥١. حُروف الجَرّ أحدَ عشرَ حَرْفاً و هي:
مِنْ، إلى، عَنْ، عَلىٰ، في، رُبَّ، الباءُ، الكافُ، اللام، واو القَسَم وتاءُ القَسَم.

نحو: ذَهَبْتُ مِنَ ٱلبيتِ إلى ٱلمدينَةِ.

٥٢. المُضاف إليه هو اسمٌ يُنْسَبُ إليهِ اسمٌ سابقٌ؛ نحو: خادِمُ ٱلأميرِ.
وَيُسَمَّى الأوّلُ «مُضافاً» و الثاني «مُضافاً إليهِ».

٥٣. ٭ إذا كان الاسمُ المرادُ إضافتُهُ مُنَوَّناً حُذِفَ تنوينُه؛ نحو: سورُ ٱلمدينة بدلاً مِنْ:
سُورٌ ٱلمَدينة.

٭ وَإذا كانَ مُثَنّى أو جمع مُذكّر سالماً حُذِفت نونه؛ نحو:
يدا ٱلرّجُلِ و قاصِدُوا ٱلبَلَدِ و الأصلُ: يَدانِ ٱلرّجُل و قاصِدُونَ ٱلبَلَد.

تمرين ٤٤ . عيّن المجرور بالحرف و المجرور بالإضافة في الجمل التالية:

١. القرآن الكريم: بسم ٱللَّهِ ٱلرَّحْمٰنِ ٱلرَّحِيمِ ۞ قُلْ أَعُوذُ بِرَبِّ ٱلنَّاسِ ۞ مَلِكِ ٱلنَّاسِ ۞ إِلٰهِ ٱلنَّاسِ ۞ مِنْ شَرِّ ٱلْوَسْوَاسِ ٱلْخَنَّاسِ ۞ ٱلَّذِى يُوَسْوِسُ فِي صُدُورِ ٱلنَّاسِ ۞ مِنَ ٱلْجِنَّةِ وَ ٱلنَّاسِ.[١]

٢. القرآن الكريم: إِنَّ ٱللَّهَ عَلَىٰ كُلِّ شَيْءٍ قَدِيرٌ.[٢]

٣. الإمام عليٌّ عليه‌السلام: آفَةُ ٱلْعِلْمِ تَرْكُ ٱلْعَمَلِ بِهِ.[٣]

٤. الإمام عليٌّ عليه‌السلام: آفَةُ ٱلْعَمَلِ تَرْكُ ٱلْإِخْلَاصِ فِيهِ.[٤]

٥. الإمام عليٌّ عليه‌السلام: عُنْوانُ ٱلْعَقْلِ مُدارَاةُ ٱلنَّاسِ.[٥]

٦. الإمام عليٌّ عليه‌السلام: تَصْفِيَةُ ٱلْعَمَلِ أَشَدُّ مِنَ ٱلْعَمَلِ، وَ تَخْلِيصُ ٱلنِّيَّةِ عَنِ ٱلْفَسَادِ أَشَدُّ عَلَى ٱلْعَامِلِينَ مِنْ طُولِ ٱلْجِهادِ.[٦]

٧. الإمام الصادق عليه‌السلام: اَلْعَامِلُ عَلَىٰ غَيْرِ بَصِيرَةٍ كَٱلسَّائِرِ عَلَىٰ غَيْرِ طَرِيقٍ، فَلَا تَزِيدُهُ سُرْعَةُ ٱلسَّيْرِ إِلَّا بُعْداً.[٧]

تمرين ٤٥ . أدخل «مِن» على الكلمات التالية:

كتابٌ ، علياً ، هذا ، الإسلام ، روح ٱللَّه ، عبد ٱللَّه ، آيات ، اِمرؤُ ٱلقيس ، مؤمنون ، المحسنات ، نصارىٰ ، مؤمنان ، المسلِمون.

تمرين ٤٦ . أَضف الكلمة الأُولى إلى الثانية مع مراعاةُ التغييرات اللازمة:

دينٌ ـ الإسلام ، معلّمونَ ـ المدرسة ، أبوانِ ـ هذه الأُمّة ، الرضى ـ الله ، رأسٌ ـ الأدب ، داخِلُونَ ـ البَلَد ، مخلصينَ ـ نيّاتهم ، كُتُب ـ الجامعة.

<hr>

١. سورة الناس / الآيات ١-٥.

٢. سورة البقرة / الآية ٢٠.

تَقديرُ الحَرَكَات عَلَى الاسم المُعرَب

٥٤. كم هي الأسماء المعربة التي تقدَّر عليها الحركات؟

٥٥. في أيٍّ من الأسماء المعربة تقدَّر الحركات كلّها؟

٥٦. في أيٍّ من الأسماء المعربة تقدَّر الضمة و الكسرة؟

٥٤. الأسماءُ المُعرَبة التي تقدَّرُ عليها الحركاتُ ثلاثةُ أنواع:

الأوّل: الاسمُ المُضاف إلى ياء المُتكلّم.

الثاني: الاسمُ المقصورُ.

الثالث: الاسمُ المنقوصُ.

٥٥. تُقدَّرُ الحركاتُ كُلُّها:

٭ في الاسمِ المُضافِ إلى ياء المتكلّم بسبب اشتغالِ آخرِهِ بالحركةِ المُناسبةِ؛ نحو: إنَّ مَذْهَبي إكرامي لضَيْفي.

٭ في الاسم المقصورِ لِتَعَذُّر تحريكِ الألف؛ نحو: إنَّ أَلْهُدىٰ هُدَى ٱلله.

٥٦. تُقَدَّرُ الضَّمَّةُ و الكسرة في الاسمِ المنقوص للاستِثقالِ، نحو: حَكَمَ ٱلقاضِي عَلَى ٱلجَانِي.

تمرين ٤٧. بيّن المعرب بالحركات المقدّرة و الحركات الظاهرة في العبارات التالية و عيّن أنواع الحركات:

١. القرآن الكريم: إنَّ غَيدي مَتِينٌ.[١]

٢. القرآن الكريم: وَ كَلَّمَ ٱللّٰهُ مُوسَىٰ تَكلِيماً.[٢]

٣. القرآن الكريم: وَ زَكَرِيّا وَ يَحْيىٰ وَ عِيسىٰ وَ إِلْيَاسَ كُلٌّ مِنَ ٱلصّالِحِين.[٣]

٤. القرآن الكريم: رَبِّ ٱشْرَحْ لِي صَدْرِي ۞ وَ يَسِّرْ لِي أَمْرِي ۞ وَ ٱحْلُلْ عُقْدَةً مِنْ لِسَانِي.[٤]

٥. الإمام عليّ (عليه السلام): أَشْرَفُ ٱلْغِنىٰ تَرْكُ ٱلمُنىٰ.[٥]

٦. الرسولُ الأعظم (صلى الله عليه وآله): لَعَنَ ٱللّٰهُ ٱلرّاشِي وَ ٱلمُرتَشِي وَ ٱلرّائِشِ ٱلّذِي يَمْشِي بَينَهما.[٦]

٧. الإمام الجواد (عليه السلام): إنّ ٱللّٰه جَعَلَ ٱلدُّنيا دَارَ بَلْوىٰ، وَ ٱلآخِرَةَ دَارَ عُقْبىٰ، وَ جَعَلَ بَلْوَى ٱلدُّنيا لِثَوابِ ٱلآخِرَةِ سَبَباً، و ثَوابَ ٱلآخِرَةِ مِنْ بَلْوَى ٱلدُّنيا عِوَضاً.[٧]

تمرين ٤٨. ركّب تسع جمل تكون في ثلاث منها كلمة «القاضي» مرفوعة و منصوبة و مجرورة، و في ثلاث تكون كلمة «التقوى» مرفوعة و منصوبة و مجرورة، و في ثلاث تكون كلمة «سيّدي» مرفوعة و منصوبة و مجرورة.

---

١. سورة الأعراف / الآية ١٨٣.

٢. سورة النساء / الآية ١٦٤.

٣. سورة الأنعام / الآية ٨٥.

٤. سورة طه / الآية ٢٧.

٥. نهج البلاغة / الحكمة ٣٣٠.

٦. ميزان الحكمة، ج ٤ / ص ١٣٥.

٧. تحف العقول / ص ٤٨٣.

النَّعْت والعَطْف

❋ عرفنا جميع مواضع الرفع والنصب والجرّ والجزم.

❋ غيرَ أنّ إعرابَ الكلمة قد يَسري إلى ما بعدَها فيُرفَع المتأخّر بسبب رفع المتقدّم ويُنصَب بسبب نصبه وهلمّ جرّاً. ويسمّى المتأخّر «تابعاً» والمتقدّم «متبوعاً».

❋ والتوابع أربعة: نَعْتٌ وعَطْفٌ وتَوْكيدٌ وبَدَلٌ.

٥٧. ما هو النعت؟

٥٨. ما هو شرط النعت؟

٥٩. ما هو العطف؟

٥٧. النَّعْتُ لَفْظٌ يُذْكَرُ بعدَ المَنعوتِ لبيان حالةٍ فيه جيّدةٍ أو رديئةٍ؛ نحو:

يُحَبُّ التلميذُ المُجْتَهِدُ و يُكرَه التلميذُ الكَسلانُ.

٥٨. شَرْطُ النَّعْتِ أن يُطابِقَ المَنعوتَ في:

❋ تَعْريفِهِ وتنكيرِهِ.

❋ وتذكيرِهِ وتأنيثِهِ.

❋ وإفرادِهِ وتَثْنِيتِهِ وجمعِهِ؛ نحو:

يُعْجِبُني الوَلدُ المُهذَّبُ وَ الوَلدانِ المُهذَّبانِ و الأوْلادُ المُهذَّبُونَ.

تُعْجِبُني ٱلابنةُ ٱلمُهَذَّبةُ و ٱلابنتانِ ٱلمُهَذَّبتانِ و ٱلبناتُ ٱلمُهَذَّباتُ.

٥٩. العَطْفُ هو تابعٌ يَتَوَسَّطُ بَيْنَهُ وَ بَيْنَ مَتْبوعه أحدُ هذه الحُروف و هي: الواو ، الفاء ، ثُمَّ ، أوْ ، أَمْ ، لكنْ ، لا و بَلْ.

نحو: كَسَرْتُ ٱلقَلَمَ وَ ٱلدَواةَ.

فَلفظُ «الدَّواة» هُنا منصوبٌ تَبَعاً للفظ «القَلَم» المنصوب.

تمرين ٤٩. عيّن النعت و المنعوت و اذكر موارد مطابقة النعت للمنعوت:

١. القرآن الكريم: بِسْمِ ٱللّٰهِ ٱلرَّحْمٰنِ ٱلرَّحِيمِ ۞ ٱلْحَمْدُ لِلّٰهِ رَبِّ ٱلْعَالَمِينَ ۞ ٱلرَّحْمٰنِ ٱلرَّحِيمِ.[١]

٢. القرآن الكريم: لَقَدْ أَنْزَلْنَا آيَاتٍ مُبَيِّنَاتٍ وَ ٱللّٰهُ يَهْدِي مَنْ يَشَاءُ إِلَى صِرَاطٍ مُسْتَقِيمٍ.[٢]

٣. الرسولُ الأعظم ﷺ: اَلطَّائِمُ ٱلشَّاكِرُ أَفْضَلُ مِنَ ٱلصَّائِمِ ٱلصَّامِتِ.[٣]

٤. الإمام عليّ عليه السلام: اَلزُّهْدُ فِي ٱلدُّنيَا ٱلرَّاحَةُ ٱلعُظْمَى.[٤]

٥. الإمام عليّ عليه السلام: اَلأَصدِقَاءُ نَفْسٌ وَاحِدَةٌ فِي جُسُومٍ مُتَفَرِّقَةٍ.[٥]

٦. الإمام العسكريّ عليه السلام: إِنَّكم فِي آجَالٍ مَنقُوصَةٍ، وَ أَيَّامٍ مَعْدُودَةٍ، وَ ٱلمَوْتُ يَأْتِي بَغْتَةً.[٦]

٧. الإمام عليّ عليه السلام: إِنَّ ٱلدُّنيا وَ ٱلآخِرَةَ عَدُوَّانِ مُتَفَاوِتانِ وَ سَبيلانِ مُختلِفَانِ.[٧]

تمرين ٥٠. ضع في المحلّ المفرغ نعتاً موافقاً يطابق المنعوت:

١. المياهُ......... لا تَصْلُحُ لِلشُّرْبِ.

٢. الصَّديقُ......... لا تَترُكْ صُحبَته.

٣. المَرأَةُ......... خيرٌ من ٱلمَرأَةِ ٱلجَاهِلَةِ.

---

١. سورة الحمد / الآيات ١-٣.

٢. سورة النور / الآية ٤٦.

٣. تحف العقول / ص ٤٨.

٤. ميزان الحكمة، ج ٤ / ص ٢٠٣.

٥. ميزان الحكمة، ج ٥ / ص ٢٩٦.

٦. تحف العقول / ص ٤٨٩.

٧. نهج البلاغة / الحكمة ١٠٣.

٤. يَرى ٱلْمُتَجَوّل في ٱلْجِبالِ مَناظِرَ............ وَيَشْرَبُ مِياهاً............ ويَتَمَتَّع

بصحّة............ .

٥. يَفْرَح ٱلتلميذ............ بالأُمثولة ٱلجميلة.

٦. اَلْجُنُودُ............ لا يَهابُونَ ٱلْحَرْبَ.

٧. اَلزُّجاجُ............ يَجرحُ ٱلْيَدَ ٱلَّتي تَقْبِضُهُ.

تمرين ٥١. ضع في المحل المفرغ منعوتاً موافقاً مطابقاً للنعت:

.... كريمٍ، .... قَليلَةٌ، .... المَشورةَ، .... عائلاتٌ،

............المُطيعُونَ، ....المُعانِدانِ، ....المُؤمِناتِ، ....مُبَيِّناتٌ.

تمرين ٥٢. اذكر الفرق المستفاد من اختلاف حرف العطف في الجمل الآتية:

اِنكسرَ ٱلقلمُ وَ ٱلدواةُ – اِنكسرَ ٱلقَلمُ فَٱلدواةُ – اِنكسرَ ٱلقلمُ ثُمَّ ٱلدواةُ –

اِنكسرَ ٱلقلمُ أوِ ٱلدواةُ – اِنكسرَ ٱلقلمُ لا ٱلدَّواةُ – لَمْ ينكسرِ ٱلقلمُ بلِ

ٱلدواةُ – اَلقلمُ أنكسرَ أم ٱلدواةُ؟

تمرين ٥٣. عيّن المعطوف و المعطوف عليه:

١. القرآن الكريم: يا أيُّها ٱلَّذينَ آمَنُوا إنَّ مِن أزْواجِكُمْ وَ أوْلادِكُمْ عَدُوّاً لَكُمْ

فَٱحْذَرُوهُمْ وَ إن تَعْفُوا وَ تَصْفَحُوا وَ تَغْفِرُوا فَإنَّ ٱلله غَفُورٌ رَحيمٌ.[١]

٢. الرسول الأعظم ﷺ: إنَّ ٱلْجُبْنَ وَ ٱلْبُخْلَ وَ ٱلْحِرْصَ غَريزَةٌ واحِدَةٌ يَجْمَعُها

سُوءُ ٱلظَّنِّ.[٢]

٣. الرسول الأعظم ﷺ: إنَّما ٱلْعِلْمُ ثَلاثَةٌ: آيَةٌ مُحْكَمَةٌ أو فَريضَةٌ عادِلَةٌ أو سُنَّةٌ

قائِمَةٌ وَ ما خَلا هُنَّ فَهُوَ فَضْلٌ.[٣]

٤. الإمام عليّ ﷖: مَن طَلَبَ شَيئاً نالَهُ أو بَعْضَهُ.[٤]

٥. الإمام عليّ ﷖: اَلدُّنيا دارُ مَمَرٍّ لا دارُ مَقَرٍّ.[٥]

- ٢٢ -

التَّوْكيد و البَدل

٦٠. ما هو التوكيد؟

٦١. ما هو البدل؟

٦٠. التَّوكيد تابعٌ يرتفع بهِ احتمالُ المجاز و السَّهو؛ و يكونُ بألفاظٍ معلومةٍ منْها:
نَفْسٌ و عَيْنٌ و كُلٌّ و جميعٌ؛ نحو:

زَارَني ٱلأميرُ نفسُهُ أو عَيْنُهُ و سارَ ٱلجيشُ كُلُّهُ أو جَميعُهُ.

❋ فـ «نَفْسٌ و عَيْنٌ» توكيد للأميرو قد ارتَفَع بذكرهما ما يمكنُ أن يتوهَّمُهُ
السامعُ من أنّ الزائرهو خادم الأميرِ أو رسولهُ.

❋ و «كلُّهُ و جميعُهُ» توكيد للجيش و قد ارتفع بذِكْرهما ما يمكن أن يتوهَّمُهُ
السامعُ منْ مسيرِ أكثرِ الجيشِ لا كُلِّهِ.

٦١. البَدلُ تابعٌ يكون عَيْنَ المَتْبوعِ أو جُزءاً مِنْهُ أو أحَدَ مُشْتملاتِهِ؛ نحو:
أخوك إبرهيمُ صديقُنا ، قرأتُ ٱلكتابَ نصفَهُ و انصرَف ٱلمجلسُ عُمَّالُهُ.

❋ فَ «إبراهيمُ» بَدَلٌ من «أخوكَ» بَدَلُ كُلٍّ لأنَّهُ عَيْنُ الأخِ.

❋ و «نِصفَ» بَدَلٌ مِن «الكتاب» بَدَلُ بَعْضٍ من كُلٍّ لأنَّهُ جزءٌ منهُ.

❋ و «عُمَّالُهُ» بَدَلٌ مِن «المجلس» بَدَلُ اشتمال لأنَّ العُمَّالَ مِن
مُشتَملات المجلس.

تمرين ٥٤. عيّن المؤكِّد و المؤكَّد في الجمل التالية:

١. القرآن الكريم: إِنَّ ٱلأَمْرَ كُلَّهُ لِلَّهِ.[1]

٢. القرآن الكريم: قُلْ فَلِلَّهِ ٱلْحُجَّةُ ٱلْبَالِغَةُ فَلَوْ شَاءَ لَهَدَاكُمْ أَجْمَعِينَ.[2]

٣. يشغل ٱلعاقلُ أوقاتَهُ جَميعَها بِٱلفائِدةِ.

٤. يَشهدُ لَهُ بِٱلْفَضلِ أعْداؤُه أعْيُنُهم.

٥. أخواهُ نَفسُهُما يُبغِضانِه.

٦. مُحِبُّوهُ أعْيُنُهم يَلُومُونَهُ عَلَى سُوءِ سُلُوكِهِ.

٧. اِتَّفق ٱلأطبّاءُ جَميعُهُم عَلَى أنَّ نُورَ ٱلشَّمسِ قاتِلٌ لِجَراثيمِ ٱلأمراضِ.

٨. طالَعْتُ ٱلكِتابَ كُلَّهُ مِنَ ٱلجِلدِ إلى ٱلجِلدِ.

تمرين ٥٥. ميّزبين بدل الكلّ و بدل الجزء و بدل الاشتمال:

١. القرآن الكريم: وَ ٱجْعَلْ لِي وَزيراً مِنْ أهلي ۞ هارونَ أخِي.[3]

٢. القرآن الكريم: ألا بُعداً لِعادٍ قَومِ هُودٍ.[4]

٣. القرآن الكريم: ذِكرُ رَحْمَةِ رَبِّكَ عَبْدَهُ زَكَرِيّا.[5]

٤. وَقَعَ ٱلطُّوفانُ في زَمانِ أبي ٱلآباءِ ٱلثاني نُوحٍ.

<table>
<tr><td>٥. خَسَفَ ٱلقَمَرُ نِصفُهُ.</td><td>٨. جَدَّدَ الأميرُ ٱلقَصرَ بَعْضَهُ.</td></tr>
<tr><td>٦. بَنَيْنَا ٱلبَيتَ أساسَهُ.</td><td>٩. أطرَبَني ٱلبُلبُلُ صَوتُهُ.</td></tr>
<tr><td>٧. سارَ ٱلجَيشُ أكْثرُهُ.</td><td>١٠. أُنْظُر إلى ٱلماءِ جَرَيانِهِ.</td></tr>
</table>

---

١. سورة آل عمران / الآية ١٥٤.

٢. سورة الأنعام / الآية ١٤٩.

٣. سورة طه / الآيتان ٢٩ و ٣٠.

٤. سورة هود / الآية ٦٠.

٥. سورة مريم / الآية ٢.

إعرابُ الكَلِمات و الجُمَل

٦٢. إنَّ كُلَّ كَلِمَةٍ مِنَ الكَلِماتِ المبنيَّة إذا وقَعَتْ في موضع من مواضعِ الإعرابِ يجبُ إبقاؤُها على حالها و لكن نعتبرُأنَّها في موضع رَفْعٍ أوْنَصْبٍ أوْ جَزْمٍ أوْ جَرٍّ حَسَبَ ما يقتضيه الموضع؛ نحو:

أنا ذاهبٌ ، إنَّكَ صادقٌ ، إنْ صَدَقَ ٱلْقَصْدُ حَسُنَ ٱلعَمَلُ.

و بناء على ذلك يُقالُ في الإعراب:

«أنَا» : مُبتدأٌ ضميرٌ منفصلٌ مَبْنيٌّ على السكونِ في محلِّ رفعٍ.

«الكاف» : اسمُ إنَّ ضميرٌ مبنيٌّ على الفتح في محل نَصبٍ.

«صَدَقَ» : فِعْلٌ ماضٍ مَبْنيٌّ على الفتح في محلِّ جزمٍ و كذلك «حَسُنَ» وقس عليه.

٦٣. إعرابُ الجُمْلَةِ هو تعيينُ الاسمِ و الفِعْلِ و الحَرفِ منْها و تمييزُالمَرفوع و المَنْصوبِ و المجزومِ و المجرورِ و بيانُ سببِ ذلك.

٦٤. هذا مَثَلٌ على الإعراب:

«المرءُ كثيرٌ بإخوانِهِ» تقولُ في إعرابِها:

«المرءُ»   : مُبتدأٌ مرفوعٌ بالضمَّة الظاهرة.

«كَثيرٌ»   : خبرُ المبتدأ مرفوعٌ بالضمَّةِ الظاهرة.

«بإخوانِهِ»: الباءُ: حرُف جَرٍّ مبنيٌّ على الكَسرِ، إخْوانٍ: اسمٌ مجرورٌ بالباء و علامةُ جرِهِ الكسرةُ الظاهرةُ، الهاء: ضميرٌ متصلٌ مضافٌ إليهِ مبنيّ على الكسرِ في محلِّ جَرٍّ.

التّمارين العامّة

تمرين ٥٦. أجب على الأسئلة التالية:

١. هل يلزمُ أن يتركَّبَ كلُّ كلامٍ مِن فعلٍ و اسمٍ و حرفٍ؟

٢. ما هو علمُ النَّحو و ما هي فائدته؟

٣. كم هي الأحوالُ العارضَةُ لأواخِر الأفعالِ و الأسماءِ؟

٤. ما هي علائمُ الرفع و النصبِ و الجزم في الفعل المضارع؟

٥. ما هي علائم الرفع و النصبِ و الجرِ في الإسم؟

٦. في كَم مَوضعاً يُرفَع الاسم؟

٧. في كم موضعاً يُنْصَب الاسم؟

٨. ما الفرقُ بينَ الجملةِ الاسميةِ والجملةِ الفعليةِ؟

٩. ما الفرقُ بينَ الفاعِل و المُبتدأ؟

١٠. ما الفرقُ بين المبتدأ و اسم «كانَ»؟

١١. ما هي علامةُ المفعول لأجلِهِ؟

١٢. هل كلُّ أسماءِ الزمانِ و المكانِ صالحةً للنصب على الظرفيَّة؟

١٣. ما هو الفرقُ بينَ المفعول مَعه و المعطوف بالواو؟

١٤. متى يجبُ نصبُ المُستثنى بـ «إلّا»؟

١٥. ما الفرقُ بينَ الخبر و الحال؟

١٦. ما هو حكمُ المضافِ؟

١٧. ما معنى «تقديرِ الحركاتِ» و في أيّ مِنَ الأسماءِ تُقَدَّر الحركاتُ كُلُّها؟

١٨. ما هِيَ التَّوابعُ وَكَمْ قسماً هِي؟

١٩. هل يَتَغيَّرُ آخرُ الكلمةِ المبنيةِ إذا وقعتْ في مَوضعٍ مِنْ مَواضعِ الإعرابِ؟

٢٠. وَضِّح بمثالٍ هذه المُصطلحاتِ النحويةَ:

المُعْرَب ، المَبنيّ ، الإعراب ، البناءِ ، الرَّفع ، النَّصب ، الجَزْم ، التَّمييز نَكرةٌ غيرُ مقصودة ، المضافُ إليه ، التّابع ، النَّعت ، المؤكَّد ، بـدلُ البعضِ مِنَ الكُلِّ.

تمرين ٥٧. اِستخرِج المرفوعاتِ و المنصوباتِ و المجزوماتِ من الأفعالِ و الأسـماءِ التاليةِ و عيّن علامةَ إعرابها:

١. الرسولُ الأعظمُ ﷺ: أسخَى النَّاسِ مَنْ أدَّى زكاةَ مالِهِ.[1]

٢. الإمـام عليّ ﷿: النَّاسُ مَنقُوصُونَ مَدخُولُونَ إلَّا مَن عَصمَ اللهِ، سَائلُهُم مُتَعنِّتٌ و مُجِيبُهُم مُتكلِّف.[2]

٣. الإمام الصادق ﷿: الدُّنيا سُوقٌ رَبِحَ قَومٌ و خَسِرَ آخَرُونَ.[3]

٤. الإمـام عليّ ﷿: الدُّنيا كلُّها جَهْلٌ إلَّا مَواضِعَ العِلمِ، و العِلمُ كُلُّه حُجَّةٌ إلَّا ما عُمِلَ بِهِ، و العَمَلُ كلُّه رياءٌ إلَّا ما كان مُخلصاً، و الإخلاصُ على خَطرٍ حَتَّى يَنظُرَ العَبدُ بِمَ يُختَمُ لَهُ.[4]

٥. الرسولُ الأعظمُ ﷺ: يَأتِي على النَّاسِ زمانٌ لا يَبْقى أحدٌ إلَّا أكل الرّبا، فإن

١. ميزان الحكمة، ج ٤ / ص ٤٢٤.

٢. ميزان الحكمة، ج ٤ / ص ٣٣١.

٣. بحار الأنوار ج ٧٨ / ص ٣٦٦.

٤. بحار الأنوار ج ٧٠ / ص ٢٤٢.

لَمْ يَأْكُلْهُ أَصَابَهُ مِن غُبَارِهِ.[1]

٦. الإمام عليٌّ ﷺ: إِذَا ٱبْتَلَى ٱللهُ عَبداً أَسْقَطَ عَنْهُ مِنَ ٱلذُّنُوبِ بِقَدرِ عِلَّتِه.[2]

٧. الإمام الصادق ﷺ: إِنَّ ٱلبِرَّ وَ حُسْنَ ٱلْخُلُقِ يُعَمِّرانِ ٱلدِّيارَ وَ يَزِيدَانِ في ٱلأعمارِ.[3]

١. ميزان الحكمة، ج ٤ / ص ٥١.

٢. بحار الأنوار، ج ٨١ / ص ١٧٦.

٣. بحار الأنوار، ج ٧١ / ص ٣٩٥.

نَماذجُ من إعرابِ آياتٍ من القرآن الكريم

يُريدُ اللهُ أَنْ يُخَفِّفَ عَنْكُمْ[1]

يُريدُ : فعلٌ مضارعٌ مرفوعٌ بالضمةِ الظاهرةِ (و عاملُه معنويٌّ هو خُلُوُّه عنِ الناصبِ
و الجازم).

اللهُ : فاعلٌ مرفوعٌ و علامةُ رفعِه الضمةُ الظاهرةُ.

أَنْ يُخَفِّفَ : أَنْ: حرفُ ناصبٌ ؛ يُخَفِّفَ: فعلٌ مضارعٌ منصوبٌ بـ((أَنْ)) و علامتُه الفتحةُ
الظاهرةُ، و فاعلُه ضميرٌ مستترٌ فيه، تقديرُه: هُوَ.

عَنْكُمْ : عَنْ: حرفُ جرٍّ مبنيٌّ على السكونِ ؛ كُمْ: ضميرٌ متصلٌ مبنيٌّ على السكون
في محلِّ جرٍّ بـ((عنْ)).

إِنْ تَنْصُرُوا آللَّه يَنْصُرْكُمْ[1]

إِنْ : حرفُ شرطٍ يَجْزِمُ فعلَينِ.

تَنْصُرُوا : تَنْصُرْ: فعلُ شرطٍ مضارعٌ مجزومٌ وعلامةُ جزمِهِ حذفُ النُّون لأنه من الأفعال الخمسة، الواو: ضميرٌ متصلٌ مبنيٌّ على السكون في محل رفع فاعلٌ.

اللَّه : (لفظ الجلالة) مفعولٌ به منصوبٌ بالفتحة الظاهرة.

يَنْصُرْكُمْ : يَنْصُرْ: جواب الشرط فعلٌ مضارعٌ مجزومٌ وعلامةُ جزمِه السكونُ الظاهرُ، والفاعل ضميرٌ مستترٌ تقديره: هُوَ، كَمْ: ضميرٌ متصلٌ مبنيٌّ على السكون في محل نصب مفعولٌ به.

قُتِلَ آلْخَرّاصُونَ[2]

قُتِلَ : فعلٌ ماضٍ مبنيٌّ للمجهول وهو مبنيٌّ على الفتح.

الخَرّاصُونَ: نائبُ فاعلٍ مرفوعٌ وعلامةُ رفعِهِ (الواو) لأنّه جمع مذكّر سالم.

---

١. سورة محمّد ﷺ / الآية ٧.

٢. سورة الذاريات / الآية ١٠.

وَخُلِقَ ٱلْإِنْسَانُ ضَعِيفاً[1]

وَخُلِقَ	:	الواو: حسب ما قبلها؛ خُلِقَ: فعلٌ ماضٍ مبنيٌّ للمجهول و هو مبنيٌّ على الفتح.
الْإِنْسَانُ	:	نائبُ فاعلٍ مرفوعٌ و علامة رفعِهِ الضَّمة الظاهرة.
ضَعِيفاً	:	حالٌ منصوبةٌ و علامةُ نصبها الفتحةُ الظاهرةُ.

هُوَ ٱلْأَوَّلُ وَ ٱلْآخِرُ[2]

هُوَ	:	ضميرٌ منفصلٌ مبنيٌّ على الفتح في محلِّ رفعٍ مُبتدأ.
الْأَوَّلُ	:	خبرٌ مرفوعٌ و علامةُ رفعِهِ الضَّمةُ الظّاهرةُ.
وَ ٱلْآخِرُ	:	الواو: حرفُ عطفٍ مبنيٌّ على الفتح، ٱلْآخِرُ: اسمٌ مرفوعٌ و علامتهُ الضَّمةُ الظاهرةُ لأنّه معطوفٌ على (الأوّل) و مرفوعٌ مِثلُه.

إِنَّ ٱللهَ غَفُورٌ رَحِيمٌ[3]

إِنَّ	:	حرفُ مُشَبَّهٌ بالفعل مبنيٌّ على الفتح.
اللهَ	:	(لفظ الجلالة) اسمُ (إِنَّ) منصوبٌ و علامةُ نصبه الفتحةُ الظاهرة.
غَفُورٌ	:	خبرُ (إِنَّ) مرفوعٌ و علامةُ رفعِهِ ضَمَّةُ آخرِه.
رَحِيمٌ	:	خبرٌ ثانٍ مرفوعٌ و علامةُ رفعه الضَّمةُ الظاهرة.

---

١. سورة النساء / الآية ٢٨.

٢. سورة الحديد / الآية ٣.

٣. سورة المائدة / الآية ٣٩.

إِنَّ ٱلْحَسَنَاتِ يُذْهِبْنَ ٱلسَّيِّئَاتِ[1]

إِنَّ : حرفٌ مشبَّهٌ بالفعلِ.

الْحَسَنَاتِ : اسمُ (إنَّ) منصوبٌ وعلامةُ نصبِهِ الكسرة الظاهرةُ لأنّه جمعُ مؤنثٍ سالم.

يُذْهِبْنَ : يُذهِب: فعلٌ مضارعٌ مبنيٌّ على السكونِ، والنون: ضميرٌ متصلٌ مبنيٌّ على الفتح في محلِّ رفع فاعلٌ.

السَّيِّئَاتِ : مفعولٌ به منصوبٌ وعلامةُ نصبِهِ الكسرةُ لأنّه جمعُ مؤنثٍ سالم.

جملةُ «يُذهِبْنَ»: في محل رفع خبرُ (إنَّ).

وَلَا تَقْتُلُوا أَوْلَادَكُمْ خَشْيَةَ إِمْلَاقٍ[2]

وَلَا تَقْتُلُوا : الواو: حسب ما قبلها، لا: ناهيّةٌ جازمةٌ، تَقْتُلُوا: فعلٌ مضارعٌ مجزومٌ بِـ(لا) وعلامتُه حذفُ النونِ لأنّه من الأفعالِ الخَمْسَةِ، والواوُ: ضميرٌ متصلٌ مبنيٌّ على السكون في محلِّ رفعٍ فاعلٌ.

أَوْلَادَكُمْ : مفعولٌ به وعلامتُه الفتحةُ، كُمْ: ضميرٌ متصل مبنيٌّ على السكون في محل جرٍّ مضافٌ إليه.

خَشْيَةَ : مفعولٌ لأجلِه منصوبٌ وعلامتُه الفتحةُ الظاهرةُ وهو مضاف.

إِمْلَاقٍ : مضافٌ إليه مجرورٌ وعلامته الكسرةُ الظاهرةُ.

---

١. سورة هود / الآية ١١٤.

٢. سورة الإسراء/ الآية ٣١.

اَلآنَ حَصْحَصَ ٱلْحَقُّ [1]

اَلآنَ : ظرفُ زمانٍ مبنيٌّ على الفتح في محلِّ نصبٍ مفعولٌ فيه.

حَصْحَصَ: فعلُ ماضٍ مبنيٌّ على الفتح.

الحَقُّ : فاعلٌ مرفوعٌ وعلامةُ رفعِه الضمةُ الظاهرةُ.

إنَّا أَرْسَلْنَاكَ شَاهِداً وَمُبَشِّراً وَنَذِيراً [2]

إنَّا : (الأصلُ إنَّنَا) إنَّ: حرفٌ مشبَّهٌ بالفعلِ، نَا: ضميرٌ متصلٌ مبنيٌّ على السكون في محلِّ نصبٍ اسمُ (إنَّ).

أرْسَلْنَاكَ : أرْسَلْنَا: فعلُ ماضٍ مبنيٌّ على السكون، نَا: ضميرٌ متصلٌ مبنيٌّ على السكون في محلِّ رفعٍ فاعلٌ، والكافُ: ضميرٌ متصلٌ مبنيٌّ على الفتح في محلِّ نصبٍ مفعولٌ به.

شاهِداً : حالٌ منصوبٌ وعلامةُ نصبِه الفتحةُ.

وَمُبَشِّراً : الواو: حرفُ عطفٍ، مُبَشِّراً: معطوفٌ على (شاهِداً) منصوبٌ مِثلُه وعلامتُه الفتحةُ.

وَنَذِيراً : الواو: حرفُ عطفٍ، نَذِيراً: معطوفٌ على (شاهِداً) منصوبٌ مِثلُه وعلامتُه الفتحةُ.

---

١. سورة يوسف / الآية ٥١.

٢. سورة الفتح / الآية ٨.

وَ لا يَخْشَوْنَ أَحَداً إِلَّا آللهَ[١]

وَ لا يَخْشَوْنَ	:	الواو: حسب ما قبلها، لا: حرفُ نفيٍ، يَخْشَوْنَ: فعلٌ مضارعٌ مرفوعٌ و علامتُه ثبوت النون، والواو: ضميرٌ متصلٌ مبنيٌ على السكون في محلِ رفعٍ فاعلٌ.
أَحَداً	:	مفعولٌ به منصوب بالفتحة الظاهرة و هو مستثنى منه.
إِلَّا	:	أداةُ استثناءٍ.
اللهَ	:	مستثنى بـ(إلَّا) منصوبٌ و علامتُه فتحةُ آخرِه.

إِنَّ آلأَمْرَ كُلَّهُ لِلهِ[٢]

إِنَّ	:	حرفٌ مُشَبَّهٌ بالفعل.
الأَمْرَ	:	اسم (إنّ) منصوبٌ بالفتحة الظاهرةِ.
كُلَّهُ	:	كُلَّ: اسمٌ منصوب بالفتحة الظاهرة لأنَّه توكيدٌ معنويٌّ لـ(الأمرِ) و تابعٌ له و هو مضاف؛ والهاء: ضميرٌ متصلٌ مبنيٌ على الضمِّ في محل جرٍ مضاف إليه.
لِلهِ	:	اللام: حرفُ جرٍ، اللهِ: اسمٌ مجرورٌ و علامتُه الكسرةُ و الجارُّ و المجرور في محل رفعٍ خبرُ إنَّ.

---

١. سورة الأحزاب / الآية ٣٩.

٢. سورة آل عمران / الآية ١٥٤.

وَآذْكُرْ عَبْدَنَا أَيُّوبَ[1]

وَاذْكُرْ	:	الواوُ: حسب ما قبلها؛ أُذْكُرْ: فعلُ أمرٍ مبنيّ على السكونِ و الفاعل ضميرٌ مستترٌ فيه وجوباً، تقديره: أَنْتَ.
عَبْدَنَا	:	عَبْدَ: مفعول به منصوبٌ بالفتحة، نَا: ضميرٌ متصل في محل جرٍ مضافٌ إليه.
أَيُّوبَ	:	بدل أو عطف بيان (عَبْدَنَا) منصوبٌ مثلُه و علامةُ نصبِهِ فتحةُ آخِرِهِ.

هَل يَسْتَوِي ٱلْأَعْمَى وَٱلْبَصِيرُ
أَمْ هَل تَسْتَوِي ٱلظُّلِمَاتُ وَٱلنُّورُ[2]

هل	:	حرفُ استفهامٍ.
يَسْتَوِي	:	فعلُ مضارعٌ مرفوعٌ و علامةُ رفعِه الضمةُ المقدَّرة على الياء.
الْأَعْمَى	:	فاعلٌ مرفوعٌ و علامةُ رفعِهِ الضمةُ المقدَّرةُ على الألف.
وَالْبَصِيرُ	:	الواو: حرفُ عطفٍ، البصيرُ: اسمٌ مرفوعٌ بالضمة الظاهرة لأنّه معطوف على (الأعمى) و مرفوعٌ مثلُهُ.
أَمْ	:	حرفُ عطف.
هل	:	حرفُ استفهامٍ.
تَسْتَوِي	:	فعلُ مضارعٌ مرفوعٌ و علامةُ رفعِه الضمةُ المقدَّرة على الياء.
الظُّلِماتُ	:	فاعلٌ مرفوعٌ و علامتهُ الضمةُ.
وَالنُّورُ	:	الواو: حرفُ عطفٍ، النورُ: اسمٌ مرفوعٌ بالضمة الظاهرة لأنّه معطوف على (الظُّلمات) و مرفوعٌ مثلها.

---

١. سورة ص / الآية ٤١.

٢. سورة الرعد / الآية ١٦.

تمرين ٥٨. أعرب الآيات الكريمة و الروايات الشريفة مستعيناً بالأمثلة الإعرابية المذكورة في الكتاب:

١. القرآن الكريم: و قُلْ جاءَ ٱلْحَقُّ و زَهَقَ ٱلْباطِلُ.[١]

٢. القرآن الكريم: وَ كَلَّمَ ٱللهُ مُوسىٰ تكليماً.[٢]

٣. القرآن الكريم: إِنَّ ٱللهَ عَلِيمٌ حكيمٌ.[٣]

٤. الرسولُ الأعظم ﷺ: لا تَعْمَلْ شَيئاً مِنَ ٱلْخَيرِ رِياءً و لا تَدَعْهُ حَياءً.[٤]

٥. الرسولُ الأعظم ﷺ: اَلْجَلِيسُ ٱلصَّالِحُ خَيرٌ مِنَ ٱلْوَحْدَةِ و ٱلْوَحْدَةُ خَيرٌ مِنْ جَلِيسِ ٱلسّوءِ.[٥]

٦. الإمام عليٌّ ﷿: اَلمالُ مادَّةُ ٱلشَّهَواتِ.[٦]

٧. الإمام الصادق ﷿: اَلْبَناتُ حَسناتٌ و ٱلْبَنُونَ نِعَمٌ.[٧]

٨. الإمام عليٌّ ﷿: إِنَّ ٱلدُّنيا و ٱلآخِرةَ عَدُوّانِ مُتَفاوِتانِ وَ سَبيلانِ مُخْتَلِفانِ.[٨]

---

١. سورة الإسراء / الآية ٨١.

٢. سورة النساء/ الآية ١٦٤.

٣. سورة التوبة / الآية ٢٨.

٤. تحف العقول / ص ٣٥.

٥. شيخ طوسى، أمالى، ج ٢ / ص ١٣٨.

٦. نهج البلاغة / الحكمة ٥٨.

٧. ميزان الحكمة، ج ١٠ / ص ٧٠٥.

٨. نهج البلاغة / الحكمة ١٠٣.

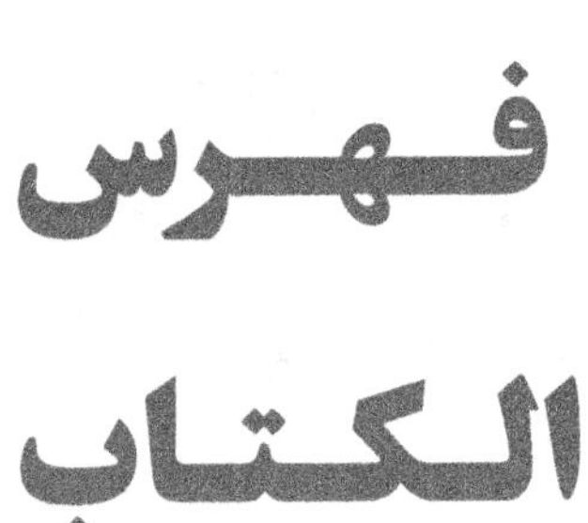

فهرس الكتاب

فهرس قسم الصرف

جَدولُ تصريفِ الأفعال

الأمر	المضارع المجهول	المضارع المعلوم	الماضي المجهول	الماضى المعلوم	
اِفْعَلْ		يَفْعَلُ		فَعَلَ	
اِفْعِلْ		يَفْعِلُ		فَعَلَ	
اِفْعِلْ	يُفْعَلُ	يَفْعِلُ	فُعِلَ	فَعَلَ	مجرّد الثلاثي
أُفْعُلْ		يَفْعُلُ		فَعَلَ	
اِفْعِلْ		يَفْعِلُ		فَعِلَ	
أُفْعُلْ		يَفْعُلُ		فَعُلَ	
فَعِّلْ	يُفَعَّلُ	يُفَعِّلُ	فُعِّلَ	١ فَعَّلَ	
فاعِلْ	يُفاعَلُ	يُفاعِلُ	فوعِلَ	٢ فاعَلَ	
أَفْعِلْ	يُفْعَلُ	يُفْعِلُ	أُفْعِلَ	٣ أَفْعَلَ	
تَفَعَّلْ	يُتَفَعَّلُ	يَتَفَعَّلُ	تُفُعِّلَ	٤ تَفَعَّلَ	
تَفاعَلْ	يُتَفاعَلُ	يَتَفاعَلُ	تُفوعِلَ	٥ تَفاعَلَ	مزيدات الثلاثي
إِنْفَعِلْ	يُنْفَعَلُ	يَنْفَعِلُ	أُنْفِعِلَ	٦ إِنْفَعَلَ	
إِفْتَعِلْ	يُفْتَعَلُ	يَفْتَعِلُ	أُفْتُعِلَ	٧ إِفْتَعَلَ	
إِفْعَلَّ	...	يَفْعَلُّ	...	٨ إِفْعَلَّ	
إِسْتَفْعِلْ	يُسْتَفْعِلُ	يَسْتَفْعِلُ	أُسْتُفْعِلَ	٩ إِسْتَفْعَلَ	
إِفْعَوْعِلْ	يُفْعَوْعَلُ	يَفْعَوْعَلُ	أُفْعُوعِلَ	١٠ إِفْعَوْعَلَ	
فَعْلِلْ	يُفَعْلَلُ	يُفَعْلِلُ	فُعْلِلَ	فَعْلَلَ	
تَفَعْلَلْ	يُتَفَعْلَلُ	يَتَفَعْلَلُ	تُفُعْلِلَ	تَفَعْلَلَ	الرّباعي
إِفْعَنْلِلْ	يُفْعَنْلَلُ	يَفْعَنْلِلُ	أُفْعُنْلِلَ	إِفْعَنْلَلَ	
إِفْعَلِّلْ	يُفَعَلَّلُ	يَفْعَلِّلُ	أُفْعُلِّلَ	إِفْعَلَّلَ	

المَصْدَر	اسْمُ الفَاعِل	اسمُ المَفعول	اسم المكان والزمان	اِسْمُ الآلَة
سماعيّ فَعْل، فُعل، ... الخ	فاعِلٌ	مَفعولٌ	مَفعَلٌ مَفعِلٌ مَفعَلٌ مَفعَلٌ مَفعَلٌ مَفعَلٌ	مِفعَلٌ مِفعالٌ مِفعَلَةٌ
تَفعيلاً وتَفعِلَةً	مُفعِّلٌ	مُفَعَّلٌ		
مُفاعَلَةً وفِعالاً	مُفاعِلٌ	مُفاعَلٌ		
إفعالاً	مُفعِلٌ	مُفعَلٌ		
تَفعُّلاً	مُتَفَعِّلٌ	مُتَفَعَّلٌ	مثل اسم المفعول	غير موجود
تَفاعُلاً	مُتَفاعِلٌ	مُتَفاعَلٌ		
اِنفعالاً	مُنفَعِلٌ	مُنفَعَلٌ		
اِفتعالاً	مُفتَعِلٌ	مُفتَعَلٌ		
اِفعِلالاً	مُفعَلٌّ	...		
اِستِفعالاً	مُستَفعِلٌ	مُستَفعَلٌ		
اِفعيعالاً	مُفعَوعِلٌ	مُفعَوعَلٌ		
فَعْلَلَةً وفِعْلالاً	مُفَعلِلٌ	مُفَعلَلٌ		
تَفَعْلُلاً	مُتَفَعلِلٌ	مُتَفَعلَلٌ		
اِفعِنلالاً	مُفعَنلِلٌ	مُفعَنلَلٌ		
اِفعِلّالاً	مُفعَلِّلٌ	مُفعَلَّلٌ		

	الماضي		المضارع		الأمر
	المعلوم	المجهول	المعلوم	المجهول	
الغائب	فَعَلَ¹	فُعِلَ	يَفْعَلُ²	يُفْعَلُ	اسم الفاعل
	فَعَلا	فُعِلا	يَفْعَلانِ	يُفْعَلانِ	فاعِلٌ - فاعِلَةً
	فَعَلوا	فُعِلوا	يَفْعَلونَ	يُفْعَلونَ	
الغائبة	فَعَلَتْ	فُعِلَتْ	تَفْعَلُ	تُفْعَلُ	اسم المفعول
	فَعَلَتا	فُعِلَتا	تَفْعَلانِ	تُفْعَلانِ	مَفْعولٌ - مَفْعولةٌ
	فَعَلْنَ	فُعِلْنَ	يَفْعَلْنَ	يُفْعَلْنَ	
المخاطب	فَعَلْتَ	فُعِلْتَ	تَفْعَلُ	تُفْعَلُ	اِفْعَلْ³
	فَعَلْتُما	فُعِلْتُما	تَفْعَلانِ	تُفْعَلانِ	افعلا
	فَعَلْتُمْ	فُعِلْتُمْ	تَفْعَلونَ	تُفْعَلونَ	افعلو
المخاطبة	فَعَلْتِ	فُعِلْتِ	تَفْعَلينَ	تُفْعَلينَ	افعلي
	فَعَلْتُما	فُعِلْتُما	تَفْعَلانِ	تُفْعَلانِ	افعلا
	فُعَلْتُنَّ	فُعِلْتُنَّ	تَفْعَلْنَ	تُفْعَلْنَ	افعلْنَ
المتكلم	فَعَلْتُ	فُعِلْتُ	أَفْعَلُ	أُفْعَلُ	
	فَعَلْنا	فُعِلْنا	نَفْعَلُ	نُفْعَلُ	

١. حركة عين الماضي المعلوم ضمة أوفتحة أوكسرة وتُعرف من كتب اللغة.

٢. حركة عين المضارع تُعرف من كتب اللغة.

٣. حركة عين الأمركحركة عين المضارع. وحركة همة الأمر ضمة أوكسرة (راجع صفحة ٢).

تصريف الفعل المضاعف

المزيدات				الأمر	المضارع		الماضي		
المصدر	الأمر	المضارع	الماضي		المجهول	المعلوم	المجهول	المعلوم	
تَمْديداً	مَدِّدْ	يُمَدِّدُ	مَدَّدَ		يُمَدُّ	يَمُدُّ	مُدَّ	مَدَّ	الغائب
مُمادَّةً	مادَّ	يُمادُّ	مادَّ		يُمَدَّانِ	يَمُدَّانِ	مُدَّا	مَدَّا	
إمداداً	أَمْدِدْ	يُمِدُّ	أَمَدَّ		يُمَدُّونَ	يَمُدُّونَ	مُدُّوا	مَدُّوا	
تَمَدُّداً	تَمَدَّدْ	يَتَمَدَّدُ	تَمَدَّدَ		تُمَدُّ	تَمُدُّ	مُدَّتْ	مَدَّتْ	الغائبة
تَمادّاً	تَمادَّ	يَتَمادُّ	تَمادَّ		تُمَدَّانِ	تَمُدَّانِ	مُدَّتا	مَدَّتا	
اِنْمِداداً	اِنْمَدَّ	يَنْمَدُّ	اِنْمَدَّ		يُمْدَدْنَ	يَمْدُدْنَ	مُدِدْنَ	مَدَدْنَ	
اِمْتِداداً	اِمْتَدَّ	يَمْتَدُّ	اِمْتَدَّ	مُدَّ	تُمَدُّ	تَمُدُّ	مُدِدْتَ	مَدَدْتَ	المخاطب
اِسْتِمْداداً	اِسْتَمِدَّ	يَسْتَمِدُّ	اِسْتَمَدَّ	مُدَّا	تُمَدَّانِ	تَمُدَّانِ	مُدِدْتُما	مَدَدْتُما	
				مُدُّوا	تُمَدُّونَ	تَمُدُّونَ	مُدِدْتُم	مَدَدْتُم	
اسم الفاعل مادٌّ – مادَّةٌ				مُدِّي	تُمَدِّينَ	تَمُدِّينَ	مُدِدْتِ	مَدَدْتِ	المخاطبة
				مُدَّا	تُمَدَّانِ	تَمُدَّانِ	مُدِدْتُما	مَدَدْتُما	
				أُمْدُدْنَ	تُمْدَدْنَ	تَمْدُدْنَ	مُدِدْتُنَّ	مَدَدْتُنَّ	
اسم الفاعل مَمدودٌ – مَمدودَةٌ					أُمَدُّ	أَمُدُّ	مُدِدْتُ	مَدَدْتُ	المتكلم
					نُمَدُّ	نَمُدُّ	مُدِدْنا	مَدَدْنا	

المصدر	الأمر	المضارع	الماضي	الأمر	المجهول	المعلوم	المجهول	المعلوم	
المزيدات					**المضارع**		**الماضي**		
المصدر	الأمر	المضارع	الماضي	الأمر	المجهول	المعلوم	المجهول	المعلوم	
تَأْثِيراً	أَثِّرْ	يُؤَثِّرُ	آثَرَ		يُؤْثَرُ	يَأْثُرُ	أُثِرَ	أَثَرَ	الغائب
مُؤَاثَرَةً	آثِرْ	يُؤَاثِرُ	آثَرَ		يُؤْثَرانِ	يَأْثُرانِ	أُثِرا	أَثَرا	
إِيثاراً	آثِرْ	يُؤْثِرُ	آثَرَ		يُؤْثَرونَ	يَأْثُرونَ	أُثِرُوا	أَثَرُوا	
تَأَثُّراً	تَأَثَّرْ	يَتَأَثَّرُ	تَأَثَّرَ		تُؤْثَرُ	تَأْثُرُ	أُثِرَتْ	أَثَرَتْ	الغائبة
تَآثُراً	تَآثَرْ	يَتَآثَرُ	تَآثَرَ		تُؤْثَرانِ	تَأْثُرانِ	أُثِرَتا	أَثَرَتا	
اِنْئِثاراً	اِنْأَثِرْ	يَنْأَثِرُ	اِنْأَثَرَ		يُؤْثَرْنَ	يَأْثُرْنَ	أُثِرْنَ	أَثَرْنَ	
اِيتِثاراً	اِيتَثِرْ	يَأْتَثِرُ	اِيتَثَرَ	اِيثَرْ	تُؤْثَرُ	تَأْثُرُ	أُثِرْتَ	أَثَرْتَ	المخاطب
اِسْتِئْثاراً	اِسْتَأْثِرْ	يَسْتَأْثِرُ	اِسْتَأْثَرَ	اِيثَرا	تُؤْثَرانِ	تَأْثُرانِ	أُثِرْتُما	أَثَرْتُما	
				اِيثَروا	تُؤْثَرونَ	تَأْثُرونَ	أُثِرْتُمْ	أَثَرْتُمْ	
اسم الفاعل آثِرٌ - آثِرَةٌ				اِيثَري	تُؤْثَرينَ	تَأْثُرينَ	أُثِرْتِ	أَثَرْتِ	المخاطبة
				اِيثَرا	تُؤْثَرانِ	تَأْثُرانِ	أُثِرْتُما	أَثَرْتُما	
				اِيثَرْنَ	تُؤْثَرْنَ	تَأْثُرْنَ	أُثِرْتُنَّ	أَثَرْتُنَّ	
اسم الفاعل مَأْثورٌ - مَأْثورةٌ					أُوثَرُ	آثُرُ	أُثِرْتُ	أَثَرْتُ	المتكلم
					نُؤْثَرُ	نَأْثُرُ	أُثِرْنا	أَثَرْنا	

الضمير	الماضي المعلوم	الماضي المجهول	المضارع المعلوم	المضارع المجهول	الأمر	المزيدات الماضي	المزيدات المضارع	المزيدات الأمر	المزيدات المصدر
الغائب	سَأَلَ	سُئِلَ	يَسْأَلُ	يُسْأَلُ		سَأَّلَ	يُسَئِّلُ	سَئِّلْ	تَسْئِيلاً
	سَأَلَا	سُئِلَا	يَسْأَلَانِ	يُسْأَلَانِ		سَاءَلَ	يُسَائِلُ	سَائِلْ	مُسَاءَلَةً
	سَأَلُوا	سُئِلوا	يَسْأَلُونَ	يُسْأَلُونَ		أَسْأَلَ	يُسْئِلُ	أَسْئِلْ	إِسْآلاً
الغائبة	سَأَلَتْ	سُئِلَتْ	تَسْأَلُ	تُسْأَلُ		تَسَأَّلَ	يَتَسَأَّلُ	تَسَأَّلْ	تَسَؤُّلاً
	سَأَلَتَا	سُئِلَتَا	تَسْأَلَانِ	تُسْأَلَانِ		تَسَاءَلَ	يَتَسَاءَلُ	تَسَاءَلْ	تَسَاؤُلاً
	سَأَلْنَ	سُئِلْنَ	يَسْأَلْنَ	يُسْأَلْنَ		اِنْسَأَلَ	يَنْسَئِلُ	اِنْسَئِلْ	اِنْسِئالاً
المخاطب	سَأَلْتَ	سُئِلْتَ	تَسْأَلُ	تُسْأَلُ	إِسْأَلْ	اِسْتَأَلَ	يَسْتَئِلُ	اِسْتَئِلْ	اِسْتِئالاً
	سَأَلْتُمَا	سُئِلْتُمَا	تَسْأَلَانِ	تُسْأَلَانِ	إِسْأَلَا	اِسْتَسْأَلَ	يَسْتَسْئِلُ	اِسْتَسْئِلْ	اِسْتِسْآلاً
	سَأَلْتُمْ	سُئِلْتُمْ	تَسْأَلُونَ	تُسْأَلُونَ	إِسْأَلوا				
المخاطبة	سَأَلْتِ	سُئِلْتِ	تَسْأَلِينَ	تُسْأَلِينَ	إِسْأَلِي	**اسم الفاعل** سَائِلٌ – سَائِلَةٌ			
	سَأَلْتُمَا	سُئِلْتُمَا	تَسْأَلَانِ	تُسْأَلَانِ	إِسْأَلَا				
	سَأَلْتُنَّ	سُئِلْتُنَّ	تَسْأَلْنَ	تُسْأَلْنَ	إِسْأَلْنَ				
المتكلم	سَأَلْتُ	سُئِلْتُ	أَسْأَلُ	أُسْأَلُ		**اسم الفاعل** مَسْؤُول – مَسْؤُولَةٌ			
	سَأَلْنا	سُئِلْنا	نَسْأَلُ	نُسْأَلُ					

المتكلم/المخاطبة/المخاطب/الغائبة/الغائب	الماضي المعلوم	الماضي المجهول	المضارع المعلوم	المضارع المجهول	الأمر	الماضي (المزيدات)	المضارع (المزيدات)	الأمر (المزيدات)	المصدر (المزيدات)
الغائب	قَرَأَ	قُرِئَ	يَقْرَأُ	يُقْرَأُ		قَرَّأَ	يُقَرِّئُ	قَرِّئْ	تَقْرِئَةً
الغائب	قَرَآ	قُرِئا	يَقْرَآنِ	يُقْرَآنِ		قَارَأَ	يُقَارِئُ	قَارِئْ	مُقَارَأَةً
الغائب	قَرَأُوا	قُرِئُوا	يَقْرَأُونَ	يُقْرَأُونَ		أَقْرَأَ	يُقْرِئُ	أَقْرِئْ	إِقْرَاءً
الغائبة	قَرَأَتْ	قُرِئَتْ	تَقْرَأُ	تُقْرَأُ		تَقَرَّأَ	يَتَقَرَّأُ	تَقَرَّأْ	تَقَرُّؤاً
الغائبة	قَرَأَتا	قُرِئَتا	تَقْرَآنِ	تُقْرَآنِ		تَقَارَأَ	يَتَقَارَأُ	تَقَارَأْ	تَقَارُؤاً
الغائبة	قَرَأْنَ	قُرِئْنَ	يَقْرَأْنَ	يُقْرَأْنَ		إِنْقَرَأَ	يَنْقَرِئُ	إِنْقَرِئْ	إِنْقِرَاءً
المخاطب	قَرَأْتَ	قُرِئْتَ	تَقْرَأُ	تُقْرَأُ	اِقْرَأْ	اِقْتَرَأَ	يَقْتَرِئُ	اِقْتَرِئْ	اِقْتِرَاءً
المخاطب	قَرَأْتُما	قُرِئْتُما	تَقْرَآنِ	تُقْرَآنِ	اِقْرَآ	اِسْتَقْرَأَ	يَسْتَقْرِئُ	اِسْتَقْرِئْ	اِسْتِقْرَاءً
المخاطب	قَرَأْتُم	قُرِئْتُم	تَقْرَأُونَ	تُقْرَأُونَ	اِقْرَؤُوا				
المخاطبة	قَرَأْتِ	قُرِئْتِ	تَقْرَئِينَ	تُقْرَئِينَ	اِقْرَئِي	**اسم الفاعل**			قَارِئٌ - قَارِئَةٌ
المخاطبة	قَرَأْتُما	قُرِئْتُما	تَقْرَآنِ	تُقْرَآنِ	اِقْرَآ				
المخاطبة	قَرَأْتُنَّ	قُرِئْتُنَّ	تَقْرَأْنَ	تُقْرَأْنَ	اِقْرَأْنَ				
المتكلم	قَرَأْتُ	قُرِئْتُ	أَقْرَأُ	أُقْرَأُ		**اسم الفاعل**			مَقْرُوءٌ - مَقْرُوءَةٌ
المتكلم	قَرَأْنا	قُرِئْنا	نَقْرَأُ	نُقْرَأُ					

تصريف المثال الواوي

	الماضي		المضارع		الأمر	المزيدات			
	المعلوم	المجهول	المعلوم	المجهول		الماضي	المضارع	الأمر	المصدر
الغائب	وَعَدَ	وُعِدَ	يَعِدُ	يُوعَدُ		وَعَّدَ	يُوَعِّدُ	وَعِّدْ	تَوْعيداً
	وَعَدا	وُعِدا	يَعِدانِ	يوعَدانِ		واعَدَ	يواعِدُ	واعِدْ	مُواعَدَةً
	وَعَدوا	وُعِدوا	يَعِدونَ	يوعَدونَ		أَوْعَدَ	يُوعِدُ	أَوْعِدْ	إيعاداً
الغائبة	وَعَدَتْ	وُعِدَتْ	تَعِدُ	توعَدُ		تَوَعَّدَ	يَتَوَعَّدُ	تَوَعَّدْ	تَوَعُّداً
	وَعَدَتا	وُعِدَتا	تَعِدانِ	توعَدانِ		تواعَدَ	يَتواعَدُ	تواعَدْ	تَواعُداً
	وَعَدْنَ	وُعِدْنَ	يَعِدْنَ	يوعَدْنَ		إنْوَعَدَ	يَنْوَعِدُ	إنْوَعِدْ	إنْوِعاداً
المخاطب	وَعَدْتَ	وُعِدْتَ	تَعِدُ	توعَدُ	عِدْ	إتَّعَدَ	يَتَّعِدُ	إتَّعِدْ	إتِّعاداً
	وَعَدْتُما	وُعِدْتُما	تَعِدانِ	توعَدانِ	عِدا	إسْتَوْعَدَ	يَسْتَوْعِدُ	إسْتَوْعِدْ	إسْتيعاداً
	وَعَدْتُم	وُعِدْتُم	تَعِدونَ	توعَدونَ	عِدوا				
المخاطبة	وَعَدْتِ	وُعِدْتِ	تَعِدينَ	توعَدينَ	عِدي	**اسم الفاعل** واعِدٌ - واعِدَةٌ			
	وَعَدْتُما	وُعِدْتُما	تَعِدانِ	توعَدانِ	عِدا				
	وَعَدْتُنَّ	وُعِدْتُنَّ	تَعِدْنَ	توعَدْنَ	عِدْنَ				
المتكلم	وَعَدْتُ	وُعِدْتُ	أَعِدُ	أوعَدُ		**اسم الفاعل** مَوْعودٌ - مَوْعودَةٌ			
	وَعَدْنا	وُعِدْنا	نَعِدُ	نوعَدُ					

تصريف المثال اليائي

المصدر	الأمر	المضارع	الماضي	الأمر	المجهول	المعلوم	المجهول	المعلوم	
(المزيدات)	(المزيدات)	(المزيدات)	(المزيدات)		(المضارع)	(المضارع)	(الماضي)	(الماضي)	
تَيْسيراً	يَسِّرْ	يُيَسِّرُ	يَسَّرَ		يُوسَرُ	يَيْسِرُ	يُسِرَ	يَسَرَ	الغائب
مُياسَرَةً	ياسِرْ	يُياسِرُ	ياسَرَ		يُوسَرانِ	يَيْسِرانِ	يُسِرا	يَسَرا	
ايساراً	أَيْسِرْ	يوسِرُ	أَيْسَرَ		يُوسَرونَ	يَيْسِرونَ	يُسِروا	يَسَروا	
تَيَسُّراً	تَيَسَّرْ	يَتَيَسَّرُ	تَيَسَّرَ		تُوسَرُ	تَيْسِرُ	يُسِرَتْ	يَسَرَتْ	الغائبة
تَياسُراً	تَياسَرْ	يَتَياسَرُ	تَياسَرَ		تُوسَرانِ	تَيْسِرانِ	يُسِرَتا	يَسَرَتا	
اِنْيِساراً	اِنْيَسِرْ	يَنْيَسِرُ	اِنْيَسَرَ		يُوسَرْنَ	يَيْسِرْنَ	يُسِرْنَ	يَسَرْنَ	
اِتِّساراً	اِتَّسِرْ	يَتَّسِرُ	اِتَّسَرَ	أوسُرْ	تُوسَرُ	تَيْسِرُ	يُسِرْتَ	يَسَرْتَ	المخاطب
اِسْتيساراً	اِسْتَيْسِرْ	يَسْتَيْسِرُ	اِسْتَيْسَرَ	أوسُرا	تُوسَرانِ	تَيْسِرانِ	يُسِرْتُما	يَسَرْتُما	
				أوسُروا	تُوسَرونَ	تَيْسِرونَ	يُسِرْتُم	يَسَرْتُم	
	اسم الفاعل ياسِرٌ – ياسِرَةٌ			أوسُري	تُوسَرينَ	تَيْسِرينَ	يُسِرْتِ	يَسَرْتِ	المخاطبة
				أوسُرا	تُوسَرانِ	تَيْسِرانِ	يُسِرْتُما	يَسَرْتُما	
				أوسُرْنَ	تُوسَرْنَ	تَيْسِرْنَ	يُسِرْتُنَّ	يَسَرْتُنَّ	
	اسم الفاعل مَيْسورٌ – مَيْسورَةٌ				أوسَرُ	أَيْسِرُ	يُسِرْتُ	يَسَرْتُ	المتكلم
					نوسَرُ	نَيْسِرُ	يُسِرْنا	يَسَرْنا	

تصريف الأجوف الواوي

المصدر	الأمر	المضارع	الماضي	الأمر	المجهول	المعلوم	المجهول	المعلوم	
	المزيدات				المضارع		الماضي		
تَقْويلاً	قَوِّلْ	يُقَوِّلُ	قَوَّلَ		يُقالُ	يَقولُ	قيلَ	قالَ	الغائب
مُقاوَلَةً	قاوِلْ	يُقاوِلُ	قاوَلَ		يُقالانِ	يَقولانِ	قيلا	قالا	
إقالَةً	أَقِلْ	يُقيلُ	أقالَ		يُقالونَ	يَقولونَ	قيلوا	قالوا	
تَقَوُّلاً	تَقَوَّلْ	يَتَقَوَّلُ	تَقَوَّلَ		تُقالُ	تَقولُ	قيلَتْ	قالَتْ	الغائبة
تَقاوُلاً	تَقاوَلْ	يَتَقاوَلُ	تَقاوَلَ		تُقالانِ	تَقولانِ	قيلَتا	قالَتا	
اِنْقِيالاً	اِنْقَلْ	يَنْقالُ	اِنْقالَ		يُقَلنَ	يَقُلنَ	قِلنَ	قُلنَ	
اِقْتِيالاً	اِقْتَلْ	يَقْتالُ	اِقْتالَ	قُلْ	تُقالُ	تَقولُ	قِلتَ	قُلتَ	المخاطب
اِسْتِقالَةً	اِسْتَقِلْ	يَسْتَقيلُ	اِسْتَقالَ	قولا	تُقالانِ	تَقولانِ	قِلتُما	قُلتُما	
				قولوا	تُقالونَ	تَقولونَ	قِلتُمْ	قُلتُمْ	
اسم الفاعل				قولي	تُقالينَ	تَقولينَ	قِلتِ	قُلتِ	المخاطبة
قائِلٌ - قائِلَةٌ				قولا	تُقالانِ	تَقولانِ	قِلتُما	قُلتُما	
				قُلنَ	تُقَلنَ	تَقُلنَ	قِلتُنَّ	قُلتُنَّ	
اسم الفاعل					أُقالُ	أقولُ	قِلتُ	قُلتُ	المتكلم
مَقولٌ - مقولَةٌ					نُقالُ	نقولُ	قِلنا	قُلنا	

المزيدات				الأمر	المضارع		الماضي		
المصدر	الأمر	المضارع	الماضي		المجهول	المعلوم	المجهول	المعلوم	
تَخْويفاً	خَوِّف	يُخَوِّف	خَوَّف		يُخاف	يَخاف	خِيفَ١	خاف	الغائب
مُخاوَفَةً	خاوِف	يُخاوِف	خاوَف		يُخافانِ	يَخافانِ	خِيفا	خافا	
إخافةً	أخِف	يُخيف	أخاف		يُخافونَ	يَخافونَ	خِيفوا	خافوا	
تَخَوُّفاً	تَخَوَّف	يَتَخَوَّف	تَخَوَّف		تُخاف	تُخاف	خِيفَتْ	خافَتْ	الغائبة
تَخاوُفاً	تَخاوَف	يَتَخاوَف	تَخاوَف		تُخافانِ	تُخافانِ	خِيفَتا	خافَتا	
اِنْخِيافاً	اِنْخَف	يَنْخاف	اِنْخاف		يُخَفْنَ	يَخَفْنَ	خِفْنَ	خُفْنَ	
اِخْتِيافاً	اِخْتَف	يَخْتاف	اِخْتاف	خَف	تُخاف	تَخاف	خُفْتَ	خُفْتَ	المخاطب
اِسْتِخافةً	اِسْتَخِف	يَسْتَخيف	اِسْتَخاف	خافا	تُخافانِ	تَخافانِ	خُفْتُما	خُفْتُما	
				خافوا	تُخافونَ	تَخافونَ	خُفْتُم	خُفْتُم	
اسم الفاعل خائِفٌ - خائِفَةٌ				خافي	تُخافينَ	تَخافينَ	خُفْتِ	خُفْتِ	المخاطبة
				خافا	تُخافانِ	تَخافانِ	خُفْتُما	خُفْتُما	
				خَفْنَ	تُخَفْنَ	تَخَفْنَ	خُفْتُنَّ	خُفْتُنَّ	
اسم الفاعل مَخوفٌ - مَخوفَةٌ					أخاف	أخاف	خُفْتُ	خِفْتُ	المتكلم
					نُخاف	نَخاف	خُفْنا	خِفْنا	

---

١. الهدف من مجيء الأفعال اللازمة في جداول التصريف بشكل المبني للمجهول هو اعطاء التمرين للطالب تسهيلاً للوصول إلى كيفية التصريف.

تصريف الأجوف اليائي

المصدر	الأمر	المضارع	الماضي	الأمر	المجهول	المعلوم	المجهول	المعلوم	
المزيدات					المضارع		الماضي		
تَبْيِيعاً مُبايَعَةً إباعَةً	بَيِّعْ بايِعْ أبِعْ	يُبَيِّعُ يُبايِعُ يُبيعُ	بَيَّعَ بايَعَ أباعَ		يُباعُ يُباعانِ يُباعونَ	يَبيعُ يَبيعانِ يَبيعونَ	بيع بيعا بيعوا	باعَ باعا باعوا	الغائب
تَبَيُّعاً تَبايُعاً اِنْبِياعاً	تَبَيَّعْ تَبايَعْ اِنْبَعْ	يَتَبَيَّعُ يَتَبايَعُ يَنْباعُ	تَبَيَّعَ تَبايَعَ اِنْباعَ		تُباعُ تُباعانِ يُبَعْنَ	تَبيعُ تَبيعانِ يَبِعْنَ	بيعَتْ بيعَتا بُعْنَ	باعَتْ باعَتا بِعْنَ	الغائبة
اِبْتِياعاً اِسْتِباعَةً	اِبْتَعْ اِسْتَبِعْ	يَبْتاعُ يَسْتَبيعُ	اِبْتاعَ اِسْتَباعَ	بِعْ بيعا بيعوا	تُباعُ تُباعانِ تُباعونَ	تَبيعُ تَبيعانِ تَبيعونَ	بُعْتَ بُعْتُما بُعْتُم	بِعْتَ بِعْتُما بِعْتُم	المخاطب
اسم الفاعل بائِعٌ - بائِعَةٌ				بيعي بيعا بِعْنَ	تُباعينَ تُباعانِ تُبَعْنَ	تَبيعينَ تَبيعانِ تَبِعْنَ	بُعْتِ بُعْتُما بُعْتُنَّ	بِعْتِ بِعْتُما بِعْتُنَّ	المخاطبة
اسم الفاعل مَبيعٌ - مَبيعَةٌ					أُباعُ نُباعُ	أبيعُ نَبيعُ	بُعْتُ بُعْنا	بِعْتُ بِعْنا	المتكلم

تصريف الناقص الواوي

المصدر	الأمر	المضارع	الماضي	الأمر	المجهول	المعلوم	المجهول	المعلوم	
المزيدات				الأمر	المضارع		الماضي		
تَغْزِيَةً	غَزِّ	يُغَزِّي	غَزَّى		يُغْزَى	يَغْزُو	غُزِيَ	غَزَا	الغائب
مُغازاةً	غازِ	يُغازِي	غازَى		يُغْزَيانِ	يَغْزُوانِ	غُزِيا	غَزَوا	
أَغْزاءً	أَغْزِ	يُغْزِي	أَغْزَى		يُغْزَوْنَ	يَغْزُونَ	غُزُوا	غَزَوْا	
تَغَزِّياً	تَغَزَّ	يَتَغَزَّى	تَغَزَّى		تُغْزَى	تَغْزُو	غُزِيَتْ	غَزَتْ	الغائبة
تَغازياً	تَغازَ	يَتَغازَى	تَغازَى		تُغْزَيانِ	تَغْزُوانِ	غُزِيَتا	غَزَتا	
اِنْغِزاءً	اِنْغَزِ	يَنْغَزِي	اِنْغَزَى		يُغْزَيْنَ	يَغْزُونَ	غُزِينَ	غَزَوْنَ	
اِغْتِزاءً	اِغْتَزِ	يَغْتَزِي	اِغْتَزَى	أُغْزُ	تُغْزَى	تَغْزُو	غُزِيتَ	غَزَوْتَ	المخاطب
اِسْتِغْزاءً	اِسْتَغْزِ	يَسْتَغْزِي	اِسْتَغْزَى	أُغْزُوا	تُغْزَيانِ	تَغْزُوانِ	غُزِيتُما	غَزَوْتُما	
				أُغْزوا	تُغْزَوْنَ	تَغْزُونَ	غُزِيتُمْ	غَزَوْتُمْ	
اسم الفاعل غازٍ (الغازي) - غازيان غازون - غازيَةٌ				أُغْزِي	تُغْزَيْنَ	تَغْزِينَ	غُزِيتِ	غَزَوْتِ	المخاطبة
				أُغْزُوا	تُغْزَيانِ	تَغْزُوانِ	غُزِيتُما	غَزَوْتُما	
				أُغْزُونَ	تُغْزَيْنَ	تَغْزُونَ	غُزِيتُنَّ	غَزَوْتُنَّ	
اسم الفاعل مَغْزُوٌّ - مَغْزُوَّةٌ					أُغْزَى	أَغْزُو	غُزِيتُ	غَزَوْتُ	المتكلم
					نُغْزَى	نَغْزُو	غُزِينا	غَزَوْنا	

تصريف الناقص اليائي

	الماضي المعلوم	الماضي المجهول	المضارع المعلوم	المضارع المجهول	الأمر	المزيدات: الماضي	المزيدات: المضارع	المزيدات: الأمر	المزيدات: المصدر
الغائب	رَمَى	رُمِيَ	يَرْمِي	يُرْمَى		رَمَّى	يُرَمِّي	رَمِّ	تَرْمِيَةً
	رَمَيَا	رُمِيا	يَرْمِيانِ	يُرْمَيانِ		رامَى	يُرامِي	رامِ	مُراماةً
	رَمَوْا	رُمُوا	يَرْمونَ	يُرْمَوْنَ		أَرْمَى	يُرْمِي	أَرْمِ	إرْماءً
الغائبة	رَمَتْ	رُمِيَتْ	تَرْمِي	تُرْمَى		تَرَمَّى	يَتَرَمَّى	تَرَمَّ	تَرَمِّياً
	رَمَتا	رُمِيَتا	تَرْمِيانِ	تُرْمَيانِ		تَرامَى	يَتَرامَى	تَرامَ	تَرامِياً
	رَمَيْنَ	رُمِينَ	يَرْمِينَ	يُرْمَيْنَ		اِنْرَمَى	يَنْرَمِي	اِنْرَمِ	اِنْرِماءً
المخاطب	رَمَيْتَ	رُمِيتَ	تَرْمِي	تُرْمَى	اِرْمِ	اِرْتَمَى	يَرْتَمِي	اِرْتَمِ	اِرْتِماءً
	رَمَيْتُما	رُمِيتُما	تَرْمِيانِ	تُرْمَيانِ	اِرْمِيا	اِسْتَرْمَى	يَسْتَرْمِي	اِسْتَرْمِ	اِسْتِرْماءً
	رَمَيْتُم	رُمِيتُم	تَرْمونَ	تُرْمَونَ	اِرْموا				
المخاطبة	رَمَيْتِ	رُمِيتِ	تَرْمِينَ	تُرْمَيْنَ	اِرْمِي	**اسم الفاعل**			
	رَمَيْتُما	رُمِيتُما	تَرْمِيانِ	تُرْمَيانِ	اِرْمِيا	رامٍ (الرَّامي) - رامِيان			
	رَمَيْتُنَّ	رُمِيتُنَّ	تَرْمِينَ	تُرْمَيْنَ	اِرْمِينَ	رامونَ - رامِيَةٌ			
المتكلم	رَمَيْتُ	رُمِيتُ	أَرْمِي	أُرْمَى		**اسم الفاعل**			
	رَمَيْنا	رُمِينا	نَرْمِي	نُرْمَى		مَرْمِيٌّ - مَرْمِيَّةٌ			

تصريف الناقص اليائي

المزيدات				الأمر	المضارع		الماضي		
المصدر	الأمر	المضارع	الماضي		المجهول	المعلوم	المجهول	المعلوم	
تَرْضِيَةً	رَضِّ	يُرَضِّي	رَضَّى		يُرْضى	يَرْضى	رُضِيَ	رَضِيَ	
مُراضاةً	راضِ	يُراضي	راضى		يُرْضيانِ	يَرْضيانِ	رُضِيا	رَضِيا	الغائب
إِرْضاءً	أَرْضِ	يُرْضي	أَرْضى		يُرْضَوْنَ	يَرْضَوْنَ	رُضُوا	رَضُوا	
تَرَضِّياً	تَرَضَّ	يَتَرَضَّى	تَرَضَّى		تُرْضى	تَرْضى	رُضِيَتْ	رَضِيَتْ	
تَراضِياً	تَراضَ	يَتَراضى	تَراضى		تُرْضيانِ	تَرْضيانِ	رُضِيَتا	رَضِيَتا	الغائبة
اِنْرِضاءً	اِنْرَضِ	يَنْرَضي	اِنْرَضى		يُرْضينَ	يَرْضينَ	رُضِينَ	رَضِينَ	
اِرْتِضاءً	اِرْتَضِ	يَرْتَضي	اِرْتَضى	اِرْضَ	تُرْضى	تَرْضى	رُضِيتَ	رَضِيتَ	
اِسْتِرْضاءً	اِسْتَرْضِ	يَسْتَرْضي	اِسْتَرْضى	اِرْضيا	تُرْضيانِ	تَرْضيانِ	رُضِيتُما	رَضِيتُما	المخاطب
				اِرْضَوْا	تُرْضَوْنَ	تَرْضَوْنَ	رُضِيتُمْ	رَضِيتُمْ	
اسم الفاعل				اِرْضي	تُرْضينَ	تَرْضينَ	رُضِيتِ	رَضِيتِ	
راضٍ (الرَّاضي) - راضيانِ				اِرْضيا	تُرْضيانِ	تَرْضيانِ	رُضِيتُما	رَضِيتُما	المخاطبة
راضونَ - راضِيَةٌ				اِرْضينَ	تُرْضينَ	تَرْضينَ	رُضِيتُنَّ	رَضِيتُنَّ	
اسم الفاعل					أُرْضى	أَرْضى	رُضِيتُ	رَضِيتُ	
مَرْضِيٌّ - مَرْضِيَّةٌ					نُرْضى	نَرْضى	رُضِينا	رَضِينا	المتكلم

المصدر (المزيدات)	الأمر (المزيدات)	المضارع (المزيدات)	الماضي (المزيدات)	الأمر	المجهول (المضارع)	المعلوم (المضارع)	المجهول (الماضي)	المعلوم (الماضي)	
تَوْقِيَةً	وَقِّ	يُوَقِّي	وَقَّى		يُوقَى	يَقِي	وُقِيَ	وَقَى	الغائب
مُواقاةً	واقِ	يُواقِي	واقَى		يُوقَيانِ	يَقِيانِ	وُقِيا	وَقَيا	
إيقاءً	أَوْقِ	يُوقِي	أَوْقَى		يُوقَوْنَ	يَقُونَ	وُقُوا	وَقَوْا	
تَوَقِّياً	تَوَقَّ	يَتَوَقَّى	تَوَقَّى		تُوقَى	تَقِي	وُقِيَتْ	وَقَتْ	الغائبة
تَواقِياً	تَواقَ	يَتَواقَى	تَواقَى		تُوقَيانِ	تَقِيانِ	وُقِيَتا	وَقَتا	
اِنْوِقاءً	اِنْوِقَ	يَنْوَقِى	اِنْوَقَى		يُوقَيْنَ	يَقِينَ	وُقِينَ	وَقَيْنَ	
اِتِّقاءً	اِتَّقِ	يَتَّقِي	اِتَّقَى	قِ	تُوقَى	تَقِي	وُقِيتَ	وَقَيْتَ	المخاطب
اِستِيقاءً	اِسْتَوْقِ	يَسْتَوْقِي	اِسْتَوْقَى	قِيا	تُوقَيانِ	تَقِيانِ	وُقِيتُما	وَقَيْتُما	
				قُوا	تُوقَوْنَ	تَقُونَ	وُقِيتُم	وَقَيْتُم	
اسم الفاعل: واقٍ (الواقي) - واقِيانِ - واقونَ - واقِيةٌ				قِي	تُوقَيْنَ	تَقِينَ	وُقِيتِ	وَقَيْتِ	المخاطبة
				قِيا	تُوقَيانِ	تَقِيانِ	وُقِيتُما	وَقَيْتُما	
				قِينَ	تُوقَيْنَ	تَقِينَ	وُقِيتُنَّ	وَقَيْتُنَّ	
اسم الفاعل: مَوْقِيٌّ - مَوْقِيَّةٌ					أُوقَى	أَقِي	وُقِيتُ	وَقَيْتُ	المتكلم
					نُوقَى	نَقِي	وُقِينا	وَقَيْنا	

المزيدات				الأمر	المضارع		الماضي		
المصدر	الأمر	المضارع	الماضي		المجهول	المعلوم	المجهول	المعلوم	
تَطْوِيَةً	طَوِّ	يُطَوِّي	طَوَّى		يُطْوَى	يَطْوِي	طُوِيَ	طَوَى	الغائب
مُطَاوَاةً	طَاوِ	يُطَاوِي	طَاوَى		يُطْوَيانِ	يَطْوِيانِ	طُوِيا	طَوَيا	
اِطْوَاءً	أَطْوِ	يُطْوِي	أَطْوَى		يُطْوَوْنَ	يَطْوُونَ	طُوُوا	طَوَوْا	
تَطَوِّياً	تَطَوَّ	يَتَطَوَّى	تَطَوَّى		تُطْوَى	تَطْوِي	طُوِيَتْ	طَوَتْ	الغائبة
تَطَاوِياً	تَطَاوَ	يَتَطَاوى	تَطَاوى		تُطْوَيانِ	تَطْوِيانِ	طُوِيَتا	طَوَتا	
اِنْطِوَاءً	اِنْطَوِ	يَنْطَوِي	اِنْطَوى		يُطْوَيْنَ	يَطْوِينَ	طُوِينَ	طَوَيْنَ	
اِطِّوَاءً	اِطَّوِ	يَطَّوِي	اِطَّوَى	اِطْوِ	تُطْوَى	تَطْوِي	طُوِيتَ	طَوَيْتَ	المخاطب
اِسْتِطْوَاءً	اِسْتَطْوِ	يَسْتَطْوِي	اِسْتَطْوَى	اِطْوِيا	تُطْوَيانِ	تَطْوِيانِ	طُوِيتُما	طَوَيْتُما	
				اِطْوُوا	تُطْوَوْنَ	تَطْوُونَ	طُوِيتُم	طَوَيْتُم	
اسم الفاعل طاوٍ (الطَّاوي) - طاويان طاوون - طاوِيَةٌ				اِطْوِي	تُطْوَيْنَ	تَطْوِينَ	طُوِيتِ	طَوَيْتِ	المخاطبة
				اِطْوِيا	تُطْوَيانِ	تَطْوِيانِ	طُوِيتُما	طَوَيْتُما	
				اِطْوِينَ	تُطْوَيْنَ	تَطْوِينَ	طُوِيتُنَّ	طَوَيْتُنَّ	
اسم المفعول مَطْوِيٌّ - مَطْوِيَّةٌ					أُطْوَى	أَطْوِي	طُوِيتُ	طَوَيْتُ	المتكلم
					نُطْوَى	نَطْوِي	طُوِينا	طَوَيْنا	

المصدر	الأمر	المضارع	الماضي	الأمر	المجهول	المعلوم	المجهول	المعلوم	
		المزيدات			المضارع		الماضي		
تَحِيَّةً	حيِّ	يُحَيِّي	حَيَّا		يُحْيَا	يَحْيَا	حُيِيَ	حَيِيَ	الغائب
مُحاياةً	حايِ	يُحايِي	حايا		يُحْيَيانِ	يَحْيَيانِ	حُيِيا	حَيِيا	
إحْياءً	أحْيِ	يُحْيِي	أحيا		يُحْيَوْنَ	يَحْيَوْنَ	حُيُوا	حَيُوا	
تَحَيُّياً	تَحَيَّ	يَتَحَيَّا	تَحَيَّا		تُحْيَا	تَحْيَا	حُيِيَتْ	حَيِيَتْ	الغائبة
تَحايِياً	تَحايَ	يَتَحايى	تَحايا		تُحْيَيانِ	تَحْيَيانِ	حُيِيَتا	حَيِيَتا	
اِسْتِحْياءً	اِسْتَحْيِ	يَسْتَحْيي	اِسْتَحْيا		يُحْيَيْنَ	يَحْيَيْنَ	حُيِينَ	حَيِينَ	
				اِحْيَ	تُحْيَا	تَحْيَا	حُيِيتَ	حَيِيتَ	المخاطب
				اِحْيَا	تُحْيَيانِ	تَحْيَيانِ	حُيِيتُما	حَيِيتُما	
				اِحْيَوْا	تُحْيَوْنَ	تَحْيَوْنَ	حُيِيتُمْ	حَيِيتُمْ	
اسم الفاعل **لا يستعمل**				اِحْيَيْ	تُحْيَيْنَ	تَحْيَيْنَ	حُيِيتِ	حَيِيتِ	المخاطبة
				اِحْيَيا	تُحْيَيانِ	تَحْيَيانِ	حُيِيتُما	حَيِيتُما	
				اِحْيَيْنَ	تُحْيَيْنَ	تَحْيَيْنَ	حُيِيتُنَّ	حَيِيتُنَّ	
اسم الفاعل مَحِيٍّ - مَحِيَّةٍ					أُحْيا	أَحْيا	حُيِيتُ	حَيِيتُ	المتكلم
					نُحْيا	نَحْيا	حُيِينا	حَيِينا	

	الماضي		المضارع		الأمر	المزيدات			
	المعلوم	المجهول	المعلوم	المجهول		الماضي	المضارع	الأمر	المصدر
الغائب	آبَ	إِيبَ	يَؤُوبُ	يُؤَابُ		أَوَّبَ	يُؤَوِّبُ	أَوِّبْ	تَأْويباً
	آبا	إِيبا	يَؤُوبانِ	يُؤَابانِ		آوَبَ	يُؤَاوِبُ	آوِبْ	مُؤَاوَبَةً
	آبوا	إِيبوا	يَؤُوبونَ	يُؤَابونَ		آوَبَ	يُئِيبُ	أَئِبْ	إِئابَةً
الغائبة	آبَتْ	إِيبَتْ	تَؤُوبُ	تُؤَابُ		تَأَوَّبَ	يَتَأَوَّبُ	تَأَوَّبْ	تَأَوُّباً
	آبَتا	إِيبَتا	تَؤُوبانِ	تُؤَابانِ		تَآوَبَ	يَتَآوَبُ	تَآوَبْ	تَآوُباً
	أُبْنَ	إِبْنَ	يَؤُبْنَ	يُؤَبْنَ		اِنْأَوَبَ	يَنْأَوِبُ	اِنْأَوِبْ	اِنْئِياباً
المخاطب	أُبْتَ	إِبْتَ	تَؤُوبُ	تُؤَابُ	أُبْ	اِئْتابَ	يَأْتابُ	اِيتَبْ	اِئْتِياباً
	أُبْتُما	إِبْتُما	تَؤُوبانِ	تُؤَابانِ	أوبا	اِسْتَآبَ	يَسْتَئِيبُ	اِسْتَئِبْ	اِسْتِئابَةً
	أُبْتُمْ	إِبْتُمْ	تَؤُوبونَ	تُؤَابونَ	أوبوا				
المخاطبة	أُبْتِ	إِبْتِ	تَؤُوبينَ	تُؤَابينَ	أوبي	**اسم الفاعل**			
	أُبْتُما	إِبْتُما	تَؤُوبانِ	تُؤَابانِ	أوبا	آئِبٌ - آئِبَةٌ			
	أُبْتُنَّ	إِبْتُنَّ	تَؤُبْنَ	تُؤَبْنَ	أُبْنَ				
المتكلم	أُبْتُ	إِبْتُ	أَؤُوبُ	أُؤَابُ		**اسم الفاعل**			
	أُبْنا	إِبْنا	نَؤُوبُ	نُؤَابُ		مَؤُوبٌ - مَؤُوبَةٌ			

	الماضي		المضارع		الأمر	المزيدات			
	المعلوم	المجهول	المعلوم	المجهول		الماضي	المضارع	الأمر	المصدر
الغائب	أَتى	أُتِيَ	يأتي	يُؤتى		أتّى	يُؤَتِّي	أتِّ	تأتِيَةً
	أَتِيا	أُتِيا	يأتيانِ	يُؤتَيانِ		آتى	يُؤاتي	آتِ	مُؤاتاةً
	أَتَوا	أُتوا	يأتونَ	يُؤتَوْنَ		آتى	يُؤتِي	آتِ	إيتاءً
الغائبة	أَتَت	أُتِيَت	تأتي	تُؤتى		تأتّى	يَتَأتّى	تأتَّ	تأتِّياً
	أَتَتا	أُتِيَتا	تأتيانِ	تُؤتَيانِ		تآتى*	يَتآتى	تآتَ	تآتِياً
	أَتَيْنَ	أُتِينَ	يأتينَ	يُؤتَيْنَ		انأتى*	يَنْأتى	انأتِ	انئِتاءً
المخاطب	أَتَيتَ	أُتِيتَ	تأتي	تُؤتى	تِ وائتِ	ايتَتى*	يأتِتي	ايتَتِ	ايتِتاءً
	أَتَيتُما	أُتِيتُما	تأتيانِ	تُؤتَيانِ	تِيا	استأتى	يَستأتي	استأتِ	استئتاءً
	أَتَيتُم	أُتِيتُم	تأتونَ	تُؤتَوْنَ	تُوا				
المخاطبة	أَتَيتِ	أُتِيتِ	تأتينَ	تُؤتَينَ	تي وإيتي	**اسم الفاعل** آتٍ (الآتي) – آتِيانِ آتونَ – آتِيَةٌ			
	أَتَيتُما	أُتِيتُما	تأتيانِ	تُؤتَيانِ	تِيا				
	أَتَيتُنَّ	أُتِيتُنَّ	تأتينَ	تُؤتَيْنَ	تِينَ				
المتكلم	أَتَيتُ	أُتِيتُ	آتي	أُوتى		**اسم الفاعل** مأتيٌّ – مأتيّةٌ			
	أَتَينا	أُتِينا	نأتي	نُؤتى					

---

* هذه الموازين ليست بمأنوسة.

المصدر	الأمر	المضارع	الماضي	الأمر	المجهول	المعلوم	المجهول	المعلوم	
		المزيدات			المضارع		الماضي		
تَرْئِيَةً مُراءاةً إراءةً	رَئِّ راءِ أَرِ	يُرئِّي يُرائِي يُري	رأَّى راءَى أَرى		يُرى يُرَيانِ يُرَوْنَ	يَرى يَرَيانِ يَرَوْنَ	رُئِيَ رُئِيا رُؤُوا	رأى رأيا رأوا	الغائب
تَرَئِّياً تَرائِياً اِنْرِياءً	تَرَأَّ تَراءَ اِنْرَئِ	يَتَرَأَّى يَتراءى يَنْرَئِي	تَرَأَّى تراءى اِنْرَأَى		تُرى تُرَيانِ يُرَيْنَ	تَرى تَرَيانِ يَرَيْنَ	رُئِيَتْ رُئِيَتا رُئِينَ	رَأَتْ رَأَتا رَأَيْنَ	الغائبة
اِرْتِئاءً اِسْتِرْئاءً	اِرْتَئِ اِسْتَرْئِ	يَرْتَئِي يَسْتَرْئِي	اِرْتَأَى اِسْتَرْأَى	رَ رَيا رُوْا	تُرى تُرَيانِ تُرَوْنَ	تَرى تَرَيانِ تَرَوْنَ	رُئِيتَ رُئِيتُما رُئِيتُمْ	رَأَيْتَ رَأَيْتُما رَأَيْتُمْ	المخاطب
اسم الفاعل راءٍ (الرَّائِي) - رائِيان				رَيْ رَيا رَيْنَ	تُرَيْنَ تُرَيانِ تُرَيْنَ	تَرَيْنَ تَرَيانِ تَرَيْنَ	رُئِيتِ رُئِيتُما رُئِيتُنَّ	رَأَيْتِ رَأَيْتُما رَأَيْتُنَّ	المخاطبة
اسم الفاعل مَرْئِيٌّ - مَرْئِيَّةٌ					أُرى نُرى	أَرى نَرى	رُئِيتُ رُئِينا	رَأَيْتُ رَأَيْنا	المتكلم

	الماضي المعلوم	الماضي المجهول	المضارع المعلوم	المضارع المجهول	الأمر	المزيدات الماضي	المزيدات المضارع	المزيدات الأمر	المصدر
الغائب	جاءَ	جِيءَ	يَجِيءُ	يُجَاءُ		جَيَّأَ*	يُجَيِّئُ	جَيِّئْ	تَجْيِئَةً
	جاءَا	جِيئَا	يَجِيئَانِ	يُجَاءَانِ		أَجَاءَ	يُجِيءُ	أَجِئْ	أَجَاءَةً
	جاؤُوا	جِيئُوا	يَجِيئُونَ	يُجَاؤُونَ		جَايَأَ	يُجَايِئُ	جَايِئْ	مُجَايَأَةً
الغائبة	جاءَتْ	جِيئَتْ	تَجِيءُ	تُجَاءُ					
	جاءَتا	جِيئَتا	تَجِيئَانِ	تُجَاءَانِ					
	جِئْنَ	جِئْنَ	يَجِئْنَ	يُجَأْنَ					
المخاطب	جِئْتَ	جِئْتَ	تَجِيءُ	تُجَاءُ	جِئْ				
	جِئْتُما	جِئْتُما	تَجِيئَانِ	تُجَاءَانِ	جِيئَا				
	جِئْتُمْ	جِئْتُمْ	تَجِيئُونَ	تُجَاؤُونَ	جِيئُوا				
المخاطبة	جِئْتِ	جِئْتِ	تَجِيئِينَ	تُجَائِينَ	جِيئِي	**اسم الفاعل** جاءٍ (الجائي) - جائِيان			
	جِئْتُما	جِئْتُما	تَجِيئَانِ	تُجَاءَانِ	جِيئَا	جاؤُونَ - جائِيَةٌ			
	جِئْتُنَّ	جِئْتُنَّ	تَجِئْنَ	تُجَأْنَ	جِئْنَ				
المتكلم	جِئْتُ	جِئْتُ	أَجِيءُ	أُجَاءُ		**اسم الفاعل** مَجِيءٌ - مَجِيئَةٌ			
	جِئْنا	جِئْنا	نَجِيءُ	نُجَاءُ					

---

* لم نذكر إلّا ما كان مستعملاً من هذه الأوزان، مأنوساً في الكتابة.

المزيدات: المصدر	المزيدات: الأمر	المزيدات: المضارع	المزيدات: الماضي	الأمر	المضارع: المجهول	المضارع: المعلوم	الماضي: المجهول	الماضي: المعلوم	
تَأْوِيَةً	أَوِّ	يُؤَوِّي	أَوَّى		يُؤْوَى	يَأْوِي	أُوِيَ	أَوَى	الغائب
مُؤَاوَاةً	آوِ	يُؤَاوِي	آوَى		يُؤْوَيَانِ	يَأْوِيَانِ	أُوِيَا	أَوَيَا	
إِيوَاءً	آوِ	يُؤْوِي	آوَى		يُؤْوَوْنَ	يَأْوُونَ	أُووُا	أَوَوْا	
تَأَوِّياً	تَأَوَّ	يَتَأَوَّى	تَأَوَّى		تُؤْوَى	تَأْوِي	أُوِيَتْ	أَوَتْ	الغائبة
تَآوِياً	تَآوَ	يَتَآوَى	تَآوَى		تُؤْوَيَانِ	تَأْوِيَانِ	أُوِيَتَا	أَوَتَا	
اِنْئِوَاءً	اِنْأَوِ	يَنْأَوِي	اِنْأَوَى		يُؤْوَيْنَ	يَأْوِيْنَ	أُوِينَ	أَوَيْنَ	
اِتِّوَاءً	اِتَّوِ	يَتَّوِي	اِتَّوَى	اِئْوِ	تُؤْوَى	تَأْوِي	أُوِيتَ	أَوَيْتَ	المخاطب
اِسْتِئْوَاءً	اِسْتَأْوِ	يَسْتَأْوِي	اِسْتَأْوَى	اِئْوِيَا	تُؤْوَيَانِ	تَأْوِيَانِ	أُوِيتُمَا	أَوَيْتُمَا	
				اِئْوُوا	تُؤْوَوْنَ	تَأْوُونَ	أُوِيتُمْ	أَوَيْتُمْ	
اسم الفاعل: آوٍ (الآوي) - آوِيَانِ / آوُونَ - آوِيَةٌ				اِئْوِي	تُؤْوَيْنَ	تَأْوِينَ	أُوِيتِ	أَوَيْتِ	المخاطبة
				اِئْوِيَا	تُؤْوَيَانِ	تَأْوِيَانِ	أُوِيتُمَا	أَوَيْتُمَا	
				اِئْوِينَ	تُؤْوَيْنَ	تَأْوِينَ	أُوِيتُنَّ	أَوَيْتُنَّ	
اسم الفاعل: مَأْوِيٌّ - مَأْوِيَّةٌ					أُووَى	آوِي	أُوِيتُ	أَوَيْتُ	المتكلم
					نُؤْوَى	نَأْوِي	أُوِينا	أَوَيْنا	

	الماضي		المضارع		الأمر	المزيدات			
	المعلوم	المجهول	المعلوم	المجهول		الماضي	المضارع	الأمر	المصدر
الغائب	وَأَى	وُئِيَ	يَئِي	يُوأَى		وَأَّى	يُوَئِّي	وَئِّ	تَوْئِيَةً
	وَأَيا	وُئِيا	يَئِيانِ	يُوأَيانِ		وَاءَى	يُوائِي	وَاءِ	مُوَاءَاةً
	وَأَوْا	وُؤُوا	يَؤُونَ	يُوأَوْنَ		أَوْأَى	يُوئِي	أَوْئِ	إِيئَاءً
الغائبة	وَأَت	وُئِيَت	تَئِي	تُوأَى		تَوَأَّى	يَتَوَأَّى	تَوَأَّ	تَوَئِّياً
	وَأَتا	وُئِيَتا	تَئِيان	تُوأَيان		تَوَاءَى	يَتَوَاءَى	تَوَاءَ	تَوائِياً
	وَأَيْنَ	وُئِينَ	يَئِينَ	يُوأَيْنَ		اِنْوَأَى	يَنْوَئِي	اِنْوَءِ	اِنْوِيَاءً
المخاطب	وَأَيْتَ	وُئِيت	تَئِي	تُوأَى	إِ	اِتَّأَى	يَتَّئِي	اِتَّىءِ	اِتِّئَاءً
	وَأَيْتُما	وُئِيتُما	تَئِيانِ	تُوأَيانِ	إِيا	اِسْتَوْأَى	يَسْتَوْئِي	اِسْتَوْءِ	اِسْتِيئَاءً
	وَأَيْتُم	وُئِيتُم	تَؤُونَ	تُوأَوْنَ	أُوا				
المخاطبة	وَأَيْتِ	وُئِيت	تَئِينَ	تُوأَيْنَ	إِي	**اسم الفاعل**			
	وَأَيْتُما	وُئِيتُما	تَئِيان	تُوأَيان	إِيا	وَاءٍ (اَلوائِي) – وائِيَانِ			
	وَأَيْتُنَّ	وُئِيتُنَّ	تَئِينَ	تُوأَيْنَ	إِينَ	وَاؤُونَ – وائِيَةٌ			
المتكلم	وَأَيْتُ	وُئِيتُ	أَئِي	أُوأَى		**اسم الفاعل**			
	وَأَيْنا	وُئِينا	نَئِي	نُوأَى		مَوْئِيٌّ – مَوْئِيَّةٌ			

الناقص		الأجوف		المضاعَف		السالم والمهموز		
المجزوم	المنصوب	المجزوم	المنصوب	المجزوم	المنصوب	المجزوم	المنصوب	
يَغْزُ	يَغْزُوَ	يَقُلْ	يَقُولَ	يَمُدُّ ويَمْدُدْ	يَمُدَّ	يَفْعَلْ	يَفْعَلَ	الغائب
يَغْزُوا	يَغْزُوَا	يَقولا	يَقولا	يَمُدَّا	يَمُدَّا	يَفْعَلا	يَفْعَلا	
يَغْزُوا	يَغْزُوا	يقولوا	يقولوا	يَمُدّوا	يَمُدّوا	يَفْعَلوا	يَفْعَلوا	
تَغْزُ	تَغْزُوَ	تَقُلْ	تَقُولَ	تَمُدُّ أوتَمْدُدْ	تَمُدَّ	تَفْعَلْ	تَفْعَلَ	الغائبة
تَغْزُوا	تَغْزُوَا	تقولا	تقولا	تَمُدَّا	تَمُدَّا	تَفْعَلا	تَفْعَلا	
يَغْزُونَ	يَغْزُونَ	يَقُلْنَ	يَقُلْنَ	يَمْدُدْنَ	يَمْدُدْنَ	يَفْعَلْنَ	يَفْعَلْنَ	
تَغْزُ	تَغْزُوَ	تَقُلْ	تَقُولَ	تَمُدُّ أوتَمْدُدْ	تَمُدَّ	تَفْعَلْ	تَفْعَلَ	المخاطب
تَغْزُوا	تَغْزُوَا	تقولا	تقولا	تَمُدَّا	تَمُدَّا	تَفْعَلا	تَفْعَلا	
تَغْزوا	تَغْزوا	تقولوا	تقولوا	تَمُدّوا	تَمُدّوا	تَفْعَلوا	تَفْعَلوا	
تَغْزِي	تَغْزِي	تَقولي	تَقولي	تَمُدِّي	تَمُدِّي	تَفْعَلي	تَفْعَلي	المخاطبة
تَغْزُوا	تَغْزُوَا	تقولا	تقولا	تَمُدَّا	تَمُدَّا	تَفْعَلا	تَفْعَلا	
تَغْزُونَ	تَغْزُونَ	تَقُلْنَ	تَقُلْنَ	تَمْدُدْنَ	تَمْدُدْنَ	تَفْعَلْنَ	تَفْعَلْنَ	
أَغْزُ	أَغْزُوَ	أَقُلْ	أَقُولَ	أَمُدُّ أوأَمْدُدْ	أَمُدَّ	أَفْعَلْ	أَفْعَلَ	المتكلم
نَغْزُ	نَغْزُوَ	نَقُلْ	نَقُولَ	نَمُدُّ أونَمْدُدْ	نَمُدَّ	نَفْعَلْ	نَفْعَلَ	

الناقص		الأجوف		المضَاعَف		السالم والمهموز		
الخفيفة	الثقيلة	الخفيفة	الثقيلة	الخفيفة	الثقيلة	الخفيفة	الثقيلة	
يَغْزُوَنْ يَغْزُنْ	يَغْزُوَنَّ يَغْزُوانِّ يَغْزُنَّ	يقولَنْ يقولُنْ	يقولَنَّ يقولانِّ يقولُنَّ	يَمُدَّنْ يَمُدَّنْ	يَمُدَّنَّ يَمُدّانِّ يَمُدَّنَّ	يَفْعَلَنْ يَفْعَلُنْ	يَفْعَلَنَّ يَفْعَلانِّ يَفْعَلُنَّ	الغائب
تَغْزُوَنْ	تَغْزُوَنَّ تَغْزُوانِّ يَغْزُونانِّ	تَقولَنْ	تَقولَنَّ تَقولانِّ يَقُلْنانِّ		تَمُدَّنَّ تَمُدّانِّ يَمُدُدْنانِّ	تَفْعَلَنْ	تَفْعَلَنَّ تَفْعَلانِّ يَفْعَلْنانِّ	الغائبة
تَغْزُوَنْ تَغْزُنْ	تَغْزُوَنَّ تَغْزُوانِّ تَغْزُنَّ	تَقولَنْ تَقولُنْ	تَقولَنَّ تَقولانِّ تَقولُنَّ	تَمُدَّنْ تَمُدَّنْ	تَمُدَّنَّ تَمُدّانِّ تَمُدُّنَّ	تَفْعَلَنْ تَفْعَلُنْ	تَفْعَلَنَّ تَفْعَلانِّ تَفْعَلُنَّ	المخاطب
تَغْزِنْ	تَغْزِنَّ تَغْزُوانِّ تَغْزُونانِّ	تَقولِنْ	تَقولِنَّ تَقولانِّ تَقُلْنانِّ	تَمُدِّنْ	تَمُدِّنَّ تَمُدّانِّ تَمُدُدْنانِّ	تَفْعَلِنْ	تَفْعَلِنَّ تَفْعَلانِّ تَفْعَلْنانِّ	المخاطبة
أَغْزُوَنْ نَغْزُوَنْ	أَغْزُوَنَّ نَغْزُوَنَّ	أقولَنْ نقولَنْ	أقولَنَّ نقولَنَّ	أَمُدَّنْ نَمُدَّنْ	أَمُدَّنَّ نَمُدَّنَّ	أَفْعَلَنْ نَفْعَلَنْ	أَفْعَلَنَّ نَفْعَلَنَّ	المتكلم

	السالم والمهموز		المضَاعَف		الأجوف		الناقص	
	الثقيلة	الخفيفة	الثقيلة	الخفيفة	الثقيلة	الخفيفة	الثقيلة	الخفيفة
المخاطب	اِفْعَلَنَّ اِفْعَلانِّ اِفْعَلُنَّ	اِفْعَلَنْ اِفْعَلُنْ	مُدَّنَّ مُدَّانِّ مُدَّنَّ	مُدَّنْ مُدَّنْ	قُولَنَّ قُولانِّ قُولُنَّ	قُولَنْ قُولُنْ	أُغْزُوَنَّ أُغْزُوانِّ أُغْزُنَّ	أُغْزُوَنْ أُغْزُنْ
المخاطبة	اِفْعِلِنَّ اِفْعَلانِّ اِفْعَلْنانِّ	اِفْعِلِنْ	مُدِّنَّ مُدَّانِّ اُمْدُدْنانِّ	مُدِّنْ	قُولِنَّ قُولانِّ قُلْنانِّ	قُولِنْ	أُغْزِنَّ أُغْزُوانِّ أُغْزونانِّ	أُغْزِنْ

الأفعال الجامدة هي التي لا تتصرف في كل أزمنتها

لَيْسَ: لا يتصرّف إلّا في الماضي:

لَيْسَ لَيْسَا لَيْسُوا ـ لَيْسَتْ لَيْسَتا لَسْنَ

لَسْتَ لَسْتُما لَسْتُمْ ـ لَسْتِ لَسْتُما لَسْتُنَّ

لَسْتُ لَسْنا

عَسَىٰ: لا يتصرّف إلّا في الماضي:

عَسَىٰ عَسَيا عَسَوْا ـ عَسَتْ عَسَتا عَسَيْنَ

عَسَيْتَ عَسَيْتُما عَسَيْتُمْ ـ عَسَيْتِ عَسَيْتُما عَسَيْتُنَّ

عَسَيْتُ عَسَينا

نِعْمَ ، بِئْسَ وساءَ: المستعمل منها:

نِعْمَ (ونِعِمّا) نِعْمَتْ ـ بِئْسَ ، بِئْسَتْ ـ ساءَ ، ساءَتْ

هَلُمَّ وهاتِ: المستعمل منها:

هَلُمَّ هَلُمّا هَلُمُّوا ـ هَلُمِّي هَلُمّا

هاتِ هاتِيا هاتُوا ـ هاتي هاتِيا هاتِين

حَبَّذا: لا يتصرّف مطلقاً.

أَفْعَلَ وأَفْعِلْ بِ: هما فعلا التعجّب ولا يتصرّفان مطلقاً.